中小
企业 管理系列丛书

中小企业
组织行为与组织结构设计
五日通

编著 张红旗 葛培波 孙立莉

经济科学出版社

图书在版编目（CIP）数据

中小企业组织行为与组织结构设计五日通/张红旗，葛培波，孙立莉编著．—北京：经济科学出版社，2007.7

（中小企业管理系列丛书）

ISBN 978 - 7 - 5058 - 6395 - 8

Ⅰ．中… Ⅱ．①张…②葛…③孙… Ⅲ．中小企业-组织管理学 Ⅳ．F276.3

中国版本图书馆 CIP 数据核字（2007）第 088108 号

责任编辑：吕　萍　王　静
责任校对：杨晓莹
版式设计：代小卫
技术编辑：潘泽新

中小企业组织行为与组织结构设计五日通

编著　张红旗　葛培波　孙立莉
经济科学出版社出版、发行　新华书店经销
社址：北京市海淀区阜成路甲 28 号　邮编：100036
总编室电话：88191217　发行部电话：88191540
网址：www.esp.com.cn
电子邮件：esp@esp.com.cn
北京汉德鼎印刷厂印刷
永胜装订厂装订
787×1092　16 开　18.5 印张　360000 字
2007 年 7 月第一版　2007 年 7 月第一次印刷
印数：0001—8000 册
ISBN 978 - 7 - 5058 - 6395 - 8/F·5656　定价：30.00 元
（图书出现印装问题，本社负责调换）
（版权所有　翻印必究）

中小企业管理系列丛书

编审委员会

主　　　任：杨国良
名誉主任：马洪顺
副　主　任：张忠军　曲荣先
委　　　员：王世忠　张　敏　路纯东　单忠杰
　　　　　　黄　成　徐建华　张福雪　宋伟滨
　　　　　　王秋玲

主编人员

主　　　编：王乃静
副　主　编：张忠军　曲荣先
审稿专家：卢新德　周泽信　孟　扬　王益明
　　　　　　刘保玉　王家传　李秀荣　刘　泽
　　　　　　徐晓鹰

总 序

提高中小企业现代管理水平的重要举措

改革开放以来特别是近几年来，我国中小企业迅猛发展，已经成为国民经济发展的重要组成部分，成为经济增长和就业率提高的主要动力，成为加快我国社会主义和谐社会建设的重要推动力量。第一，中小企业在许多行业和领域具有明显的优势。目前，中小企业已占到全国企业总量的90%以上。在纺织、食品、塑料、仪器仪表等行业中，中小企业销售收入占到同行业的80%以上。在外贸领域，中小企业以其灵活的经营方式更显出独特优势。第二，中小企业已成为大企业发展不可或缺的重要组成部分。随着高新技术的发展和特大型、超大型企业的出现，越来越需要众多专业性强的中小企业与之配套，形成工艺专门化、产品多元化的企业组织结构，为大企业的发展提供服务。第三，中小企业在解决劳动就业方面发挥着越来越重要的作用。我国人口众多而资源相对短缺，就业压力大。原来作为就业主渠道的国有大中型企业，随着改革的不断深化和现代化管理水平的不断提高，已难以再吸收更多的人就业，加快发展中小企业就成为扩大就业的现实选择。第四，中小企业在推动市场经济发展中越来越显现出强大的生命力。通过发挥"船小好掉头"的优势，利用各种新技术、新材料、新方法、新工艺，积极开发新产品，较好地适应了市场多样化的要求，反过来又促进了中小企业自身的发展。

"十一五"乃至今后一个时期，是我国中小企业快速发展的战略机遇期。一个全方位、多层次、宽领域对外开放，全面参与国际竞争的新格局已经展现，广大中小企业发展的政策环境、经营理念、管理方式、运作模式均已发生根本性的变化，对经营管理人员素质也提出了新的更高的要求。一方面，中小企业快速成长，更加依赖于中小企业科技的进步和劳动者素质的提高；另一方面，由于诸多方面的原因，中小企业的整体素质和经营管理水平与大企业特别是国有大企业相比还有不小的差距。因此，加大中小企业经营管理人员培训力度，进一步提高中小企业整体管理素质和水平，推进广大中小企业的健康成长和可持续发展，已成为加快经济结构调整，转变经济增长方式的一项战略举措。

中共中央《干部教育培训工作条例（试行）》明确提出，要"大规模培训干部，大幅度提高干部素质"。中共中央《2006~2010年全国干部教育培训规划》又进一步规定，企业经营管理人员要"加强政治理论培训和职业道德教育，加强政策法规培训和现代企业管理知识及能力的培训"，"努力培养造就一支具有战略思维能力和现代企业经营管理水平、具有开拓创新精神和社会责任感的企业经营管理人员队伍"。为了认真贯彻落实中央"人才强国"的战略部署，进一步推动中小企业经营管理人员教育培训工作，我们组织一批专家教授和实际工作者，在认真调查研究的基础上，精心编写了这套中小企业管理系列丛书。丛书编写突出了时代特点，坚持了管理创新，强化了案例教学，体现了针对性、实用性、新颖性和前瞻性。我相信，这套系列丛书的推出，对于更好地开展中小企业经营管理人员教育培训工作，进一步提高广大中小企业的现代管理素质和整体管理水平，打造一批开拓型、创新型的优势中小企业，必将起到十分重要的作用。

山东省工商业联合会会长
山东经济学院副院长　　王乃静
博士生导师
2007年6月6日　于济南

目录

第一章　绪论　/ 1
　　一、组织与组织行为 …………………………………………… 2
　　二、不断发展的组织行为学 …………………………………… 5
　　三、组织行为学的内容体系 …………………………………… 8
　　四、组织行为学的研究方法 …………………………………… 10

第二章　个体心理差异与管理　/ 15
　　一、个性与管理 ………………………………………………… 16
　　二、气质与管理 ………………………………………………… 18
　　三、能力与管理 ………………………………………………… 21
　　四、性格与管理 ………………………………………………… 25
　　五、态度与管理 ………………………………………………… 28
　　六、知觉与管理 ………………………………………………… 30

第三章　中小企业员工激励机制　/ 40
　　一、激励的过程 ………………………………………………… 41
　　二、员工的需要与动机 ………………………………………… 44

第四章　发展中的内容型激励理论与应用　/ 52
　　一、需要层次论与应用 ………………………………………… 53
　　二、ERG 理论与应用 …………………………………………… 56
　　三、双因素理论与应用 ………………………………………… 58
　　四、成就需要理论与应用 ……………………………………… 62

第五章 发展中的过程型激励理论与应用 / **66**

一、期望理论与应用 …………………………………………… 67
二、公平理论与应用 …………………………………………… 69
三、目标设置理论与应用 ……………………………………… 71

第六章 发展中的行为改造型激励理论与应用 / **76**

一、归因理论与应用 …………………………………………… 77
二、强化理论与应用 …………………………………………… 78
三、挫折理论与应用 …………………………………………… 80

第七章 中小企业中的员工群体 / **86**

一、群体的产生 ………………………………………………… 87
二、群体的特征 ………………………………………………… 91
三、群体的发展 ………………………………………………… 100
四、非正式群体 ………………………………………………… 102

第八章 员工群体内部互动行为 / **112**

一、群体内部互动行为的特征 ………………………………… 113
二、群体决策 …………………………………………………… 118
三、群体士气 …………………………………………………… 125

第九章 群体间的互动行为 / **130**

一、冲突管理 …………………………………………………… 131
二、群体间关系 ………………………………………………… 140

第十章 建设性沟通与人际关系调整 / **151**

一、沟通的基本原理 …………………………………………… 152
二、有效沟通的障碍及其改善 ………………………………… 158

目录

三、人际关系调整 …………………………………… 163

第十一章 高效团队建设与管理 / 171

一、对团队的认识 …………………………………… 172
二、团队形式的发展 ………………………………… 173
三、高效团队的创建 ………………………………… 174

第十二章 组织结构设计 / 181

一、组织理论的发展 ………………………………… 182
二、组织设计的维度 ………………………………… 187
三、组织结构的设计 ………………………………… 192
四、虚拟企业组织结构 ……………………………… 198

第十三章 组织变革与发展的新趋势 / 203

一、组织变革的原因与程序 ………………………… 204
二、组织变革的模式选择 …………………………… 208
三、组织变革的阻力与对策 ………………………… 214
四、组织发展的趋势 ………………………………… 217

第十四章 组织文化的建设与传播 / 222

一、组织文化的作用 ………………………………… 223
二、发展中的组织文化理论 ………………………… 228
三、组织文化的建设与传播 ………………………… 233
四、加强组织文化建设的途径 ……………………… 238

第十五章 领导及领导者素质 / 245

一、领导的内涵 ……………………………………… 246
二、领导者素质 ……………………………………… 249
三、优化领导班子结构 ……………………………… 258

第十六章 领导理论的新思维 / 266

一、领导理论发展演进 …………………………………………… 267
二、领导行为理论的视角 ………………………………………… 268
三、领导权变理论的有效性 ……………………………………… 273
四、领导理论的新发展 …………………………………………… 279

参考文献 / 284
后记 / 286

第一章

绪 论

❖ 本章学习目标

阅读和学完本章后，你应该能够：
◇ 掌握组织的特点，理解组织行为学的定义
◇ 了解组织行为学理论产生与发展演变的过程
◇ 掌握组织行为学的内容体系与研究方法

开篇案例

  40多岁的张建在一家大银行做经理助理，已经11年了。长期以来，张建的工作成绩始终一般，以至于没有一个分行经理愿意要他去当助理，老总经常把他安排到新开出的分行去。张建被调到第8个分行做经理助理时，人家很快了解了他以前的工作档案，尽管这位经理不情愿接收他，但还是愿意尝试一下对他的激励。在工作中，张建有时候表现得干劲十足，但过不了多久，便旧态复萌。这位经理对他进行了全面分析后认为，他经济上比较宽裕，但对认可和表彰倒可能做出反应。于是，经理就在这些方面想尽办法。比如，经理在分行成立一周年之际举行的全体员工集会上，公开隆重的表彰张建为组织发展所做出的贡献，这一次，张建被给予他的表彰所深深地打动了。从此以后，他像换了个人，不到两年时间，他成了另一个分行的杰出经理。

一、组织与组织行为

（一）组织的含义与特点

1. 组织及其性质。组织是通过群体努力完成特定目标的社会创造物，它要求人而不是物的和谐。例如，把计算机开发公司的工作人员的"和谐"同厂房、办公室、计算机等物质条件分离开来显然很困难。但是，有一点是肯定的，如果工作人员都离开计算机公司而没有人接替，那么，计算机公司也不成其组织了，因此，人是组织的核心，人赋予组织意义。

2. 组织的特点。

（1）组织由个人和群体组成。人群即组织，正是人群形成了组织，没有人群便没有组织。

（2）组织适应于目标的需要。企业组织的存在是为顾客生产产品或提供服务。教育机构的存在是为了向人们提供教育，医院的存在是为病人提供健康服务。每个组织都是适应目标而存在的。

（3）组织通过专业分工和协作来实现目标。组织为完成它的任务所必需的所有工作或责任，并不需要组织中的每个成员都承担。反之，组织应把要做的工作分开，每个人或群体仅负责做一些专门的工作。然而，一旦工作被分割开，人们变得专门化之后，组织便要用一些方法来协调成员的活动。没有这种协调，我们便不能使组织成员为共同的目标而工作。

3. 组织的三个层次。

（1）个体。我们的组织定义强调组织由人组成这个事实。从这个事实出发似乎可以联想到探讨组织行为的一个有效的方法：从单个组织成员的角度出发的方法。这种研究组织行为学的方法把重点放在心理学的发展理论和解释的基础上，这些发展理论和解释探讨了个体行为以及个体对不同的组织政策、实践和过程的反应。在这种研究方法中，以心理学为基础的有关学习动机、满意、领导等方面的理论用来说明单个组织成员的行为和绩效，对诸如态度、信仰、观念和个性这些因素也予以考虑，并对它们在工作中对个体行为与绩效的影响进行研究。

（2）群体。人们在组织中极少完全单独工作。如果要完成目标，组织成员就必须在工作中合作并协调他们的活动。人们在一起工作的常规方式是小组、部门、委员会等组织形式。因此，在组织行为学中，一个可选择的富有成效的方法是分析

第一章 绪 论

工作群体的功能。在群体中人们是如何一起工作的？什么因素决定一个群体是团结和富有成效的还是分散和毫无结果的？领导如何影响群体成员以及他们的能力，以便使他们在一起紧密合作、以较高的工作效率工作？这些仅是在组织中关于群体有效功能可能涉及的几个问题。组织行为学的一个重要部分就是把社会心理学的知识和理论应用于研究组织中的群体。对这个群体层次分析所产生的见解不同于通过研究个人单独工作所产生的见解。

(3) 组织。某些组织行为学的研究者把整个组织作为他们的研究目标，而不是把重点仅放在组织中的个体和群体上。组织行为学的这种宏观方法是把重点放在社会学规律的理论和概念上。研究者寻求理解组织与其环境之间关系的影响，正是为了获得组织的效率，并把重点放在理解组织结构和组织设计如何影响组织效率的方面（例如，对部门分配任务和责任的不同方法可能会影响这些部门的能力以及整个组织的工作效率）。对其他因素，诸如组织所应用的技术、组织的规模、组织的年限等也应该加以考察，还要分析它们对组织功能效率的影响。

(二) 组织行为学的定义

美国学者安德鲁·丁·杜布林（A. J. Dubrin）曾经把组织行为学定义为："是系统研究组织环境中所有成员的行为，以成员个人、群体、整个组织以及外部环境的相互作用所形成的行为作研究对象。"在其著作《组织行为基础——应用的前景》一书中，他还推崇蒙特利尔大学管理学教授和组织心理学家乔·凯利（Jee. Kelly）所提出的定义："组织行为的定义是对组织的性质进行系统的研究，组织是怎样产生、成长和发展的，它们怎样对各个成员、对组成这些组织的群体，对其他组织以及对更大些的机构发生作用。"

根据他们的定义，综合其他组织行为学家的观点，我们主张把组织行为学定义为：组织行为学是采用系统分析的方法，研究一定组织中人的心理和行为的规律，从而提高管理人员预测、引导和控制人的行为的能力，以实现组织既定目标的科学。

具体来说，这一表述包含以下几个方面的含义：

1. 组织行为学的研究对象是人的心理和行为的规律性。组织行为学既研究人的心理活动的规律性，又研究人的行为活动的规律性，是把这两者作为一个统一体来研究的。人的行为与心理是密不可分的，心理活动是行为的内在表现，行为是心理活动的外在表现，因此，必须把两者作为统一体进行研究。

2. 组织行为学的研究范围是一定组织中的人的心理与行为规律。这就是说，组织行为学并不是研究一切人类的心理和行为规律，而是只研究一定组织范围内的人的心理与行为的规律。这种组织的范围包括：工厂、商店、学校、机关、军队、医院、农村等所有的组织。研究这种种组织中的人的心理和行为规律，不仅是研究单个的人的心理和行为，而且还要研究聚集在一起的人的心理和行为规律。因此又可以分为：个体心理与行为、群体心理与行为以及整个组织的心理与行为。

3. 组织行为学的研究方法是系统分析的方法。组织行为学不是孤立地研究一个组织中的个体、群体和组织的心理和行为，而是采取系统分析的方法来研究它们。从系统观来看，个体的人作为一个系统，把它放在群体这个较大的系统中来研究，个体就是群体的子系统，而很多的群体又组成为一个组织，因此，群体又是组织这个大系统的子系统。它们均自成体系而又相互密切联系不可分割，又由于它们都处在社会环境这个更大的系统中相互联系，相互作用，因此它们又都是社会环境的子系统。

4. 组织行为学的研究目的是在掌握一定组织中人的心理与行为规律性的基础上，提高预测、引导、控制人的行为的能力，以达到组织既定的目标。

（三）组织行为学的特点

1. 跨学科性。组织行为学是一个跨学科的研究领域，它主要是以心理学、人类学、社会学、管理学的概念、理论、模式和方法为主要知识基础，同时吸取政治学、经济学、历史学、生物学、生理学等社会科学、自然科学中有关论述人类行为、心理的内容，充分表现了这门学科的跨学科性。

2. 层次性。组织行为学的研究对象可以分四个层次进行分析：组织中的个体行为，包括知觉、学习、个性、价值观、态度、动机、挫折等；组织中的群体行为，包括群体的形成、类型、动力、特征、规模、群体建设、群体决策等；从整个组织角度研究成员的行为，包括领导、权力、沟通、冲突、组织结构设计、组织发展与变革；从外部环境与组织的相互关系进行研究，包括环境的变化、环境对组织的影响、组织对环境的反作用等。

3. 情景性。组织行为学的研究对象是人及由人组成的组织，而人是千变万化的，组织的类型也是千差万别的。所以说组织行为学不主张通用的最佳管理模式，而是主张根据不同情景采用不同的理论与管理方式。

4. 二重性。这是组织行为学最为突出的一个特点。它主要表现在以下三个方面：一是多学科性。组织行为学既包括普通心理学、生物学、生理学等不具有社会意识形态的自然科学，又包括社会学、社会心理学等明显具有意识形态特点的社会科学。二是研究对象的二重性。组织行为学的研究对象是人，而人是具有二重性的。无论是个体的人还是群体的人，把人作为劳动力的自然人和作为具体相互关系的社会人是不同性质的两个问题。三是管理的二重性。管理具有二重性，即自然属

第一章 绪 论

性和社会属性。管理的自然属性,是指它是协作劳动的自然要求,是合理组织生产力和使社会化大生产顺利进行的必要条件。这种属性是由生产力发展水平和劳动社会化程度所决定的,与生产关系和社会制度无关。管理的社会属性,是指管理要处理人与人之间的关系,要受一定的生产关系、社会制度和意识形态的影响与制约,是一定生产关系的体现,是实现生产关系的重要手段。

5. 实用性。心理学、社会学、政治学、人类学等属于理论性科学。在研究组织中人的规律性后,还要进一步研究评价和分析人的行为的方法,掌握保持积极行为,改变消极行为的技术,提高管理者的工作能力,帮助管理者理解、预见和控制组织成员的行为,改善组织工作的绩效,因此具有实用性的特点。

二、不断发展的组织行为学

组织行为学不是与其他管理理论,如科学管理等同时产生的,它是管理的科学理论发展到一定阶段,于20世纪60年代才产生的,至今不过几十年的发展历史。

(一) 组织行为学的由来

组织行为学是在管理学,特别是在组织管理学和人事管理学的基础上产生和发展起来的,是管理学的新发展。

1911年,"科学管理之父"泰罗的《科学管理原理》一书的出版,标志着管理学成为一门独立的学科。与此同时,美国的女管理学家莉莲·吉尔布雷斯集中力量通过动作研究和时间研究来提高工作效率,即所谓通过动作——时间分析来确定科学定额。在研究中莉莲·吉尔布雷斯还发现,由于管理人员不关心工人而引起的不满情绪也会影响工作效率。因此,她认为不能单纯从工作的专业化、方法的标准化和操作的程序化来提高效率,而且还应该注意研究工人的心理。于是,她在1914年出版了一本名为《管理心理学》的著作,第一次使用了管理心理学的名称。她力图把早期的心理学的概念应用到科学管理的实践中去,但是这本著作在当时并没有引起人们的足够重视,未能成为一门学科。

在第二次世界大战前,美国用于工业领域的心理学一直被称做"工业心理学"。在这一时期相继又有一些心理学者根据人的个性心理差异,对职工的选拔、使用和培训、考核等问题进行研究,逐步形成了"人事心理学"。又有一些心理学家从事设计适合人的生理与心理实际需要的机器、工具设备和工作环境、工作程序的研究,以减轻人的疲劳程度,防止意外事故的发生,使劳动合理化以提高生产效率，从而形成了"工程心理学"或"人体工程学"，又名"工效学"。

工业心理学把心理学引进了工业生产，对促进组织行为学的形成起了推动作用，但由于当时这项研究活动只局限在心理学的领域，只是从个人的心理出发，如探讨灯光照明、室内温度，以及物质报酬等因素对工作效率的影响，而没有注意到工作的社会环境、人际关系、领导者与被领导者的相互关系，以及组织机构本身所具有的社会性。一直到1924至1932年间梅奥在美国芝加哥郊外的西方电器公司的霍桑工厂所进行的"霍桑试验"，才进一步把心理学、社会心理学、人类学等各项学科结合起来，对企业中人的心理与行为，进行综合探索、试验和解释，从而开创了组织行为学的道路，使霍桑试验提出的"人际关系学"成为组织行为学核心理论的一个主要内容。在西方心理学界，梅奥被公认为工业心理学的创始人和组织行为学的先驱。

1958年，美国斯坦福大学的莱维特教授正式使用管理心理学这个名称以代替原来的"工业心理学"，成为一门独立的学科。莱维特教授认为，之所以这样改名，其目的就在于引导读者考虑这样一个问题，即如何领导、管理和组织一大批人去完成特定的任务。20世纪60年代莱维特教授又在他的一篇为《心理学年鉴》所写的文章中首先采用了"组织心理学"这个名词，其目的也是强调社会心理学，尤其是群体心理学在企业界日趋显著的作用。

1960年，美国心理学协会第十四分会——工业心理学分会改名为工业和组织心理学分会，其目的也是要承担比个体差异测定更广泛的组织问题的研究。随着这一学科从个体到群体，再到组织的研究的演变，其研究和实验的机构也发生了变化，它从各大学的心理学系转入到管理学院、系，特别是这些学院的研究生部。其教师队伍中又吸收了社会心理学家、社会学家和人类学家。这批人研究的项目开始取名为"组织行为学"。这一名称进一步强调了"组织"这一概念，同时又明确了它不是任何单独哪一门学科的产物。从此以后，"组织行为学"这一名称就一直沿用至今。

从管理心理学、组织心理学到组织行为学，反映了这个研究领域的发展过程。应该说，从应用角度来看，"组织行为学"是最为广泛的。

（二）组织行为学的发展

由于各个不同历史时期科学技术和社会生产力的发展水平不同，管理学家们在如何协调、指挥和控制一定组织中人们的协同劳动问题上所强调的重点也各不相同，因而关于组织管理理论就形成了不同的学派和发展阶段。根据《寻求卓越的经营之道》一书的作者、美国管理学家托马斯·彼得斯（Thomas J. Petrs）和罗伯

第一章 绪 论

特·小沃特曼（Rober H. Waterman）的分析，组织行为学的发展大致经历了以下四个发展阶段。

1. 封闭理性模式阶段。20世纪初到20世纪30年代是组织行为学发展过程中的第一阶段，即封闭理性阶段。其代表人物是泰罗、韦伯和法约尔等。当时由于工业革命以后机械化普遍推广，市场逐渐扩大，产品供不应求，生产的产品总是能够推销出去，因此他们根本不考虑企业组织外部的环境、竞争、市场等状况，管理者总是把组织看成是一个封闭的系统。他们把管理的重点放在组织内部，研究如何有效地利用已有资源，提高生产效率，生产出更多的产品，获取更大的利润。从管理对象来说，在对人和对物的管理中，他们只注意对物的管理和对工作的管理，而忽视对人的管理；从管理目的来说，他们只强调工作高效率，而忽视对工作者的各种需要的最大满足；从考虑工作者的需要来说，他们认为工作者只是有经济需要的机械人，而忽视了工作者的社会心理的需要。总之，他们把组织中的人看做"理性的人"，一切均按事先规定的规章制度、原理原则来办事。

2. 封闭社会性模式阶段。20世纪30~60年代为组织行为学发展过程中的第二阶段，即封闭社会性模式阶段。其代表人物是梅奥、麦戈里格等。在这一阶段，泰罗等人的理性人的观点受到非议。一批新的管理学家把组织看做是一个封闭的社会性的模式。这主要是"霍桑试验"的结果证实了只有把人当做"社会人"来看待，而不是当做完全理性的机器看待，才能创造出高效率。这是组织管理学迈向重视人的因素重视人的社会、心理需要，以及重视企业组织内部人与人关系的改善等对提高工作效率的影响的标志。这个时期出现了"人际关系学"，这种理论对那种只重视物质不重视人的传统管理来说，是具有创造性和革新意义的，是管理理论进步。人际关系论把人作为一种非常重要的管理对象纳入到组织管理当中，开创了研究人的社会需要、心理情感等因素对工作效率影响的先河，促进了行为科学的出现。

3. 开放理性模式阶段。20世纪60~70年代是组织行为学发展阶段中的第三阶段，即开放理性模式阶段。其代表人物是费德勒等。早期的人际关系学忽视了对企业组织外部环境的研究，只注意企业内部人与人的关系相处好坏对人的行为和工作绩效的影响，而忽视了企业组织外部环境中劳动力的供求关系、社会状态、技术发展、经济变动等外部因素的影响，因而存在着一定的局限性。第三阶段的管理学家们把组织看做是一个开放的理性模式，这对封闭的社会性模式来讲是一大进步。因为外部环境因素对管理工作的影响程度越来越大，致使管理学家们在研究问题时不仅不能忽略，甚至有时成为考虑的首要问题。

因此在这一时期，组织行为学发展了一个新的观点称为权变学派或情景学派。这个学派认为，不能应用普遍原理于组织管理行为上，必须认真分析每个情况独特的复杂性。管理者要根据以往的、现有的和潜在的关键因素及其内在联系来分析情况，在评价内在因素与外在因素之间的影响之后才能做出相应的安排。权变理论分为管理角色和组织结构两大部分。管理角色部分是指管理人员的行为和活动。强调管理人员是组织环境中的一个活跃合作者，管理人员对组织环境的评价将影响到本人管理作风的应变策略、组织结构的设置以及控制活动等一系列措施。组织结构部分是探讨组织结构与环境的关系。决定一个组织结构与设计无疑是管理人员的职责，但是，环境或情况因素决定了最有效的组织结构与设计。因此，权变管理既研究环境情况，又关注管理人员应付不同文化环境的行为。它强调针对不同实际情况采用不同的管理策略、模式和方法，企图通过对大量事例的研究和概括，作为改进企业管理的有效办法。权变理论利用系统概念来研究复杂的组织，认为管理行为受外在环境因素的影响。这里的"环境"范围包括社区、区域、国家及国际，这里的"因素"是指政治、社会、文化、经济、教育、技术等。"开放系统"的概念与"权变理论"的提出为组织行为学提供了一个较完整的理论架构，同时也成为我们联系古典组织理论的重要桥梁。

  4. 开放社会性模式阶段。20世纪70年代至今，是组织行为学发展过程中的第四阶段，即开放社会性模式阶段。其代表人物是维克、马奇等。他们把组织看成是一个开放的社会性模式，并提出了企业文化的概念，要求对组织行为学的研究转变到社会文化这一更深的层次上。这种模式主要强调组织的生存价值、社会作用和性格特征，强调人是企业组织的中心，认为不能单纯用理性的利润指标衡量企业经营的好坏，而且还要考虑到人的需要、情感等能否得到满足。这就把人们对企业管理的本质认识从硬性的方法制度上升为软硬兼备的艺术技艺。这个阶段实际上是综合了前面三个阶段各自的优点而加以综合运用的结果。

  从上述组织行为学发展的四个阶段，我们可以看出，随着管理实践的深入、管理理论的发展，组织管理理论也在不断完善和发展，正是在这个基础上，组织行为学的理论才逐步得到升华。它改变了传统管理对人的错误认识，从忽视人的作用变为重视人的作用。因此，现代管理也由原来的以"事"为中心发展到以"人"为中心；由原来的对"纪律"的研究发展到对人的"行为"的研究；由原来的"监督"管理发展到"动机激发"的管理；由原来的"独裁式"管理发展到"参与式"管理。

三、组织行为学的内容体系

  组织行为学是研究一定组织中人的心理和行为规律的一门科学。组织中的人的心理与行为又分为组织中的个体心理与行为、群体心理与行为、组织心理与行为和

第一章 绪 论

领导心理与行为四个层次。组织行为学的研究目的是要对上述三个层次的心理与行为进行预测、引导和控制,以便更合理地利用人力资源,更有效地实现组织的目标。但是上述目的的实现都需要通过管理者和领导者的行为来实现,因此,研究领导心理与行为也是组织行为学的重要内容之一。

(一) 个体心理与行为

所谓个体心理,确切地说就是个体的社会心理,即个体在特定的社会部门或组织系统中,因其所处的角色地位而表现出的心理现象。包括个人行为的发展过程、态度、个性、价值观及自我意识等发展,社会认知的确定,人格特征的形成,等等。个体行为则是指处于组织环境中的个人的所作所为。组织行为学研究个体行为的共同规律,目的在于对它进行有效的引导与控制,使之符合组织目标。或者说,通过个体心理与行为的研究,探讨个体内在的能力,激发个体工作的潜能,实现管理科学化。

(二) 群体心理与行为

组织中的人们总是处在一定的相互关系之中,而这些关系又表现为亲近或疏远的不同程度,并呈现为不同的群体。要有效地达到管理目标,就必须研究群体心理与行为,包括群体心理的特征、群体的凝聚力、群体的合作与竞争、群体的冲突与沟通以及群体中的人际关系,等等。组织行为学研究群体行为的目的在于使管理者能掌握群体行为形成的原因,并对之进行有效的协调与控制。

(三) 组织心理与行为

组织行为直接关系到组织自身的生存和发展。同时,组织又是个体和群体实现某种目标的工具,组织状况直接影响个体或群体的行为效率。因此,对组织行为的研究具有十分重要的意义。组织是人设计的,同样也是通过人而变化的。如何使组织的形态与功能既顺应外部环境的变化,又适合群体成员的心理需求,促进组织目标的实现,便成为组织设计与变革的基本要求。组织心理与行为的研究内容主要包括:组织决策、组织结构、组织文化以及组织变革与发展等问题。组织行为研究的目的在于:分析组织结构、管理体制、组织文化对组织成员心理和行为以及组织效率的影响,以期形成良好的组织气氛,促进组织管理效率的提高;探索组织变革、组织发展的原则和模式,促进组织不断完善和发展。

（四）领导心理与行为

领导行为是影响组织、群体和个体行为，进而影响组织生产或工作效率的一个关键因素。虽然领导者作为普通的个人，领导班子作为一般群体，有其一般性规律，但管理活动中，由于他们的特殊地位、角色身份、职责与功能，决定了他们的特殊性和重要性，有必要专列课题来研究。领导行为的研究主要包括领导功能、权威与影响力，领导者的素质与领导者选拔，领导行为等问题。领导行为研究的目的在于为领导者的选拔、培训与考核提供理论依据，为提高领导艺术和领导效率服务。

以上四个部分是组织行为学研究的主要内容。但是我们应该注意的是，尽管我们在叙述过程中分为四个部分，但在理解上我们要将其作为一个整体。从系统论的角度来看，个体、群体、组织和领导四者之间相互依存、相互制约，又相互补充，共同形成一个管理的大系统。我们在研究时既要对组织中的个体行为进行多层次、多水平、多角度的系统分析，又要把人的各种心理活动和行为表现看成是整个系统相互关系的结果。我们不能离开人的社会情感去研究人的社会认知，也不能离开人们已有的相对稳定的个性特征去孤立地研究他的某些心理活动或行为表现。在现实生活中，我们离开了对一个人们整个生活经历的分析，就很难理解为什么他会产生对某种社会现象的特定态度；离开了对人们的知识背景、当时情绪状态、个性特征的分析，我们就很难解释为什么对相同的社会现象会有不同的认识结果。

四、组织行为学的研究方法

（一）情景模拟法

情景模拟法是根据被试者所担任的职务，测试者编一套与岗位实际情况相似的测试场景，将被试者放在模拟的工作环境中，由测试者观察其才能、行为并按照一定规范对测试行为进行评定。情景模拟测评，一般通过公文处理、小组讨论、上下级对话、口试等方法进行。无领导小组讨论的方法，在人员选拔、岗位晋升工作中应用广泛，从讨论中可以了解被试者的语言表达、思维、应变、驾驭等方面的能力。由于情景模拟法具有针对性、客观性、预测性、动态性等特点，所以对人员考核的信度、效度较高，但对主持者的技术要求也比较高。

第一章 绪 论

(二) 观察法

观察者以自己的感觉器官为工具（如眼、耳、鼻、舌和皮肤等），直接观察人们的行为，并通过对外在行为的分析去推测人们内在的心理状态，这种方法称为观察法。现在许多研究采用录像机和录音机协助观察。

(三) 调查法

调查法是了解被调查者对某一事物（包括人）的想法、感情和满意度的方法。因为有些心理现象可以直接观察到，有些不能，对那些不能直接观察到的心理现象则可以通过调查、访问、谈话、问卷等方法来搜集有关材料。这种方法很有价值，研究者和管理者可以用这种方法来调查职工对组织以及所任工作的满意度，以及影响职工积极性的因素等。许多公司还用这种方法来发现顾客对公司产品的青睐度。国家也可以通过调查了解民意，为制定和修改政策提供依据。

无论调查法用于何种目的，作为从事科学研究、收集资料和数据的方法大致相同。一般采用下面三种具体的调查方法：

1. 面谈法。这是研究人员通过与被调查者直接交谈来探索被调查者的心理状态的研究方法。其优点是信息的回收率高，而且由于面对面地谈话，调查者可以做解释，因此，所得的反应也较丰富、确切。但这种方法也有缺点，因为面对面谈话往往会给人增加心理负担，使人产生防御心理，所以要求研究者具备一定的谈话技巧。另外，这样面谈较费人力和时间。

2. 电话调查法。通过电话交谈来获取相关资料的方法。优点是花钱花时间较少，而且能调查较多的人。但是这种方法也有缺点，它不像面谈法那样可以采取多种方式详细询问和解释问题，使被调查者对问题容易发生误解。

3. 问卷调查法。这是运用经严格设计的问题和对问题回答的不同程度的量表，让被调查者进行纸笔书面回答的调查、研究方法。这种方法可以在很大的范围内进行调查，而且花钱花时间不多。此外，回答问题的人可以不写明姓名，这使被调查者敢于如实回答一些敏感的或关于本人的问题。这种方法还一个优点是，被调查者有较多的时间来考虑如何回答问卷中提出的问题。同时，这种调查方法在数据统计方面亦有相当大的优势。其缺点是：问卷调查法缺乏个性，所有的被调查者使用同样的问卷；对一些问题不能进行深入的回答；问卷的回收率较低；容易了解被调查者的态度和想法，却不易了解其行为。

（四）测验法

这是采用标准化的心理测验量表或精密的测验仪器以及各种图表来测量被试者的有关智力、能力倾向、兴趣爱好、个性性格、成就需要等心理和行为特征的研究方法。在运用测验法时，应注意测验的信度和效度应维持在一个合理范围内。

测验的信度即可靠性，它是测量反映被测者特征的真实程度的指标，有人称之为测验的准确性，也有人把信度作为测验结果稳定性和一致性的指标。测验的效度是指心理测验的有效性，即测验得到的是所要测定的心理和行为特征，也就是测验结果是否体现测验的预期的程度。

（五）实验法

由于人类行为的复杂性，许多变量不容易控制，因而人们很难确定，一定形式的行为就是某一组织特点的直接产物，而实验法能克服现场研究法中的缺点。这种方法要求先假设一个或多个自变量对另一个或几个因变量的影响，然后设计一个实验，有系统地改变自变量，再测量这些改变对因变量的影响。例如，对工作场所内的噪音强度予以不同的改变，以探求噪音强度与对工作效率、工作速度是否存在函数关系。实验法有两种类型：

1. 实验室实验法。实验室实验是在有意设定的实验室内进行的，通常是借助于各种仪器设备，在严格控制的条件下，通过反复实验而取得精确的数据。这种实验可以模拟自然环境或工作环境中的条件，来研究被试者的某种心理活动。例如，对汽车司机的应变实验，可以模拟自然景色，汽车除了没有轮胎，其他都是完好的，司机的前方设一电视屏幕，使被试者有如身临其境，然后让电视屏幕中的马路上突然出现障碍，从而在仪表的控制下检查司机紧急刹车的应变反应。显然，由于实验室实验多具有人为性，所得的结果往往与实际情况存在一定的距离。实验室实验多用于对些简单的心理现象的研究，而对复杂的个性方面的问题，则具有较大的局限性。

2. 自然实验法。自然实验法又称现场实验法。这种方法，就是在正常的工作条件下，适当地控制与实际生产活动有关的因素，以促成被试者某种心理现象的出现，这种研究有较大的现实意义。自然实验法的优点是：它既可以主动地创造实验条件，又可以在自然情景下进行，因而其结果更符合实际。但是，它不如观察法广泛，也不如实验室实验法精确，有时，由于现场条件系统的复杂性，许多可变因素要全部排除或在短期内保持不变，往往很难做到，必须进行周密的计划，并坚持长

第一章 绪　论

期观察研究才能成功。霍桑试验长达五年零六个月，尽管耗费了大量人力、物力、财力，但其试验结果对管理理论的充实与发展带来的影响是无法衡量的。

（六）案例法

案例法对学习组织行为学和研究组织行为而言都是一种非常有用的方法，而且对管理教育将产生越来越深的影响。这种方法是研究人员利用组织正式的或非正式的访问谈话，发调查表和实地观察所搜集的资料，以及从组织的各种记录与档案中去搜集有关个人、群体或组织的各种情况，用文字、录音、录像等方式如实地记录下来，提供给学生和有实际工作经验的人员进行研究或讨论、分析。案例法是体现理论与实践、知识与能力、历史与现实、教学与研究、科学与艺术五统一的极好方法。它提供了许多学习和研究的建议，为解决未来实际工作中的问题作了虚拟的培训。案例法的教学、研究是否成功，受多种因素的影响，如案例本身的质量、案例分析的组织以及学生对案例教学的适应性，都会影响案例法的效果。因为案例是事物本身的客观展示，变量多，解决问题的方法是开放性的，无法证明某种答案正确与否，所以结果的信度、效度和普遍性无法确切说明。尽管如此，案例教学在管理教育中的作用仍越来越重要，这种现实管理工作的虚拟式训练，是运用理论去解决实际管理问题的最好桥梁。

● 本章小结 ●

组织行为学作为管理学理论中非常重要的分支，已越来越为学术界和企业界所重视。组织行为学是在管理学，特别是在组织管理学和人事管理学的基础上产生和发展起来的，是管理学的新发展。组织行为学是采用系统分析的方法，研究一定组织中人的心理和行为的规律，从而提高管理人员预测、引导和控制人的行为的能力，以实现组织既定目标的科学。组织行为学具有跨学科性、层次性、情景性、二重性、实用性等特点，其研究的主要内容是个体心理与行为、群体心理与行为、组织心理与行为、领导心理与行为等方面。

▶ 思考题

1. 什么是组织？组织的特点是什么？
2. 什么是组织行为学？组织行为学的概念包括哪几个方面的含义？

3. 组织行为学具有哪些特点？
4. 组织行为学的发展经历了哪几个阶段？
5. 组织行为学的研究内容有哪些？
6. 组织行为学的研究方法具体有哪些？

▶ 案例应用

金光公司

王钢多年来一直梦想拥有一家自己的公司。机会终于来了，在好朋友陆某的建议下，王钢经过努力专门注册了从事建筑材料供应业务的金光公司。金光公司在市郊租了一间大仓库用于储存建筑材料，同时招聘了数名员工分别负责货物运输、财务和行政工作。开始时公司的业务量很少，靠开发商陆某的帮助，公司勉强维持运转。一年后，由于结识了建筑行业联合会的理事长，王钢拿到了一个大型项目的供应合同。公司上下工作认真，赢得了开发商的高度赞扬。从此以后，金光公司步入高速发展的新阶段。

三年后，公司员工增加到50人，还另租用了一间仓库。与此同时，王钢开始担心公司出现的许多问题，首先是好朋友陆某。一次，陆某让王钢在极短的时间内供应一些紧缺的材料，因为实在无能为力，王钢没有答应，两人从此翻脸。王钢不担心生意受损，只是很惋惜失去了一位好朋友。另一个问题是，王钢发现自己在办公室处理文件的时间越来越长，他已经不认识许多员工，也无法直接指挥仓库的运营。他任命两位公司元老为仓库的业务经理，但依然掌握着工作计划、任务分配等所有事项的决策权。他甚至坚持亲自检查和签署采购单。而且，公司大多数的合同还是由王钢通过人际关系获得。这一切使业务经理左右为难，一方面他们对王钢特别忠诚，不愿争权，另一方面他们感到自己缺乏相应的职权来从事经营管理活动。

最近发生的几件事情使王钢觉得问题非常严重。第一，一位重要的客户打电话抱怨公司没能及时供应一些关键的物资，表示今后不再合作；第二，几位优秀员工同时提交了辞呈；第三，会计汇报说公司的营业额和利润出现了明显的下降。

▶ 问题

1. 王钢在管理中遇到了哪些问题？他应如何解决所面临的问题？
2. 金光公司的问题有普遍性吗？为什么？

第二章

个体心理差异与管理

❖ **本章学习目标**

阅读和学完本章后，你应该能够：
◇ 掌握个性、气质、能力、性格、态度和知觉的含义及其影响因素
◇ 认识社会知觉偏差的类型及其在管理中应用
◇ 重点掌握气质、能力、性格在管理中应用应注意的问题
◇ 运用所学知识分析和解决实际工作中遇到的问题

开篇案例

认识管理者的个性

总经理王华手下有四位聪明能干、令人喜欢的经理，然而他们常常在经理会上形成紧张的对抗。王华实行参与式管理，他要求他的员工在做出决策时意见要尽量达成一致。问题是李凯和张雷很快就能拿定主意，于是便要进行下一个议程；乔新安则要求进一步讨论，要求有更多的资料，用更多的时间去进行思考；罗杰的话没有乔新安的多，但他支持乔新安。

王华在日常的工作中，细心观察这四位经理的个性，他发现李凯和张雷，有时似乎有点鲁莽，乔新安则有点慢慢吞吞。所以，他通常不是迅速决定支持哪一方，因为哪一方都做出过高质量的决定，做这种决定时所需要的时间和资料数量的差异，确实反映了个人性格的不同。为了进一步提高管理水平，他经常根据任务的性质和经理的个性综合多方意见，最后才拿定主意。

一、个性与管理

(一) 个性的含义

人的心理现象是非常复杂的。人们在认识客观世界的过程中，除了具有认识过程、情感过程和意志过程这些共同的心理过程以外，每个人还都会表现出自己的独特的心理特点。例如，人人都能观察事物，但有的人细致入微，有的人粗枝大叶；人人都有感情，但有的人热情奔放，有的人则态度冷淡。即使同是热情奔放的人，表现形式也不同，有的外露，有的含蓄，这些都是人的个性的不同表现。

个性一般是指一事物区别于他事物的特殊本质，也叫个性心理特征，是指一个人的基本精神风貌，也就是表现在一个人身上的那些经常的、稳定的、本质的心理特征的总和。它主要包括人的气质、性格和能力等。

(二) 个性的特点

尽管人们的个性各不相同，但是，每个人的个性却都具有如下几个基本特点：

1. 个性的稳定性。人的个性一旦形成，就具有相对稳定的特点。虽然在现实生活中常常会发生这样的现象：比如，有的人平时做事一直很细心、很谨慎，但偶尔也可能有粗心、冒险的行为；有的人平时一向沉默寡言，但在某些特殊场合也会显得兴致勃勃，甚至会滔滔不绝地大发一番议论。但是，我们无论如何也不会由此否定其一向细心谨慎或沉默寡言的个性特点。因为在日常生活中的大多数时间里，细心谨慎的人总是表现出谨小慎微的行为，而沉默寡言的人常常给人留下郁郁寡欢的形象。每个人的这种在长期生活中逐渐形成的、在一般情况下其精神面貌都显示出大体相同的个性心理特征，就是个性的稳定性。也正是由于人的个性具有稳定性的特点，才使我们能够将一个人的精神面貌与其他人相区别。

2. 个性的可变性。我们常说人的"禀性难移"，但并非绝对不可移。人的个性是在长期的生活历程中逐渐形成的，当然也可以随其生活经历的变化而变化。所以，人的个性又是可变的。由于现实生活的缤纷复杂，随着某些对个性有影响的外界条件的变化，人的个性心理特征也总会发生或多或少的变化。例如，一个本来乐观开朗的人，如果突然遇到重大的挫折和打击，他很可能会由此变成一个性情抑郁的人，这就是个性的可变性。组织行为学的重要任务之一，就是要研究如何利用人的个性的可变化,去引导人们把个性中消极因素转化为积极因素。

3. 个性的独特性。人的个性的形成是受先天和后天两种因素长期影响的结果。但由于每个人所具有的先天条件和后天条件不是完全相同的,因此,人的个性也必然客观地存在着差异,具有独特性。世界上找不出两个个性完全一样的人,即使是双胞胎或连体兄弟,他们的个性也各有各的特点,绝不会完全相同。

说个性独特,并不是说人们的个性没有任何相同之处。个性的形成有共同的规律,个性的形式与内容也有共同的特点和倾向。因此,任何个性都是寓于一定共性中的个性,都是普遍性与特殊性的统一。

4. 个性的倾向性。一个人在日常生活中,对任何一种事物或其他人都会表现出一定的看法、态度并伴随一定的行为,这就是个性倾向性的表现。个性的倾向性包括需要、动机、兴趣、爱好、信念和世界观等。它们是人的意识和行为的促动因素。研究个性的倾向性,可以帮助我们去引导人们更好地认识世界和改造世界。

5. 个性的整体性。不管个性具有多少特点,具体到一个人,他的个性是统一的整体。人是作为一个整体来认识世界和改造世界的,所有的心理特点,在一个具体的人身上都不是孤立的,而是有机地联系在一起表现出来的。例如,一个人有什么样的生活目标,他就会有什么样的兴趣和爱好,就会有什么样的动机与行为,对人对事就会有什么样的态度。这是因为一个人的个性总是围绕着一定的生活目标而形成的统一整体。

(三) 个性的形成与发展

个性的形成与发展是多方面因素相互交错影响的结果。但归纳起来主要有两大因素:一是先天的素质;二是后天的社会条件、实践和教育等。

1. 先天素质是个性形成和发展的自然前提。先天素质,主要指人的肌体的某些生理解剖特点,特别是大脑的结构与机能的特点。这是人的生物因素。一个人的先天素质是与生俱来的,而且有相对的稳定性。先天素质不预先决定人的个性的发展,但人的个性却都是以这种生物因素为基础而形成的。离开这些生物基础,根本谈不上形成人的个性。即使把一些高级动物如猩猩放在人的环境中生长,它也只能永远停留在"动物"的水平,不能产生人的个性,这是因为猩猩不具备人的生物因素。

2. 社会生活条件是个性形成和发展的决定性条件。社会生活包括人们的衣、食、住、行等物质生活(物质文明)和社会意识形态领域里的生活(精神文明)。社会生活是人类所特有的,它对人的个性的形成及发展起着决定性的作用。作为社会实体的人，只有通过社会生活，才能体现人与人之间的关系，并在这种关系的作用下得到发展。离开社会生活条件，就不可能形成人的个性。

3. 社会实践是个性形成和发展的主要途径。社会实践活动是主体与客体、主观与客观之间的桥梁。人通过社会实践，一方面使客观反映于主观，达到认识世界的目的；另一方面又使主观见之于客观，达到改造世界的目的。正如人的感受能力、观察能力、思维能力以及各种不同的才能，都是在无数次的反复实践中锻炼出来的一样，人的坚毅、果断、勇敢等其他个性特征，也是在长期的实践中磨炼的结果。因此，离开社会实践活动，一个人即使具有优越的先天素质和社会生活条件，也不可能形成优良个性。

4. 环境对个性的形成与发展也具有重要的影响。环境是指围绕在人体周围的一切事物和现象。它包括对人的个性产生影响的一切后天因素。人的个性，在其形成和发展的过程中，会由于其接触的外界环境的不同而受到很大影响。人所接触的环境可分为两种：一种是自然环境；一种是社会环境。自然环境虽然对人的个性有一定的影响，但不及社会环境对人的个性形成和发展的影响程度大。纵观社会环境对人的个性的形成、发展和变化的影响，主要体现在家庭环境的影响、社会政治经济状况及社会风气等环境因素的影响和教育的影响三个方面。

环境因素对人的个性的形成和发展的影响是很大的。作为管理者，要尽量为每个人都创造一个良好的生活环境、学习环境和工作环境，以促进其形成优良的个性品格。

二、气质与管理

（一）气质的概念

气质是人的个性心理特征之一，指一个人典型地表现于心理过程的强度、心理过程的速度和稳定性以及心理活动的指向性特点等动力方面的特点。所谓心理过程的强度，指情绪的强弱、意志努力的程度等；所谓心理过程的速度和稳定性，指知觉的速度、思维的灵活程度，注意力集中的时间长短等；所谓心理活动的指向性特点，指有的人倾向于外部事物，从外界获得新印象，有的人倾向于内部，经常体验自己的情绪、分析自己的思想和印象。每个人生来就具有一种气质，有某种气质类型的人，常常在内容很不相同的活动中都会显示出同样性质的动力特点。例如，一个学生具有安静迟缓的气质特征，这种气质特点会在参加考试、当众演说、参加体

第二章 个体心理差异与管理

育比赛和文艺活动等各种活动中表现出来。一个人的气质特点不以活动的内容为转移，仿佛使一个人的全部心理活动都染上了个人独特的色彩，表现出一个人生来就具有的自然特性。

一个人的气质，具有极大的稳定性。它很早就清楚地表露在儿童的游戏、作业和交往活动中。但是，在环境和教育的影响下，气质也会发生某些变化，只是同其他心理特征相比，其变化要迟缓得多。

（二）气质的分类

人的气质各不相同。根据古希腊希波克利特的观点，可以将人的气质划分为四种类型：胆汁质、多血质、黏液质和抑郁质。各种气质类型的行为特征如下：

1. 胆汁质（兴奋型）。具有这种气质的人，对外界刺激的反应速度快，但不灵活；感受性低而耐受性高；精力充沛，行为易鲁莽冒失；对人比较热情和坦率；喜怒形之于色，说话直来直去，一针见血；情绪变化剧烈，脾气暴躁、性急、容易激动，但激动的心情不能持久；能以极大的热情投身于事业，也准备克服通向目标的重重困难和障碍，但当精力消耗殆尽时，便失去信心，情绪顿时转为沮丧而一事无成。一般来说，胆汁质的人大多是热情而性急的人。

2. 多血质（活泼型）。具有这种气质的人，往往活泼好动、朝气蓬勃；对外界刺激反应迅速、灵敏，能很快地把握新事物，善于适应变化了的环境；性情温和、乐观，待人热情，善于交际；在工作和学习上，富有精力，速度快，效率高。但这种人的情感易变，兴趣也易变，如果工作遇到大的困难，他的热情就可能迅速消退。这种类型的人大多是一些活泼好动的人。

3. 黏液质（安静型）。具有这种气质的人，灵活性差，对外界刺激反应缓慢；注意力持久而难以转移，从一种活动转向另一种活动比较迟缓，适应新的环境需较长时间；言行举止稳重，说话慢条斯理，不易激动，不易发脾气，沉着坚定，喜怒哀乐从不外露；在社交场合中，交际适度，不爱做空泛的清谈，也不愿意显露自己的才能；很少见到有迅速活泼的动作，具有明显的内倾性；具有忍耐、自制等品质，能够较好地克制自己的冲动，严格遵守既定的生活秩序和工作制度，能够从事比较艰苦、细致的工作。这种类型的人大多是一些沉静而稳重的人。

4. 抑郁质（抑制型）。具有这种气质的人，敏感多疑，多愁善感，内心常思潮滚滚；对外界刺激反应慢、不灵活、刻板，但观察力敏锐，善于观察别人觉察不到的细节；孤僻，常表现出一副与世无争、落落寡欢的样子；严重内倾，不善交际，但在友爱的环境中，能与别人很好地相处，富于同情心，能接受别人的委托，愿意为别人帮忙；工作学习细致认真，一丝不苟；在意志方面，显得胆小怕事，遇事优柔寡断；在危险情景出现时，常常显得非常紧张和恐惧。

以上，我们分述了气质的四种典型类型的心理特征及行为表现。这种源于古代的气质分类法虽然缺乏必要的科学依据，但其结论是通过日常观察概括出来的，具有一定的典型性，因此具有参考价值。当然，在现实生活中具有上述典型的气质类型的人毕竟是少数，多数人为中间气质型，即以某一气质型为主，结合着另一气质型的一些行为特征。

（三）气质与管理的有效性

从气质类型与行为的关系可以看到，具有不同气质的人，其行为的差异性很大。各种气质类型往往都有积极的和消极的一面。管理者应该把气质差异的理论运用于管理工作，以提高管理的有效性。

1. 根据气质类型进行合理的工作安排和分配。首先，是在招收员工时要考虑到工作要求的气质特点。有些特殊的专业工作要求其员工具备一定的气质特征，如果招收的员工达不到所要求的气质条件，那么工作就很难进行，有时甚至会造成重大损失。其次，在为员工安排工作时，也要尽量做到工作与他们的气质特点相匹配。如果人们能够从事较适合其气质特征的工作，则能扩大气质类型中积极的一面，缩小消极的一面，从而提高人的满意度和工作效率。

2. 人员的配备要考虑到气质类型的相辅和互补。一般组织的工作，虽然对气质都有一定的要求，但并非十分绝对，有的可以由别的气质特征予以适当补偿，基本不影响工作任务的完成，有的工作则需要几种不同气质的人协同完成。这就要求在配备人员时要考虑到气质类型的相辅和互补。在一个集体中，按个人的气质特征适当地编排班组，使不同气质的员工在同一个班组工作，发挥彼此气质的互补、相辅作用，就会有利于工作任务的完成和生产效率的提高。

3. 对不同气质类型的人，采用不同的管理方法。具有多血质特征的人，模仿力强，工作速度快，但粗心大意，注意力不集中。对这类员工的要求可严格一些，批评可尖锐一些。因为他们比较开朗、可塑性强，能接受批评。而对于那些胆汁质的人，批评要严肃，但要讲求方法，不能直来直去。因为胆汁质的人好挑衅、可塑性差。他们的行为和态度往往以硬碰硬，毫不相让，因此要尽力避免冲突和矛盾的产生。对黏液质的人，不应给予过多的批评。他们可塑性差，而且对批评的外部反应冷淡。对这些人的工作方法是多给他们督促，适当给他们一些压力，逐步培养他们迅速解决问题的能力和习惯。对具有抑郁质特点的人，应多鼓励，少批评，尤其要注意不要在公开场合进行批评。他们较敏感，情绪易波动，感情脆弱，容易产生挫折感。对他们的工作要求开始时要稍微低些，然后逐步提高，以增强他们的自信心。

4. 注意气质类型的差异对人际关系的影响。人际关系是影响组织满意度和工作效率的一个重要因素。管理人员应当了解每一个员工的与人际关系有关的气质特征，例如多血质与胆汁质的人，热情主动，善于和人交往，因而有可能建立较好的人际关系；而黏液质和抑郁质的人，心理过程的内倾性明显，拘谨敏感，不善交往。因此，在对员工编排时，应考虑到气质特征对人际关系的影响，使多血质、胆汁质与黏液质、抑郁质的员工适当配合以利于组织群体中人际关系的发展。在管理人员与员工的交往中，对内倾性明显的职工应考虑他们不愿主动与人交往的特点，如果管理人员忽视了这一点，就会使他们陷入孤立的境地。

三、能力与管理

（一）能力的概念

所谓能力，是指直接影响活动效率，使活动顺利完成所必备的个性心理特征。

能力是同人们完成一定的活动相联系的，并且只有通过活动才能表现出来。离开了活动，能力就无从表现，也不能形成。如管理者的决策能力、组织能力和协调能力都是在管理中显现出来的；音乐家的旋律感觉能力，作家的文字语言表达能力，画家的视觉记忆能力，等等，无不同各自所从事的专业活动发生最直接、最基本的联系。人们只有从一个人所从事的活动中，才能了解到他所具备的能力。但需要明确的是，人在各种活动中表现出来的个性心理特征并不都是能力。如一个人在活动中表现出的急躁、活泼、沉静、谦虚等心理特征，虽然与活动能否顺利完成也有一定的联系，但它们并不直接影响活动的效率，因而不能称之为能力。

一个人要顺利完成某种活动，单凭一种能力是不够的，必须有多种能力结合起来，才能促使活动顺利完成。例如，一个教师要想顺利地完成教学工作，就不能仅有语言表达能力，还必须同时具有较高的逻辑思维能力、细致的观察能力、较强的记忆能力，等等。同样，一个音乐工作者也必须同时具有听觉记忆能力、音乐想像力、曲调感和节奏感等几种基本能力，并将之融为一体。这种为顺利完成某种活动所必须具有的多种能力的结合称为才能。能力发展和表现的最高水平称为天才。天才是各种能力最完善的结合。它使人独立地、顺利地、创造性地完成某种活动或多种活动。但天才并不是什么"天生之才"，只不过是各种能力最完善的独特结合。

天才的形成是在先天生理基础上，经过社会环境和教育的影响，并经过个人的积极努力，刻苦磨炼才得来的。

（二）能力的分类

能力可以根据不同的标准进行分类。

1. 从能力的水平上进行分类，可分为四类：

（1）能力低下。轻者只能从事一些较简单的活动，重者成为白痴，丧失活动能力，甚至连生活也不能自理。

（2）一般能力。即所谓"中庸之才"，有一定的专长，但只限于一般地完成活动。

（3）才能。较高水平的某种专长，有一定的创造力，能较好地完成活动。

（4）天才。具有高水平的专长，善于在活动中进行创造性思维，引发灵感，表现创造力，因而活动成果优异。

据调查，能力的发展水平在人群中的分配是：两头——能力低下与天才极少，一般能力者占绝大多数，有才能者也较少。

2. 从能力的类型进行分类，可分为以下几种：

（1）一般能力和特殊能力。一般能力指个体从事一切活动所必备的一些基本能力；特殊能力则为顺利地从事某种专业活动所必备的一些能力的综合。

（2）再造能力与创造能力。再造能力指个体顺利地掌握别人积累的知识和技能或提供的样式进行某种活动的能力；创造能力则指个体根据一定的目的，创造出有社会价值的、新的、独特的东西的能力。

（3）认识能力、实践活动能力与社会交往能力。一般的认识能力也称为智力，主要由感知、记忆、想像、思维等能力构成，是个体完成活动的最基本、最主导的条件；实践活动能力是个体有意识地调节自己的外部动作，以作用于外界环境的能力，如体育活动、技术操作、生产劳动等能力；社会交往能力是指个体参加社会群体生活、与周围的人相互交往、保持协调的能力。

（三）能力的个别差异

在现实生活中，由于人们的先天素质不同，后天环境和所受的教育以及从事的实践活动不同，人与人之间能力存在着明显的差异。这些差异是多方面的，主要表现在能力类型、能力水平以及能力表现早晚的年龄差异方面。

1. 能力类型的差异。能力类型的差异主要表现在知觉、表象、记忆、言语和

第二章　个体心理差异与管理

思维等方面。

知觉方面所表现的类型差异，一般有综合型、分析型和分析综合型三种。属于综合型的人，知觉富于概括性和整体性，但分析和细节感知力较差；属于分析型的人，对细节能清晰感知，但整体感知能力较差；属于分析综合型的人，兼有上述两种类型的特点。

在表象活动方面所表现的差异，一般有视觉型、听觉型、动觉型和混合型四种。属于视觉型的人，视觉比较清晰；属于听觉型的人，听觉比较清晰；属于动觉型的人，动作感受比较深刻；属于混合型的人，即能综合运用各种表象，效果比较好。

在记忆活动方面所表现的差异，根据识记不同材料的方法和效果可分为直观形象记忆型、词的抽象记忆型、中间记忆型。直观形象记忆型就是识记物体、图画、颜色、声音较好；词的抽象记忆型就是识记词的材料、概念和数字较好；中间记忆型兼有上述两种类型的特点。

言语和思维方面所表现的类型差异，有生动的言语思维型、逻辑联系的言语型（或抽象思维类型）、中间型。生动的言语思维型即言语特点富于形象性，情绪因素占优势；抽象思维型（或逻辑联系的言语型）即言语特点富于概括性，逻辑联系占优势；中间型兼有上述两类的特点。

2. 能力发展水平的差异。人在智力、特殊能力和创造力的发展水平上，同样存在着明显的差异。

智力发展水平的差异表现在有的人智力超常，有的人智力低弱，但多数人处于中间状态。大量调查资料表明，人类的智力分布曲线表现为两头小、中间大的常态分布，即智力极高和极低的最少数，大多数人智力水平属于一般。

3. 能力表现早晚的差异。人的能力表现早晚是不相同的。有的人在儿童时期就显露出某方面的较强能力，这叫能力的早期表现或"早慧"、"早熟"。能力的早期表现古今中外都有。能力的早期表现，为一个人后期能力发展奠定了良好的基础，至于这种人在以后能否取得成就，为社会做出贡献，则仍主要取决于后天的教育及个人努力的程度。有的人即使早熟，但是如果缺乏必要的培养和教育，他的才能也不会得到很好的发展。与早慧相反，有的人能力表现较晚，其突出才能直到中年甚至晚年才表现出来，即所谓的"大器晚成"。"大器晚成"的原因是多方面的。有的人可能早期不努力或智力平常，是后期勤奋劳作的结果；也有的人是由于早期的环境条件限制了其能力的发展，后期又加倍努力，创造成果，等等。就一般人来说，能力突出表现的年龄阶段是在中年。其原因是，中年人年富力强，精力充沛，既有丰富的知识经验，又有较强的抽象思维能力，思想敏锐，较少保守，易于革新，勇于创造。

（四）能力差异与量才使用

　　人的能力的发展是在长期的实践活动中实现的。而完备的能力的获得，即使在长期的实践活动中也难以实现。在现实生活中，很难找到一个"十全十美"的人，即人的能力差异是客观存在的。这就要求管理者在管理工作中，必须根据每个人的特点，量才录用，量才使用，才能做到人适其职、人尽其才，提高管理效率。做好这方面的工作，必须注意以下几个问题。

　　1. 不同的工作性质，对人的能力有不同的要求，有时候一些特种工作，不但要求一个人具有一般能力，还要求具有相应的特殊能力。这些特殊能力主要是指具有某些动作能力、言语能力、想像能力和判断能力等。不同的工作需要的能力，不仅种类上不同，而且分量上也有差异，所以，为了提高工作效率，要求管理工作者在安排工作时，不但要事先明确某种工作所需要的能力及其分量。而且要对职工进行能力的心理鉴定，以确定其是否适合从事该项工作。

　　2. 在工作性质与人的能力发展水平之间存在一个镶嵌现象，即每一种工作都有一个能力阈限。完成这种工作，既不要超过一定的能力阈限，也不能低于一定的能力阈限。只需要恰如其分的能力水平。过高过低都会影响工作效率。如果一个人的能力低于工作要求时，就会表现出"吃力"和"无法胜任"，而如果个体能力高于实际工作的需要时，他就会不满足现状，往往觉得工作乏味，以至于对工作失去兴趣，也会影响工作效率。因此，一个管理工作者并不需要把社会上智力和能力最优秀的人都聚集在自己周围，关键在于根据企业工作特点，选择与该工作要求的能力相匹配的人员。

　　3. 领导班子的配置也要注意能力问题。领导班子的配置是事关管理目标能否顺利实现的大问题，因此，就要更加注意量才使用。现代管理要求管理者必须具有三种基本能力，即技术（业务）能力、管理能力、人际交往能力，但对不同层次的管理者来说，因其工作任务不同，对这三种能力要求的程度也是不一样的。一般来说，对高层次管理者的要求偏重于管理能力，基层管理者偏重于技术能力，而不论哪一层的管理者都要求具有一定的人际关系能力。

　　因此，在组建领导班子时，必须对每一个人的各种能力进行认真的考察，只有将那些名副其实的、适合担任一定层次领导工作的人员吸收到相应的岗位上来，才能有利于发挥领导班子的最佳效能。

　　4. 管理者要注意全面、科学地考察一个人的工作能力，根据能力的大小妥善使用。知识与能力并非完全相等，知识仅仅是能力的一个因素。在实际生活中，学历的高低与工作能力不一定完全成正比。一个人的学历只代表他受教育的程度，并

第二章 个体心理差异与管理

不能证明其工作能力的大小。当然，这并不否定学历的作用。没有知识的人是不能做好工作的。这里旨在提倡，重文凭但不唯文凭、重文凭更应重才干，要根据人的能力合理地使用人才。另外，还需要注意即使是同等能力的人并不一定能适应同一种工作，取得工作成效。这是因为，一个人的工作成绩不仅仅受能力一种因素的影响，还要受到气质、性格、兴趣等多方面因素的影响。

5. 管理者不但要善于发现人才、使用人才，而且要善于培养人才。所谓培养人才，是指要不断地培养和发展职工的能力水平。因为现代科技的发展日新月异，一个人原有的知识水平和能力水平，往往不能适应变化了的新形势下的工作需要，这就要求抓紧做好职工的培训工作，通过培训提高他们的一般能力水平和特殊能力水平。

四、性格与管理

（一）性格的概念

性格是指人对现实中客观事物经常的、稳定的态度以及与之相应的习惯化了的行为方式。

性格是个性心理特征的核心内容，是个性的标志。人与人之间的区别，在很大程度上表现为性格的差异。例如，有的人在遇到困难和挫折时，经常表现出英勇无畏、冷静乐观的态度，而另一些人则可能经常表现出怯懦退缩、惊慌绝望的行为；有的人对同志甚至萍水相逢的落难之人，都常常是忠诚以待、解囊相助，而另一些人则常常对人冷嘲热讽，奚落不如他的人，嫉妒比他强的人，等等。这些都反映了不同人的性格特点。正是这些不同的性格特点，使我们能将一个人与其他人明显地区别开来。优秀的文学家在创作时，一般都是抓住一个人最本质、最核心、最具有代表性的性格特征作为典型加以描绘，在读者面前展示出非常鲜明、生动、有血有肉、活灵活现的人物，使读者如见其面，如闻其声。一个作家，如果把握不住人的性格特点，就不可能创作出优秀的作品。同样，一个管理者，如果不了解下属的性格特点，就不可能有效地实施管理。

应该强调指出，性格所指的是一个人经常的、习惯化了的态度和行为。那种偶然的、只在特殊场合表现出的态度和行为，不能代表一个人的性格特点。例如，一个人只在一次偶然场合表现出了胆怯行为，不能据此就认为这个人具有怯懦的性格特点；一个人在某种特殊情况下一反常态地发了脾气，也不能据此认为这个人具有暴躁的性格特点。

性格是个性心理特征的核心部分,气质是心理过程的动力特征,能力则是完成某种活动所必备的心理特征。气质和能力对现实是中性的,性格使它们带有一定的意识倾向性。可见性格对气质和能力的影响很大,它使个体的个性心理特征成为一个整体。

(二) 性格的特征

性格是一个十分复杂的心理特征。它有着多个侧面,包含着多种多样的性格特征。这些特征在每一个个体身上都以一定的独特性结合为有机的整体。

1. 对现实态度的性格特征。主要表现在处理各种社会关系方面的性格特征,如处理个人、社会、集体的关系;对待劳动、工作的态度;对待他人和自己的态度等。

对社会、集体、他人的态度所构成的性格特征,主要有交际、富有同情心、为人正直、诚实等,或相反;对劳动、工作、学习态度的性格特征,主要有勤劳、认真、细致、节俭、创造精神等,或相反;对自己态度的特征,主要有谦虚、自信等,或相反。

2. 性格的意志特征。主要表现为行为活动的习惯方式。这是人对现实态度的另一种表现。按照调节行为的依据、水平和客观表现,性格的意志特征可分为以下四个方面:一是表明一个人是否具有明确的行为目标并使行为受社会规范约束的意志特征,如独立性、目的性、组织性、冲动性、纪律性、盲目性、散漫性等;二是表明人对行为自觉控制的水平的意志特征,如主动性和自制力等;三是在紧急或困难条件下表现出来的意志特征,如镇定、果断、勇敢、顽强等;四是表明人对待长期工作的特点的意志特征,如恒心、坚韧性等。

3. 性格的情绪特征。当情绪对人的活动的影响,或人对情绪的控制具有某种稳定的、经常的特点时,这些特点就构成性格的情绪特征。

性格的情绪特征,按其活动的情况可分为以下四个方面:一是情绪活动强度方面的特征,表现为一个人受情绪的感染和支配的程度以及情绪受意志控制的程度;二是稳定性特征,表现为一个人情绪的起伏和波动的程度;三是持久性特征,表现为情绪对人的身体和生活活动所停留的持久程度;四是心境特征,是指不同的主导心境在一个人身上表现的稳定程度。

4. 性格的理智特征。它是指人们表现在感知、记忆、想像和思维等认知方面的个体差异。在感知方面有主动观察型和被动观察型之别;在记忆方面有主动记忆型和被动记忆型、直观想像记忆型和逻辑思维记忆型的区别;在想像方面有主动想像型和被动想像型、幻想型和现实型、大胆想像型和想像被阻抑型的区别;在思维方面有善于提出问题、建立思考的独创型和熟视无睹，不求甚解或回避问题、寻找现成答案的因袭型的区别以及灵活型与迟钝性的区别。

（三）性格的类型

从不同的角度性格可以划分为多种类型：

1. 按何种心理机能占优势划分性格类型：

（1）理智型：用理智衡量一切和支配行动，善于思考，三思而后行。

（2）情绪型：行为表现中感情用事，情绪易波动，并左右行动。

（3）意志型：行为中目标明确，积极主动，百折不挠。

（4）中间型：没有某种心理机能占优势，而以其中两种心理机能结合为主。

2. 按心理活动的某种倾向性划分性格类型：

（1）外倾型：善于表露情感、表现行为，与人交往显得开朗活跃。

（2）内倾型：行为沉静孤僻，想像力丰富，内心活动较复杂，情绪不易外露。

3. 按思想行为的独立性划分性格类型：

（1）顺从型：没有自己的主张，易接受暗示，习惯于照别人的旨意办事，在紧急和困难的情况下易表现出惊慌失措。

（2）独立型：善于独立思考和解决问题，不易受外来因素干扰，在紧急和困难的情况下镇定自如、积极发挥自己的作用，但往往倾向于将自己的意见强加于人，不善于同别人合作。

4. 按职业选择的特征划分性格类型：

（1）现实型：喜欢从事有明确要求、能有一定操作程序的工作，行为规范、喜欢安定，不注重社交而注重现实的利益。

（2）研究型：喜欢从事有观察、有思考分析的创造性工作，有时好奇心使行为表现异常。

（3）艺术型：喜欢自由行动，有创造力，感情丰富、容易冲动，不愿做单调重复的工作。

（4）社会型：责任心强、善于交际，喜欢帮助别人，能与别人合作。

（5）企业型：喜欢从事组织、领导工作，好发表意见和支配别人，自信心强，精力充沛而且有冒险开拓精神。

（6）常规型：喜欢从事简单、有重复性的工作，不喜欢竞争，倾向于服从别人，自制力较强。

5. 按人的行为模式划分性格类型：

（1）A型：有不可抑制的雄心壮志，争强好胜的内驱力特别强，倾心于事业，整天忙忙碌碌，有时间的紧迫感。

（2）B型：不具有A型行为特征的人。

（四）性格与管理的有效性

人的行为不仅受能力、气质的影响，更多的是受性格的影响。因此，管理人员更应对员工的性格特征和相应的行为特征有所了解，以便做出有效的管理和组织。

1. 注意观察了解员工的性格特征。从性格的类型与行为特征的关系上看，性格的组成成分比能力、气质要复杂的多，要全面、准确地把握一个人的性格和行为特征是比较困难的。但我们可以通过性格结构的几个方面的表现特征来把握。这就要求管理人员对下属进行细致综合的观察了解，全面地评价、判断一个人的性格，以便采取相应的管理方法。

2. 注意行为预测，合理安排工作。在行为预测中，性格行为的预测更有意义。应当切实掌握员工的性格类型，借以推测他们可能表现的态度及有关的行为方式，以便有助于合理安排和分配工作任务。对独立型者，相信其在紧急和困难的情况下能镇定自如地处理问题；对情绪型者，要估计到其行为易受情绪左右；对内倾者，要知道让其完成与交往有关的任务是困难的。对员工行为的预测，还有助于必要时在工作中采取预防性措施，使工作免遭损失。

3. 注意性格顺应与性格互补。要改变性格特征是很不容易的，有时也是没有必要的。为了工作的开展，顺应人们的某些性格特征，采取相应的措施，会收到好的效果。例如，两个独立型的人在一起，常常会因为他们都想影响、指挥对方而发生矛盾，在此情况下，可以将一方调离，重新安排顺从型的人与独立型的人在一起工作，就可以使他们各得其所需，使不同的性格起到互补作用。

五、态度与管理

（一）态度的概念

态度是指人们在社会实践过程中形成的，对客观事物的认知、评价和行为的准备状态与心理倾向。态度是由认知、情感和意向三者构成的。

1. 认知成分。态度的认知成分是主体对态度对象的理解、评论、赞成或反对，或者说是对态度对象的看法和想法。这些看法往往是由许多观点构成的认知体系，

第二章 个体心理差异与管理

其中有些观点直接表达人的态度,有些观点是间接表达人的态度。例如,"目标管理可以调动人的积极性","目标管理能提高生产效率",这些观点是很鲜明地赞成目标管理的。又如,"强调数量容易使人忽视质量","片面追求数量使人行为不扎实",这是间接不赞成数量指标观点的。

2. 情感成分。态度的情感成分是主体对态度对象的情感体验,包括尊敬与轻视、同情与排斥、喜欢与厌恶等。比如,"我喜欢组织行为学",反映着主体对态度对象的肯定性情感体验。

3. 意向成分。态度的意向成分是主体对态度对象的反应倾向,或者说是对态度对象发动行为的可能性,即行为的一种准备状态,即个体对态度对象准备做出的某种反应,比如,"下午我就去买组织行为学参考书"。再以职工对领导者的态度为例,其态度的认知成分即职工对某领导的思想、作风、能力、品德、个性的认知与评价是肯定的;其情感成分是指职工对该领导者的情感是融洽、尊敬、亲近、热爱的;其意向成分是指职工在行动上愿意接近领导,接受其指导和帮助。

在态度的三种构成成分中,比较而言,情感成分最为重要。在现实生活中,我们经常遇上这样的情况:"道理我明白,就是感情上转不过弯。"因此,有人说:"态度扎根于感情之中。"但是,态度的基础是认知。因此,"动之以情"必先"晓之以理"。态度的三个组成部分是有机地结合在一起的,彼此协调一致,以认知成分为基础,以情感成分为支配,以意向成分为表现。因此,态度与人们的行为有着十分密切的关系。

(二)态度的形成

态度不是与生俱来的,而是在后天的生活环境中通过自身社会化的过程,包括学习、模仿、体验等而逐渐形成的。态度的形成与一个人的社会化过程是一致的。在这个过程中,影响态度形成的因素主要有如下几点:

1. 欲望。实验证明,能够满足个人欲望的对象和帮助个人达到目标的对象,能使人产生满意的态度。相反,那些使欲望受到挫折和阻碍目标的达到的对象,会使人产生厌恶的态度。这种过程实际上是一种交替学习的过程。

2. 知识。个体对对象态度的形成,受他所拥有的对该对象的知识的影响。当然,外来知识必须与原来的态度进行某种调整后,才能发挥作用。经过协调的过程,个体要么改造原有的认知体系,要么创造或歪曲新的知识。

3. 群体观念。个体的许多态度,往往受所属群体,如家庭、学校、社会团体的影响。这是因为,个体对群体的认同感使个体接受群体的规范;个体与群体其他成员接受相似的知识;个体无形中受到群体压力的影响。

4. 个性特征。群体意识虽然会使其成员具有某种相似的态度，但是成员之间由于个性的不同，在态度的形成过程中仍然存在着个别差异。一般地说，具有独立性格的人，对待事物往往具有独到的见解；具有顺从性格的人，对待事物的态度往往追随权威，容易接受他人的暗示和支配。一个性格外向的人往往认知敏感，喜欢交际，容易接受新事物；相反，一个性格内向的人，往往行为孤僻，反应迟钝，对新鲜事物也持冷漠的态度。

5. 个体经验。生活实践证明，很多态度是由于经验的积累和分化而慢慢形成的。有时也会出现只经过一次戏剧性的经验就构成了某种态度的情况。

（三）态度的改变

态度形成之后是比较持久的，但并不是一成不变的，也会随外界条件的变化而变化，从而形成新的态度，这就是态度的转变。态度的转变有两种方式，第一种是一致性的转变，即只改变原有态度的强度，比如由极端反对转变为稍微反对。第二种是不一致性的改变，即改变了态度者的方向，例如由反对转变为赞成。

态度的转变受到许多因素的影响，这些因素首先来自态度本身的特性。个体年幼时形成的态度、习惯性一贯性较强的态度、较为极端的态度以及与个人的基本价值观密切关联的态度，都较难改变；原有态度所依赖的事实越多，越繁杂，就越巩固，越不易改变。其次来自于个体的个性特征。对于复杂的问题，智慧较高的人容易理解其中各种赞成和反对的论点，并根据这些论点，决定是坚持还是改变自己的态度，其态度改变是主动的。智慧较低的人由于缺乏判断力，容易接受外界的各种影响而被动地改变自己的态度。此外，性格比较固执的人、自我意识较强的人以及自我防卫性能较强的人，普遍有一种自我保护的倾向，不容易改变态度。最后，来自于个体的群体观念。当个体对其所属的团体具有认同感和忠诚心的时候，要其采取与团体规范不一致的态度就很不容易。

六、知觉与管理

（一）知觉的概念

知觉是一种基本的心理过程。它比感觉要复杂，并常常和感觉交织在一起，被称为感知活动。在心理学上，感觉是指人脑对直接作用于感官的、客观事物的、个别属性的反映。知觉是人脑对直接作用于感官的、客观事物的整体反映。知觉通常是在感觉信息的基础上，由于知识经验的作用，经过人脑的加工，对客观对象做出直接解释的认识过程。可见，知觉是比感觉更高一级的反映形式，它感觉更全面深刻。正是在知觉的基础上，我们能够认识事物的名称、性能、因果关系等意义。

（二）知觉的特性

知觉具有整体性、理解性、选择性、投射性（假定相似性）等特点。

1. 整体性。人们在对事物、人或群体的知觉过程中，不是孤立地反映他们的个别属性和特性，而是对其整体做出反映。这就是知觉的整体性。

2. 理解性。人们在知觉过程中，总是以过去的知识经验为依据，力求对作为知觉对象的人、群体或事物做出某种解释，使其具有一定的意义，从而体现出知觉的理解性。

3. 选择性。我们周围的环境是复杂的，有许多事物同时对我们发生作用。但是在同一时期内，我们能清晰知觉到的对象是有限的，最多只有几个。在知觉动量守恒定律中，为了清晰地反映对象，人们总是根据个人的需要和目的，主动而有意识地选择某个人或某些人、某个事物或某些事物作为知觉对象，而把其他因素作为知觉背景，这就是知觉的选择性。

4. 投射性。人们有一种假定于他人与自己相同的强烈倾向，尤其是知道了对方的年龄、民族、国籍和社会经济地位等人口统计特征与自己相同时，更是如此，也就是说，人们会把自己的特征投射到其他人身上。

（三）影响知觉的因素

1. 客观因素。

（1）形状的大小。生活实践反复证明，在其他因素不变的情况下，客观事物的形状越大越容易被知觉。例如，在体育比赛场上，运动员一上场，个高的块头大的运动员总能被人们选进眼帘而被知觉到，也是因为他们比别的运动员大得多的缘故。

（2）强度的高低。在其他因素不变的情况下，强度越高的客观事物越容易被知觉。比如，信件中的挂号信就比平信更容易被知觉，而电报又比挂号信更容易被知觉。就上级发的通知来说，紧急通知比普通通知更容易被知觉。就文件的机密性来讲，绝密文件最容易被知觉，等等。

（3）对比性的强弱。对比性因素讲的是知觉要受到客观事物与其背景关系的影响。在其他因素不变的情况下，那些与背景不同的客观事物最容易被知觉。比如，我们调查了十个企业，其中九个企业大体相同，都有一定盈利，只有一个企业亏损。那么，这个亏损企业就最容易被知觉，因为这一企业与整个背景的对比性最强。反过来，假如这十个企业中有九个都亏损，只有一个企业盈利很多，那么这个盈利企业最容易被知觉。

（4）动态与静态。处于动态的事物比处于静态的事物更容易被知觉。比如，运动着的变化颜色的广告牌就比静止的颜色不变的广告牌更容易被知觉。

（5）重复的次数多少。重复的次数越多就越容易被知觉。为了吸引更多的顾客，有许多商品广告多次重复或多次登报，正是运用这个因素。为了引起大家注意交通安全，防止交通事故的发生，同样的宣传牌在各地方重复设立，一篇宣传稿在各地多次广播，也正是对这些因素的运用。

（6）新奇与熟悉。环境中新奇的或熟悉的事物更容易被人知觉。例如，在一群穿着普通服装的人中，有一个穿着新奇的服装的人更容易被知觉。又如，在一群人中，有一个你所熟悉的人也较容易被知觉。

2. 主观因素。

（1）需要和动机。凡是能够满足需要、符合动机的事物，容易被注意，成为知觉的对象。那些与个人需要和动机无关的事物，则不易引起人的注意而被忽略。管理人员因事需要找某员工谈话，在人群中这位员工较容易首先感知到；采购人员到供货会采购所需产品，很容易在众多产品中将它们感知出来；一个自尊心受过挫伤的员工特别需要别人尊重，对尊重和不尊重自己的行为特别敏感，较易从其他行为中引起知觉。

（2）兴趣。人们的兴趣各不相同，但兴趣的差异往往对知觉的选择有极大影响。人们很注意听感兴趣的消息，做感兴趣的工作，把不感兴趣的事情排出知觉对象之外，到知觉背景中去。如对京剧感兴趣的人，橱窗里展出京剧照片，阅览室的京剧杂志、小说，广播中的京剧唱腔、乐曲都会成为他的知觉对象；而对京剧不感兴趣的人，根本就不会注意这些，只将它们当成知觉的背景。

（3）个性特征。人们的个性特征不一样，也会影响知觉选择性，一个细心认真的人，一定比粗心大意、工作随便的人在观察问题、了解情况方面要深入、要正确。二人知觉的程度会有很大差别。

（4）知识经验。即指个体过去通过认识积累的、与当前知觉有关的知识经验。这些知识经验以信息的形式储存于大脑中，并形成信息系统。知识经验对知觉选择性的影响很明显，主要是使熟悉的对象易于从环境中分出，成为知觉对象。长期从事某种专门职业的人，往往对自己所熟悉的东西有选择的知觉，如熟练工人在嘈杂

第二章 个体心理差异与管理

的环境中能感知到机器声音的细微变化,从而发现机器将发生故障。技术设计人员能在复杂的图表中有选择地感知到各种符号、图形、特殊数字等。

(四) 社会知觉

1. 社会知觉的概念。"社会知觉"这一概念是美国心理学家布鲁纳 1947 年首先提出来的,其目的在于说明知觉的社会决定性,即知觉不仅决定于客体本身,也决定于主体的目的、动机、情感、态度、价值观和过去的经验等主观因素。在社会心理学中,社会知觉的主要含义是指对社会中人的知觉,具体而言,即人们在社会环境中,对某一个人(包括自己)或某一群体的社会特性和社会现象的认识。社会知觉作为有社会意义的知觉也遵循知觉过程的一般规律,并具有知觉的特性,如整体性、理解性、选择性、投射性等。

社会知觉是人们对自己、他人或群体等的认识,侧重于一种直觉的判断和最初的认识,是社会认知的起点。社会认知包括社会知觉、社会印象和社会判断。社会印象是他人或群体在个体头脑中保留下的印象。社会判断则除了对知觉对象属性的直觉判断外,还包括分析性的思维判断。同社会知觉相比较,社会认知意味着人们对他人对自己对群体更为深入地认识和了解。通常,在讨论社会知觉和社会认知问题时并不作严格的区分,二者互为主客。

2. 社会知觉的种类。

(1) 他人知觉。他人知觉也称对他人人品的知觉。是根据他人的言谈、行为、表情、仪表、风度等,对其内在的动机、意图、观念、信仰、品格、性格、能力以至于人生观、世界观的认知。简单地说,就是从他人外在的表现推知其内在状态或由一种品质推知另一种品质。对于管理者来说,他人知觉是很重要的。管理者的一个重要职责,就是要做到"知人善任"。这就要求正确地了解他人,以便用人之长,人尽其才。

(2) 自我知觉。自我知觉是个体对自己的认识,是个体对自己作为一个社会和组织成员的角色、品质、为人等方面的认识。与对他人知觉的不同之处在于,在自我知觉过程中,自我既是知觉主体,又是知觉客体;作为认识对象的自我,既包括了自我的个性心理特征,也包括相应的行为表现。自我知觉是个体在交往过程中随着对他人的知觉而形成的。个体通过把对他人知觉的结果和自己加以对照、比较,产生了对自己的印象,同时,个体也是通过把别人当"镜子"来了解自己,进行自我知觉的。自我知觉理论认为,我们的情绪、态度、品质、能力对我们自己来说,常常是不清楚的、模棱两可的,因此,我们不得不从明显的外部行为表现和对所处环境的各种认知中来推断它们。"人贵有自知之明",一个人只有正确认识了自己，才能不断进行自我调节和自我完善。

（3）人际知觉。这是指个体在人际交往过程中，对人与人之间相互关系的认识，包括对自己与他人的关系以及他人与他人关系的认识。这种社会知觉有明显的情绪、情感成分参与。在人际交往中，只有正确认识各种人际关系，才能更好地认识自己，并协调、促进人际关系的改善和发展。而在组织中，正确地认识各种人际关系，对于分析、解决各种问题，组织协调群体成员的社会关系和工作关系等，都是十分必要的。我们可以通过观察调查等方法并依据人们相互间所表示的态度、情感、言谈举止等方面，来判断知觉人际关系。管理人员应当与员工建立友好的人际关系，这是调动员工积极性的一个重要因素。

（4）角色知觉。这是个体对自己或他人的角色及有关角色现象的整体认知，主要包括三个方面：对自我角色的认知，对他人角色的认知，对角色期待的认知。每个人在社会生活中都充当着一定的角色，任何一种角色行为，只有在角色知觉十分清晰的情况下，才能使角色得以实现，它是角色扮演的先决条件。对于组织中的每个人，角色知觉的意义在于，只有具有正确、清晰的角色知觉，才能以合乎身份的态度和行为方式在各种社会情境中行事，达到良好的社会适应。管理人员应当通过一定方式，加强员工们的角色意识，从而更好地发挥每一角色的作用，以确保生产效率和员工满意度的提高。

（5）因果关系知觉。因果关系知觉是人们对原因的认知，是对人的行为之因果关系的判断。只有得知人们行为的原因，才能真正了解一个人，同时预期人们将会怎样行为。因此，社会因果关系知觉也是一种具有重要意义的社会知觉。

3. 社会知觉的偏差。在现实生活中，人们往往由于受主客观条件的限制而不能全面地看待问题，尤其是在看待别人时，常常受各种偏见的影响而造成社会知觉的歪曲、偏差。研究在社会知觉过程中产生的各种偏差，并尽力克服它，对于做好人的管理工作具有重要意义。这些偏差主要包括：

（1）晕轮效应。也称光环效应，指人们在观察某个人时，由于对被观察者的某些品质或特征有清晰明显的知觉，从而掩盖或影响了对这个人其他特征和品质的知觉。即这个人的品质或特征产生了一种类似晕轮的作用。晕轮效应往往在判断一个人的道德品质或性格表现时表现得最明显。

晕轮效应实际是在一种信息不全的基础上对他人进行的知觉判断。这种判断可能有利，也可能不利，比如外貌就可能产生有利或不利的晕轮效应。了解和研究这一现象，有助于克服自己看待别人时的偏见，也有助于了解其他人产生这种偏见的根源。同时，晕轮效应在人的发展上也产生影响。如假定一个学生或员工被认为是成绩差的，他通常表现就差。例如他受到尊敬和喜爱，他表现好的愿望就会增强。因此，假定一个知觉由于晕轮效应的影响产生了偏差，他就可能创造一种自我应验

第二章 个体心理差异与管理

的预言，也可以说，他可以使对方假定的这些特征是属于他自己的。以下事实隐含着晕轮效应：管理人员偏向高估他们喜欢的人的优点和表现，而低估他们不喜欢的人的品质和表现；同样，老师会给他喜欢的学生打高分，而给他不喜欢的学生打低分。

晕轮效应还产生对沟通的曲解，特别是在组织内部，当我们把信息的可靠性和调查信息人的地位联系起来时更是这样。例如，人们通常认为地位低的人没有地位高的人可靠。

(2) 首因效应和近因效应。首因效应也叫优先效应，或称第一印象偏差。它指的是在进行社会知觉的过程中，对象最先给人留下的印象，往往先入为主，对以后的社会知觉发生重大影响。近因效应是指最后给人留下的印象，往往对人具有强烈的影响。近因效应与首因效应一样，都在社会知觉中起着重要的作用。一般来说，在感知陌生人时，由于陌生人的新异性在开始时特别突出，因而首因效应起更大的作用；而感知所熟悉的人时，则近因效应的作用更大一些。管理人员在工作中要尽可能做到：一方面要注意预防这两种效应的消极影响，另一方面在一定条件下发挥这两种效应的积极作用。在现实生活中，我们可以按照信息出现的不同顺序给人的不同影响，加强宣传工作的效果。例如，在演讲或作报告开始时，就向听众明确地提出自己的观点，利用首因效应使之在人们的头脑中形成深刻印象。最后在结尾再次用新的论据证明自己阐述观点的正确性，使之产生近因效应，这样客观上就能达到好的宣传效果。

(3) 刻板印象。也称定型作用。它是指人们对某类社会对象产生了固定的看法，并对以后有关该类对象的知觉发生强烈影响。一个人在看待他人的时候，常常会不自觉地按其年龄、性别、职业、民族等特性进行归类，并依据自己关于这类人的固定形象，对他人做出个性上的判断，由此形成社会刻板印象效应。例如，人们普遍认为，南方人头脑机敏、办事灵活，北方人性格豪爽、为人忠厚；老年人墨守成规、比较保守，年轻人进取心强、好赶时髦等等。社会刻板印象有利于概括群体特征，但也往往容易使人产生"先入为主"的错误导向，想当然地给知觉对象赋予一些他所属群体的品质，影响对一个人的正确看法。

(4) 投射效应。是一种以己度人的知觉倾向，就是一个人把自己的特点和感觉强加给其他人的趋势。投射效应的发生通常有两种情形：一种情形是，知觉主体的知觉对象的年龄、职业、社会背景、经历或社会地位与自己相同或相类似时，投射效应更容易发生。另一种情形是，当知觉主体自身具有某些为人所厌恶的品质或特性时，他在知觉他人的过程中，就转移到他人身上，认为他人也具有这些品质或特性。例如，一个盛气凌人的人可能总是抱怨别人太盛气凌人，老是指手画脚。

从投射效应发生作用的两种情形来看,投射效应在某些情况下是一种敏感的和有效的知觉方法,因为同为人类中的一员以及具有某些相似性的个体常常会有相类似的思想和感觉。但是投射效应更容易成为正确知觉的障碍,导致知觉上的偏差和对别人人格上的歪曲。这主要是由于知觉者在对他人知觉的过程中,在对他人做出判断和解释时,会把自身的感情、焦虑和动机加入到判断中去。

(五) 社会知觉与管理行为

社会知觉作为人们对自己、对他人或对群体的认知,在组织管理中起着极其重要的作用。社会知觉的准确性如何,将影响到组织中的人际关系、人员的安排使用、领导者的选拔等许多方面。管理者的社会知觉如何,直接影响着管理行为,进而影响管理工作的成败。

1. "他人知觉"与"知人善任"。管理工作的核心是对人的管理,而人又是千差万别的。这就要求管理者摆脱知觉偏见的来源,形成准确的他人知觉,客观、全面地认识组织中的每个成员,把握他们的个性心理特征。了解他们有什么样的性格、气质,有哪方面的才能和特长,适合做什么工作,把每个人都安排到最合适的工作岗位上;了解他们具有什么样的需求、动机和兴趣,满足其合理的需求,激发其为组织工作的兴趣和积极性;了解他们具有什么样的人生观、价值观,引导他们建立积极向上、乐于奉献的人生观和价值观。只有这样,才能做到"知人善任"。

2. "自我知觉"与"自我实现"。如果管理者善于在各种社会知觉中进行自我知觉,从他人的行为,特别是他人对待自己的态度中发现和了解自己,并进而形成"自我实现"的需要,那么,他们就会倾向采取"自我实现"的管理方式。如重视创造适宜的工作环境和工作条件,重视对员工们的内在激励,以开发他们的潜力,发挥他们的才能,提高他们自我认识、自我完善的能力。

3. "人际知觉"与建立良好的人际关系。人际关系对人的行为经常产生积极或消极的作用。一个群体内部人际关系的好坏,直接影响到组织成员工作积极性的高低。管理者应该重视与组织成员的深入交往,从中获得有关群体内部人际关系的各种信息,形成正确的人际知觉,以便有针对性地采取措施,促进群体建立起友好和谐的人际关系。

4. "角色知觉"与责任意识。在群体组织中,每个人都扮演一定的角色。作为管理者,首先,要明确自己的职权范围和公众的期待,完成好自己的角色行为;其次,还要培养员工们的角色意识即责任心、责任感,使员工们了解自己的角色的行为标准。实现责任制式的管理方式,明确每个人的职责,制定相应的奖惩措施,以利于充分调动人们的积极性。

第二章 个体心理差异与管理

● 本章小结 ●

任何一个群体和组织都由个体构成，而个体又是千差万别的。了解组织中个体心理和行为的差异，采取有针对性的管理方法和策略，是每一个意欲成功的管理者所面临的首要任务。个性是表现在一个人身上的那些经常的、稳定的、本质的心理特征的总和。它主要包括人的气质、性格和能力等，个性的形成与发展是多方面因素相互交错影响的结果。

具有不同气质的人，其行为的差异性很大，管理者应该把气质差异的理论运用于管理工作，以提高管理的有效性。人的能力的发展是在长期的实践活动中实现的，而完备能力的获得，即使在长期的实践活动中也难以实现，人的能力差异是客观存在的，管理者根据每个人的特点，量才录用、量才使用，才能做到人适其职、人尽其才。性格是指人对现实中客观事物经常的、稳定的态度以及与之相应的习惯化了的行为方式。管理人员更应对员工的性格特征和相应的行为特征有所了解，以便做出有效的管理。管理者应认识到，态度不是与生俱来的，而是在后天的生活环境中通过自身社会化逐渐形成的。同时，管理者应尽可能地避免知觉偏见，这对于提高管理效率十分重要。

▶ 思考题

1. 什么是个性？个性具有哪些特点？
2. 什么是气质？把气质差异理论运用于管理工作，应注意什么问题？
3. 什么是能力？能力的个别差异主要表现在哪几个方面？
4. 什么是性格？把性格理论运用于管理工作应该注意什么问题？
5. 什么是态度？态度改变的理论主要有哪些？
6. 什么是知觉？什么是社会知觉？社会知觉有哪些有规律性的偏差？

▶ 案例应用

谁当总经理更合适

某公司是一家有十家小厂组成的专业公司，公司行政领导班子由一正三副四个成员组成。总经理即将退休，需要物色一个合适的新总经理。该公司的上级主管部门经过考察认为，新的总经理需要从下面挑选。各方面的意见最后集中到从李厂长和王厂长两个人中选一个。下面是他们两个人的资料。

李厂长，男，39岁，大学本科电子专业，原是该厂技术员，出生于知识分子家庭。工作积极努力，认真学习科学文化知识，并善于把学来的知识用于实际工作，为本厂的产品开发，产品升级换代，建立科学的检测手段等都做出了重要贡献。他从技术科长提升为厂长后，对厂里进行了一系列的改革，加强了科学管理，使工厂的面貌大为改观，大大提高了经济效益，职工收入也大幅度增加。全厂精神振奋，一派欣欣向荣的景象。李厂长性格开朗，精力充沛，好交际，活动能力很强，在全国十多个省市开设了二百多个经销点，三十多个加工企业，效益都很显著。他认为，要发展就要靠技术，因此千方百计，不惜重金引进人才，该厂已有十几位外来的高级工程师。他担任了市企管协会分会的理事，在协会中活动频繁，在各方面关系融洽，对工作也有促进作用。李厂长事业心强，一心扑在工作上，早出晚归南来北往，该厂曾被评为市企业管理先进单位，他获得优秀厂长称号，该厂的产品也被评为市优质产品。

但李厂长也有一个明显的缺点，这就是骄傲自满，自以为是，常常盛气凌人，有时性情急躁，还可能暴跳如雷，不把公司领导放在眼里，经常顶撞他们，公司的指令常常被他顶回去，因此公司领导对他这一点颇为不满。各科室也不大愿意和他打交道，他和公司下属的其他几个兄弟厂关系也不融洽，这些厂的厂长们对他敬而远之，对上级表彰他颇有微词。他也不善于做思想工作，认为这是党支部的事情。所以平时遇到思想问题，他都是作为"信息"告诉书记，要支部做工作，他和几个副厂长关系处理的也不太好。

王厂长，男，37岁，大专文化程度，企业管理专业，中共党员，有技术员职称，组建该厂时就担任了厂长，至今已近十年。他经历了该厂由衰到盛的整个过程，对电子行业的特点极为熟悉，自己又有动手设计的能力。他最大的特点是精于企业管理，在学校学了计算机管理后，他率先把计算机运用到企业管理中去。他对整个厂的机构设计、行政人员的配备、岗位责任以及各副厂长、科长、车间主任和各级管理人员的职责都有明确的规定，每年考核两次，奖惩分明。因此，平时大家各司其职，他却显得很悠闲自在，常常上这个科室转转，到那个科室看看，了解情况，发现问题。公司及有关部门召开的会议，他从来不缺席，而有的厂长常常忙的脱不开身。他似乎比别的厂长超脱得多，厂长们都很羡慕他。

王厂长性格内向沉稳，不喜欢大大咧咧地发议论，对什么事情总要深思熟虑，三思而后行，人们说他内秀。他对厂的发展有一个远景规划。对一些出风头的社会活动，他不太喜欢参加，但对业务技术讲座却很感兴趣。他很善于做职工的思想工作，他认为企业职工的思想问题都是在生产过程中产生的，都和生产有关。一厂之

第二章 个体心理差异与管理

长要抓好生产怎么能不做思想工作呢。他还要求各级行政干部做人的思想工作,并把它作为考核的内容。他和党支部、工会的关系都很好,积极支持他们的工作。他待人谦和,彬彬有礼,和本公司上下左右关系都很好,公司有什么事,只要招呼一声,他就帮助解决了。因此,它的人缘很好,厂里进行民意测验,几乎异口同声称赞他。

和李厂长不同,他不喜欢花高价引进工程技术人员,立足于自己培养,几年来,厂里培养了一批技术骨干。他也不愿意花高价做广告,把做广告的钱用来购买先进的技术设备,努力提高产品质量,产品质量合格率98%。该厂是市企业管理先进单位,区文明单位。工会是区"先进职工之家",他本人则荣获市优秀厂长称号和局优秀党员称号。

但也有不少人认为,王厂长缺乏开拓精神,求稳怕变,按部就班,工作没有多大起色。按照厂里的基础和实力,应该发展的更快些,可他们的效益却比不上李厂长的厂。和李厂长比,他显得保守、过于谨慎。王厂长听了这些议论,不以为然,依旧我行我素。

李厂长和王厂长谁当总经理更合适,上级部门至今议而未定。

▶ 问题

1. 依据个性的有关理论,对两位厂长的能力、气质、性格进行分析比较。
2. 通过对他们个性的分析比较,你认为谁当总经理更为合适,怎样才能做到"扬长避短"、"人尽其才"?

第三章

中小企业员工激励机制

❖ **本章学习目标**

阅读和学完本章后，你应该能够：
◇ 掌握激励的含义及激励的重要意义
◇ 了解需要的类型，需要是如何产生的，动机的含义与分类
◇ 重点掌握激励的基本模式

开篇案例

亚马逊公司的耳机

亚马逊网上书店在西雅图和特拉华都有很大的书库，大批员工把书籍从卡车上卸下来，放在金属架上临时收藏，接着又打包寄给顾客。这些忙碌的搬运工在工作的时候大多戴着耳机，在外人看来这很奇怪：在工作的时候可以听随身听吗？许多管理者可能会命令员工摘下耳机，但这可能会铸成大错。耳机是一个象征，它表达了公司对员工的体贴。因为为亚马逊网上书店工作只是这些人生活的一部分。这些搬运工中许多人是演员、画家或作家，他们热爱和书打交道的工作，耳机并不会造成妨碍，管理者清楚地认识到这一点，并鼓励他们有爱好，并将其与工作紧密结合起来。管理者的态度表明他们尊重工人，并且乐于让他们支配工作的"听觉环境"。工人们反过来又比做日常重复性工作的人更愉快，更受激励，工作效率更高。

第三章 中小企业员工激励机制

一、激励的过程

（一）激励的概念

激励指心理上的驱动力，含有激发动机、鼓励行为、形成动力的意义，也就是说通过某些内部或外部刺激，使人奋发起来，驱使人去实现目标。

关于激励的概念，在组织行为学的领域中，国内外的学者也从不同的角度进行了探讨，提出了一百多种有关激励的定义。这些定义虽然各执一词，但至少都包括以下三个主要的因素：

第一，人的行为是由什么激发并赋予活力的。也就是说，人们自身有什么样的内在能源或动力，能驱动他们以一定的方式表现出某一特定行为，以及有哪些外在的环境性因素触发了此种活动；

第二，人的行为如何被导向特定的目标的。也就是说，是什么因素把人们正被激活的行为引导到一定方向上去的。这指的是人的行为总是指向一定的目的物，并且总是有所为而发；

第三，人的行为如何才能保持与延续。也就是说，这些行为如何能矫正、保持和延续，以及这种行为正在进行时，行为的主体和客体会做出什么样的反应。

激励可激发人的内在潜能，开发人的能力，充分发挥人的积极性和创造性。在组织管理中，每个人都需要激励，其中包括自我激励，来自同事、群体、领导和组织方面的激励，以及同事之间的相互激励。而作为一个管理者，为了实现既定的组织目标就更需要激励全体成员。在一般情况下，激励表现为外界所施加的推动力和吸引力，转化为自身的动力，使得组织目标变成个人的行为目标。具体说，一个人的行为，必须受到外界推动力或吸引力的影响，这种吸引力和推动力通过个体自身的吸收和消化，产生出一种自动力，使个体由消极的"要我做"转化成为积极的"我要做"。一个人的自动力越大，其行为就越积极，其受激励的程度也就越高。反之亦然。

从组织的角度出发，当一个人受到激励时，其行为通常有以下三个特点：第一，努力。这是组织成员在工作中表现出来的工作行为的强度。一个人在工作中尽职尽责，积极主动，那么这个人一定是受到了高度的激励。第二，持久。这是指组织成员在努力完成工作任务方面表现出来的长期性。第三，与组织目标有关。努力和持久仅仅指一个人将完成的工作数量，而一个人的工作质量更为重要。受到高度激励的组织成员必定会把它的持久努力引向质与量的统一体——组织目标上。

综合各种定义，我们主张把激励定义为促进组织成员朝向组织目标所作出的持久努力。

（二）激励的过程

激励的过程相当复杂，并表现为多种多样的激励模式。激励过程的基本模式是：

未满足的需要 → 心理紧张 → 动机 → 目标导向 → 目标行动 → 需要满足紧张消除 → 产生新的需要

图3-1 激励基本模式

此模式的基本要素是：未满足的需要与欲望、心理紧张、动机、目标导向、目标行为、需要满足紧张消除、产生新的需要、反馈等。此种模式由需要未满足开始，产生强烈的欲求和心理紧张，这时予以恰当的刺激激发人的动机，使人产生一种内驱力，朝向所期望的目标努力。当达到目标，需要得到满足，心理内在不平衡状态改变，心理紧张消除，激励过程也就结束。然后新的需要发生，又引起新的行为和新的激励过程。

（三）激励的作用

激励是组织行为学的重要内容、关键问题。不管是从事激励研究的学者，还是从事企业经营的管理者，都非常关注激励问题的研究。激励的作用主要表现在以下三个方面：

1. 激励在管理职能中的重要作用。在企业中，有效地组织充分利用人力、物力和财力资源是管理的重要职能，其中又以人力资源的管理最为重要，在人力资源管理中，又以怎样激励员工最为关键和最困难。管理学家们早就能够精确地预测、计划和控制财力和物力，而对于人力资源特别是人的内在潜力，至今仍无法精确地预测、计划和控制。

激励对于企业管理工作的重要性，主要表现为：第一，在国内外竞争加剧的情况下，企业为了生存和发展，就要不断地提高竞争力。为此，就必须最大限度地激励全体职工，充分挖掘其内在潜力；第二，组织中人员的表现有好、中、差

第三章 中小企业员工激励机制

之分,我们通过各种激励办法,就是要不断地使表现好的人,继续保持积极行为,使表现一般的和差的人,逐步地转变成为主动积极为组织多做贡献的成员,促使更多的人能够自觉自愿地为实现组织的目标而奋斗;第三,激励对象的要求是多方面的,要满足这些要求就必须采取多种激励办法。包括金钱、友谊、关心、尊重、好的工作条件、有趣和有意义的工作,等等。满足每个人的要求就能达到激励职工的目的。管理者的任务就在于对于不同的人采取适合其要求的激励因素和激励措施。

2. 激励在组织实现目标中的重要作用。通过激励可以把有才能的、组织所需要的人吸引过来,并长期为该组织工作。从世界范围看,美国特别重视这一点,它从世界各国吸引了很多有才能的专家、学者,这也是美国之所以在许多科学技术领域保持领先地位的重要原因之一。为了吸引人才,美国不惜支付高薪,创造良好的工作条件等很多激励办法。美国国际商用机器公司有许多有效的激励办法,如提供养老金,集体人寿保险和优厚的医疗待遇;给工人举办了每年只交三美元会费就能享受带家属到乡村疗养待遇的乡村俱乐部;减免那些愿意重返学校提高知识和技能的职工的学费;公司筹办学校和各种训练中心网,让职工到那里学习各种诸如国际金融和编制计算程序等知识。通过激励可以使那些已经就职的员工最充分地发挥其技术和才能。美国哈佛大学的心理学家威廉·詹姆士在《行为管理学》一书中阐述,在对职工的激励研究中发现,按时计酬的职工仅能发挥其能力的20%~30%,而受到充分激励的职工其能力可发挥至80%~90%。这就是说,同样一个人在通过充分激励后所发挥的作用相当于激励前的三至五倍。

3. 激励对职工提高工作效率的作用。近年来,管理者们之所以越来越关注行为科学的研究成果,更加注重组织中员工的行为,其中一个重要的原因就是关注企业的生产率。美国商会和日本商会曾经做过一个比较,在1960~1980年间,日本的生产率的增长差不多是美国的三倍,日本的生产率在这个期间的最后三年里,增长超过了40%。在寻找差别原因的过程中,一开始美国人以为是日本采用了更先进的技术,更多机器人在工业中的使用,并一再要求日本进一步开放国内市场;后来才发现真正的原因在于日本的企业管理所激发出的普通员工的积极性与主动性。例如,日本丰田汽车公司,采取合理化建设奖的办法鼓励职工提建议,不管这些建议是否被采纳,均会受到奖励和尊重;如果建议被采纳,那么得到的奖励会更多更重。结果该公司的职工仅1983年就提出165万条建设性建议,平均每人提31条,它带来的利润为900亿日元,相当于该公司全年利润的18%。从这个意义上说,企业管理的目的不仅在于吸引员工,引导员工完成本职工作,更重要的在于发挥职工的创造性与革新精神,从而大大提高企业职工的工作效率。

二、员工的需要与动机

（一）需 要

1. 需要的含义。所谓需要是指人对某种目标的渴求或欲望。人有食、衣、住等生理需要，也有与其他人交往、友爱、安全、实现理想等的社会需要。这就是说，需要是个体的一种主观的状态，而这种主观状态是人们对客观条件（包括体内的生理条件和外部的社会条件）需求的反映。

每种需要又包含两种成分：一种是定性的、方向性的成分，反映了需要对特定目标的指向性，这目标又可称为诱激物，是指能使该需要获得满足的外在事物或条件；另一种则是定量的、活力性的成分，代表了指向该目标的意愿的强烈程度。除了极少数需要是先天性、本能性的无意识的固有倾向外，大多数需要，尤其是在工作组织背景下的需要，都是后天性的，是外界环境诱发的，是从实践中学习、领悟来的。因此，需要虽然是客观上存在的某种要求的反映，但并非完全消极被动，而是人与客观环境间积极相互作用和交往过程的产物。

2. 需要的产生。刺激是需要的前提，需要与刺激是分不开的。刺激是多种多样的，一般来说，刺激可以分为两大类：一是来自自身机体的刺激，也是有机体内部的刺激，它是通过内部感受器官感受到的，如饥渴、性欲、情感等，它是人的本能和心理活动的反映；二是外部的刺激，它是以通过外部感受器官，如眼、耳、鼻、舌、身感到的，它是客观环境，包括自然的和社会的各种事物在人的大脑中的反映。

那么，内部刺激与外部刺激是什么关系呢？

内部刺激是根据，是需要产生的最初萌芽，它表现为有机体对某些影响有敏锐的感应性（即意向）；外部刺激是条件，它使需要具体化（即定向）。例如，一个人对食物的需要，首先是由于身体内部胃的刺激，使有机体对各种食物有敏锐的感应性，产生了获取食物的意向，当他看到、闻到或回想起某一种食物时，便产生较强烈的获取这种食物的需要。

总之，需要是在各种刺激的作用下产生的，但各种刺激又受其他因素的制约，内部刺激受一定的年龄、生理等特点的制约，外部刺激则受环境的制约。不同的年龄，不同的环境便会产生各种不同的刺激，由于刺激的不同，产生的需要也就不同。因此，作为一个有效的管理者，必须根据每个职工的不同特点，通过对环境的

第三章 中小企业员工激励机制

一定控制,来控制职工需要的具体定向,从而才能激发人的积极性。

3. 需要的分类。

(1) 按需要产生的根源分,需要可以划分为三种类型:

一是初生性需要。这是指那些天然性的、生物性的、原始性的需要。这类需要反映了人们对于维持、延续与发展自己生命所必需的资源与客观条件的需求和欲望,它们的满足是通过利用对应的特定资源或获得一定的生活状态来实现。此类需要必须是本能的,不是后天环境中学习来的。最常见的人类初生性需要有饥、渴、睡眠、性、对痛苦的躲避、母性的爱与关怀等。应当指出,动物也具有这类需要,只是动物与人在满足这类需要的方式上有着本质的差异。动物只能依靠客观环境中现成的天然资源或条件来满足它们的这类需要;人则可以通过社会劳动,去改造天然资源和条件,创造出新的资源和条件来满足自己的需要。

二是次生性需要。这是指那些社会性的、后天学来的需要,即人们在其社会交往与实践中,通过成功的喜悦和经验以及失败的痛苦和教训而逐渐领悟、建立和产生的需要。这类需要从根本上说,仍是以初生性需要为基础的;但它们不是与生俱来的,是人类在自己社会历史的发展过程中,通过自己的社会实践、学习、体验、总结、积累而养成的,是人类所独有的一类需要。属于这一类的需要很多,其中较重要的有成长的需要(丰富自己的知识、能力和经验,有所进步)、成就的需要(做出成绩,有所创造)、友谊和温暖的需要、自主自尊的需要、实现自己抱负与价值的需要、获得人身安全与保障的需要等。这类需要被称为次生的,因为它们是由初生需要衍生出来的。

三是一般性需要。这是介于初生需要和次生需要之间的中间性需要。它们常不是后天学会的,但基础却不是生物性的。属于这类需要的有好奇、喜动、探索和摆弄操纵什么东西的需要等。动物,尤其是猴子等灵长类,也有明显的这类需要。人的这种需要在儿童身上表现得尤为突出,他们总是坐立不宁,摸摸这,碰碰那,特别是在新鲜环境中。其实成人也有这种需要,而且也颇为强烈,例如猎奇、探险的需要,等等。

在上述三种需要中,尽管初生性需要更根本,但就组织行为的影响而言,最重要的仍属次生性需要。

(2) 按需要获得的满足的来源分,需要可以分为两种类型:

一是外在性需要。这种需要所瞄准和指向的目标(或诱激物),是当事者所无法控制而由外界环境来支配的。换句话说,外在性需要是靠组织所掌握和分配的资源(或奖酬)来满足的。能满足外在性需要的资源(或奖酬),就是外在性的资源(或奖酬),由这类资源所诱发的动机则是外在性动机,这样所谓调动起来的积极性,便是外在性激励。这里提到的资源或奖酬是广义的,不能狭义地仅仅理解为工资、奖金等物质性的资源。按资源的性质来区分，外在性需要（或资源、或激励）又可进一步分为物质性的需要（如工资、奖金、其他各种福利待遇等）和社会情感性需要（如友谊、温暖、特殊的亲密关系、信任、认可、表扬、尊重、荣誉等）。

二是内在性需要。这种需要是不能靠外界组织所掌握和分配的资源直接满足的，它的激励源泉来自所从事的工作本身，依靠工作活动本身或工作任务完成时所提供的某些因素而满足。这些因素都是与工作有关的，它们都是抽象的、不可见的、要通过当事者自身的主观体验来汲取或获得。这说明，和外在性需要相反，内在性需要与工作密切相关，其满足或激励存在于工作之中，此时工作本身便具有激励性而不再是工具性的了。可见，所谓"内在性"，是指内在于工作之中，并非指内在于受激励者自身之内，"内在"与"外在"都是相对于工作而言的。内在性需要的满足取决于受激者自身的体验、爱好与判断，内在性激励由受激者自己控制和支配。从这种意义上说，内在性激励才是真正的工作激励，它不像外在性激励那样由组织控制的诱激物所牵引，而是由工作中的内在力量所推动。外在性激励在外在诱激物消失时便会随之消退；内在性激励则不管环境如何变化，都能持续地、坚韧地发挥作用。加之它基本上不需另外增加成本，所以是很值得管理者重视、发掘和利用的有效激励手段。

内在性激励按其激励因素的性质，又可分为过程导向性激励和结果导向性激励。

所谓过程导向性激励是指通过工作活动本身引发的激励来满足当事者的内在需要。工作活动本身所含的激励因素很多，如工作的趣味性，工作的挑战性，工作的培养性以及工作活动中所提供的交往机会，等等，均会增加工作的吸引力。这种激励具有两个特点：第一，这种激励不但与是否存在外在性诱激物无关，而且也与工作任务的成败与否无关，吸引人的只是工作活动本身；第二，活动本身是否有趣和吸引人，全在当事者本人的爱好、判断与价值观。此人对某一活动觉得兴致盎然，另一人可能觉得味同嚼蜡，这里不存在什么客观的、绝对的评价标准可供参考。

所谓结果导向性激励是指通过完成工作任务而引发的激励来满足当事者的内在需要，即工作任务完成时当事者所感到的自豪感与成就感，对社会、专业、人民、祖国的贡献感，自己抱负与价值得到实现时的轻松感与自尊感，自己潜在能力得到充分发挥与利用时的舒畅感和得意感。这种激励也具有两个特点：第一，所依据的成就主要由当事者按自己的标准做出判断，不像外在性激励，所做出的绩效必须由组织按它的标准做出评测；第二，这种内在性的激励不仅在任务完成、取得成就时能够起作用，而且更可贵的是，即使在任务尚未完成或屡遭挫折时，高成就作为一个人的向往与追求，也能发挥强大的吸引力。

第三章 中小企业员工激励机制

（二）动机

1. 动机的含义。动机是推动人去从事某种活动达到某种目的，并指引活动满足一定需要的意图、愿望和信念。换言之，动机是人们从事某种行为活动的内部驱动力，是人的一切行为的内在直接原因。

需要是动机产生的基础和源泉，它在主观上通常以意向或愿望的形式被体验着。动机与需要两者的不同点在于，动机是与一定的目标相联系，当需要有了明确的目标即转化为动机。

动机的产生依赖于内在的主观需要和外界刺激两方面的条件，而前者是最根本的。人如果主观不需要，即使有外界条件的刺激，也不会产生某种动机。因此，动机激发过程通常包括：充分认识需要、发现满足对象、调动机体能量及趋向目标行动。

人的活动动机与活动目的是有联系的，但也有区别。目的是人们期望活动达到的结果，动机则是推动人们达到目的的主观原因，它比目的更为内在，更为隐蔽。

2. 动机强度。在现实生活中，一个人往往存在着许多动机，这些繁杂多样的动机又以其一定的方式组合起来，交互作用，构成人的动机体系。其中有的动机比较强烈而稳定，另一些则比较微弱而不稳定。前者称为主导动机或优势动机，其他的称为次要动机或辅助动机。通常，主导动机对人有更大的激励作用。

由主导动机所激发的行为有两类：一是目标导向行为，二是目标行为。"目标导向行为"是向目标趋近的，据以达到某一目标的行为。"目标行为"则是从事目标本身的行为。目标导向行为是目标行为的前提，直到目标行为开始；待目标行为开始后，动机强度便随着它的进展而降低。

一个人的动机体系及其强度结构还会随着时间、地点和条件的变化而变化。这是因为动机产生并引导个体行为指向一定目标时，其行为过程必然受到主观、客观各种条件的影响和制约。下列几种情况一旦发生，都可能引起动机强度的变化：

第一，动机的满足。此时，动机随着满足而减弱或促使其行为重复出现；

第二，动机受阻。当一种动机经尝试而不能成功就可能改变、调整或降低目标，以"替代目标"、"过渡目标"满足某种需要；

第三，动机的更替。正当某种动机行为在进行之中，突然出现另一种更强烈的动机，从而促使人们放弃原来的动机转而先满足强度"后来者居上"的动机；

第四，动机的挫折。面临动机永远不可能达到目标的状况，人们会产生挫败之感，有可能导致各种非理智行为。

3. 动机的分类。同需要一样，动机亦可按多种指标进行分类。如按动机的社会意义可分为高尚的、正确的动机和低级的、不正确的动机；按动机在活动中所起的作用大小可分为主导性（优势）动机和辅助性（次要）动机；按动机发挥作用的时间效应可分为暂时动机和长远动机；按动机的起源及性质可分为天然性动机和社会性动机。现以动机的起源及性质分类为例：

（1）天然性动机。这类动机是人为维持、保护、延续、发展自身生命的各种动机。在这类动机驱使下人的行为，个体之间的差异较小，具有明显、简单、重复的特点，相对来讲比较易于满足。

（2）社会性动机。这类动机是人所特有的动机。一方面是由生理性驱力所衍生的；另一方面是在社会环境中，通过人的后天学习形成和发展起来的。由于人们在个性心理特征、价值观、认识、情感、意志等方面存在着个体差异，所以社会性动机在个体之间实现的途径以及达到的满足程度也具有较大的差异性，因而具有深刻、持久、隐匿、多样化的特点，相对而言难以充分满足。

（三）需要与动机的关系

需要与动机有什么关系？严格来说，两者虽密不可分，却并非一体，仍存在着微妙界限。需要是内心体验到的某种重要事物的匮缺或不足；动机则是一种信念和期望，一种行动的意图和驱动力，它推动人们为满足一定的需要而采取某种行动，表现出某种行为。需要是动机的源泉、基础和始发点，动机才是驱动人们去行动的直接动力和原因。对食物的需要会转化为觅食的动机，对友谊的需要则会变为交友的动机。所以，需要只有跟某种具体目标相结合，才能转化为动机，并在适当的外部条件下显现为外在的可见行为。从这个意义上说，人是一种需要的动物，永远在不断出现的、未获满足的需要的推动下，去从事新的追求、活动、探索和创造。需要一经满足，便失去作为动机源泉的功能，动机活力既失，行为也就终止了。新行为的产生便需待新的需要的出现。由此可见，需要的不满足才是激励的根源。

因为需要与动机对于激励如此重要所以对它们的研究一直是管理理论工作者和实践工作者共同关心的热点。然而，需要与动机的研究却是十分艰巨而复杂的。其原因有三：

一是人的需要与动机是隐藏在人内心中的状态，看不见，摸不着，难以直接测量；

二是人不是纯理性的，不像物那样只服从于较单纯的理性规律。人是感情性的、能动的、有其心理活动的，他们的动机是复杂的，行为是多因的。因此，同一种动机对不同的人或同一个在不同的处境下，可能有不同的行为表现；反之，同一种行为方式也可能源于不同动机；

三是动机的行为表现，不仅受本人的个性、气质、经历、兴趣等个性品质的影响从而带有独特的个人特色，而且还受家庭、单位、社会、国家等众多环境性、

第三章　中小企业员工激励机制

文化性因素的影响。

因此，不能指望用简单、一般化的方法来分析人的行为与动机，必须用应变的、分析的观点去做深入、具体的研究。

● 本章小结 ●

激励是组织行为管理的核心问题，指心理上的驱动力，含有激发动机、鼓励行为、形成动力的意义，也就是说通过某些内部或外部刺激，使人奋发起来，驱使人去实现目标。激励的过程相当复杂，并表现为多种多样的激励模式。按需要产生的根源分，需要可以划分为初生性需要、次生性需要、一般性需要，按需要获得的满足的来源分外在性需要和内在性需要。

动机是推动人去从事某种活动达到某种目的，并指引活动满足一定需要的意图、愿望和信念。按动机的社会意义可分为高尚的、正确的动机和低级的、不正确的动机；按动机在活动中所起的作用大小可分为主导性（优势）动机和辅助性（次要）动机；按动机发挥作用的时间效应可分为暂时动机和长远动机；按动机的起源及性质可分为天然性动机和社会性动机。

▶ 思考题

1. 什么是激励？激励的概念包括哪三个主要因素？
2. 激励的基本模式是什么？
3. 激励的作用主要表现在哪几个方面？
4. 什么是需要？需要是怎样产生的？需要是怎样分类的？
5. 什么是动机？由主导动机所激发的行为有哪两类？
6. 如何对动机进行分类？
7. 需要与动机是什么关系？

▶ 案例应用

国外企业激励员工策略种种

企业的基本组成要素之一是企业员工，企业发展壮大需要全体员工的齐心合力，企业遇到危机时更需要上下呼应，众志成城，而这种企业凝聚力、向心力的激发，则来自企业领导层的决策英明，下面是几例成功的企业激励策略：

怀柔激励

美国的费里斯特电视机厂，由于管理不善，生产的电视机质量问题严重，用户纷纷抱怨，产品大量积压，员工由几千人减至几百人，工厂濒临倒闭。为了扭转不利局面，公司特派人前往日本，邀请大名鼎鼎的日本三洋公司购买了这家电视机厂的股权，并请日本的管理人员参与管理。日方人员到达费里斯特市以后，办的第一件事，是邀请全厂员工聚会，大家坐在一起喝咖啡，吃炸面包圈，赠送给每位员工一台半导体收音机。随后，日本经理率领日方管理人员带头动手清扫厂房，并把厂房粉刷一新。第二件事，工厂的生产状况有所改善后，厂方需要增加工人。日方管理人员一反招聘员工的惯例，不去社会上招聘年轻力壮的青年工人，而是聘用那些以前曾在本厂工作过而眼下仍然失业的工人，只要工作态度好，技术上没有问题，厂方都欢迎他们回来应聘。第三件事，日方经理宣布，为了建立和谐的工作关系，他们希望同该厂工会携手合作，三洋公司总裁亲自从日本到费里斯特市同工会代表会面。采取这三招后，全厂员工齐心合力，终于使费里斯特电视机厂起死回生。

危机激励

日本的日立公司是世界上最大的电器制造企业之一，在世界电器器材市场上以高质量著称。但日立公司在一帆风顺中，仍然人为制造逆境来保持企业的危机感。1974年，该公司宣布因"经营状况不好"，有2.2万多名员工需要减薪，20%的员工回家待业一个月，发给97%~98%的工资，这样做对公司来说，虽然节约不了多少经费，但它使员工有了一种危机压力。随后，又对其4 000多名管理人员实行创业后的第一次全面减薪，以加深管理人员危机感。同时，又将新录用的近千名员工的报到日期推迟20天，使新员工一开始就产生紧迫感。这些危机激励措施，将员工置于险境，使员工在逆境中最大限度地发挥各自的作用，因而在"危机时期"日立公司的产品增长不但没有下降，而且由于产品创新，增长速度遥遥领先于其他电器器材公司。

精神激励

松下公司是日本第一家有公司歌曲的企业。松下公司的信条是只有通过每个员工的协力和合作才能实现进步和发展。因此，它通过公司歌曲向员工灌输公司的精神价值观：工业报国，光明正大，团结一致，奋斗向上，礼貌谦让，适应形势，感恩报德。公司的一位高级管理人员说："这在西方人看来可能是愚蠢的，但在每天

第三章　中小企业员工激励机制

早晨八点钟时，全日本有8万余人朗诵这个价值准则，并在一起唱公司歌曲，好像我们已经融为一体了。"

物质激励

美国有家罗伯梅家庭用品公司，20世纪80年代以来生产迅速发展，利润以每年18%~20%的速度增长。这是因为公司建立了利润分享制度。把每年所赚的利润，按规定的一个比率分配给每一个员工。这就是说，公司赚得越多，员工也就分得越多。员工明白了"水涨船高"的道理，积极生产自不待说，还随时随地地挑剔产品的缺点和毛病，主动加以改进。所以，该公司在家庭用品业中一直以高品质著称，赢得了大量的顾客。

民主激励

美国的伊斯曼公司认为企业的成败与员工能否提出建设性意见有很大的关系，因而在公司里创立了建议奖励制度。建议被采纳后，公司给予相应的奖励。公司员工因提出建议而获得的奖金，每年超过150万美元。这些建议，在降低生产成本、提高产品质量、改进制造方法和保障安全生产等方面收到了明显的成效。

▶ 问题

1. 你所了解的具体的激励措施还有哪些？
2. 结合案例，联系实际，谈谈如何做好激励工作。

第四章

发展中的内容型激励理论与应用

❖ **本章学习目标**

阅读和学完本章后,你应该能够:
◇ 了解什么是内容型激励理论
◇ 熟悉内容型激励理论的应用和缺陷
◇ 学会分析员工的需要特点以及需要对积极性的影响

> **开篇案例**
>
> ### 安永公司的激励
>
> 安永公司的管理者正在尝试改变公司运营的方式以提高对职业女性的激励并降低员工流失率。最初,公司告诉员工们不要在周末和假日查看他们的电子邮件或者语音信箱。但是,如果某份报告遭到拖延或者一位客户不得不为一条重要的信息而等待,结果会怎样呢?高层的管理者说:"就让它继续存在。"这是公司为了减少员工们的压力而采取的大量措施中的一小步。尽管紧张的工作环境——需要长时间的工作和频繁的旅行——影响着公司的男性员工也影响着女性员工,高层行政主管人员相信女性员工通常会比男性员工感受到更大的压力,由于她们工作之外有更多的家庭事务。因此,高层管理者们认为只有对员工如何看待工作进行一次全面的检查,才能减少女性员工所承受的压力并根除对公司男性员工的系统性偏见。

第四章 发展中的内容型激励理论与应用

> 公司还设计了一些方法来避免强迫员工们为满足工作需要而做出个人生活上的一些妥协,包括诸如休闲装政策和灵活的工作进度表在内。而且,公司还努力招聘更多的行政人员,他们能够承担一些专业人员的职责。有一个独特的计划被称为"客户治疗类选法"。公司的合伙人通常按照客户对公司的营利性来考虑对员工们的需求。在项目开始明确对员工需求的共同期望之前,他们与每一位客户一同工作。由公司不同管理层面的员工组成的"执行委员会",定期将客户需求与员工的个人需要进行融合。

一、需要层次论与应用

(一) 需要层次论的基本内容

需要层次论是美国人本主义心理学家马斯洛1943年首先提出的一种激励理论。1954年又在《激励与个性》一书中对该理论做了进一步的阐述,标志着这一理论的正式形成。这是最早出现的内容型激励理论,它在实际管理活动中应用极为广泛。

马斯洛认为,每个人都有一套复杂的需要系统,按需要的先后顺序,可排成阶梯式的层次。马斯洛理论的出发点,是把人的需要归为五类,即生理需要、安全需要、社会交往需要、受尊重需要与自我实现需要,并把这五类需要从低到高,排成等级层系,如图4-1所示。

| 自我实现需要 |
| 受尊重需要 |
| 社会交往需要 |
| 安全需要 |
| 生理需要 |

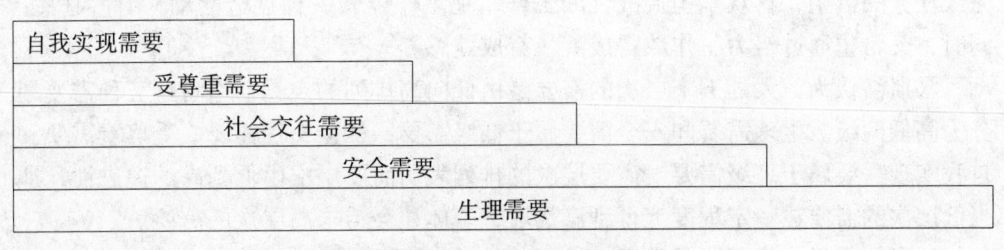

图4-1 需要层次论

1. 生理需要。这是人类最原始的基本需要，指衣、食、住、饥、渴、性等方面的生理机能需要。这些需要如不能得到满足，人类的生存就成了问题。从这种意义上说，它是推动人们行动的最强大的动力。

2. 安全需要。当一个人生理需要得到基本满足后，就想满足安全的需要。要求摆脱失业的威胁，要求在将来年老或生病时有些保障，要求避免职业病的侵袭，希望解除严酷监督的威胁，等等。马斯洛认为整个有机体是一个追求安全的机制，人的感受器官、效应器官、智能和其他能量主要是寻求安全的工具，可以把科学和人生观总的看成是安全需要的动机的一部分。

3. 社会交往需要。马斯洛提出的社交需要有两方面的内容。一是爱的需要，即人都需要伙伴之间、同事之间的关系融洽或保持友谊和忠诚，希望得到爱情，人人都希望爱别人，也渴望接受别人的爱；二是归属的需要，即人都有一种要求归属于一个群体的感情，希望成为群体中的一员并相互关心和照顾。社交需要比生理需要来得细致，它和一个人的生理特性、经历、教育、宗教信仰都有关系。

4. 受尊重需要。马斯洛认为人希望自己有稳定的社会地位，有对名对利的欲望，要求个人的能力和成就得到社会的承认等。尊重需要可以分为内部尊重和外部尊重。内部尊重是指一个人希望在各种不同情境中有实力、能胜任、充满信心、能独立自主，总之，内部尊重就是指人的自尊。外部尊重指一个人希望有地位、有威信、受到别人的尊敬、信赖和高度评价。马斯洛认为，尊重需要得到满足，能使人对自己充满信心，对社会满腔热情，体验到自己生活在世界上的用处和价值。但尊重需要一旦受到挫折，就会使人产生自卑感、软弱感、无能感，会使人失去生活的信心。

5. 自我实现需要。这是一种最高级的需要，是指人们希望完成与自己的能力相当的工作，使自己的潜在能力得到最充分的发挥，成为自己所期望的人。马斯洛说：音乐家必须演奏音乐，画家必须绘画，诗人必须写诗，这样才会使他们感到最大的快乐。是什么样的角色就应该干什么样的事。我们把这种需要叫做自我实现的需要。这就是平时人们所说的一个人有理想、有进取心和创造性，其表现为有出色完成任务的欲望，喜欢承担挑战性的工作，把工作当做一种创造活动，有胜任感。同时，又希望通过努力工作取得成就，有成就感。

马斯洛认为，人的五个层次的需要是由低向高排列的。马斯洛将这五种需要划分为高低两级。生理需要和安全需要属于低级需要，社会交往需要、受尊重需要和自我实现需要属于高级需要。需要层次的排列表明需要层次由低到高的递进性，即当低层次的需要在一定程度上得到满足后，个体才会追求高层次的需要。

从理论上看，马斯洛的需要层次论有四点基本的假设：第一，已被满足的需要，不再是激励因素，一种需要已经满足，另一种需要就取而代之，所以人们总在

第四章 发展中的内容型激励理论与应用

力图满足某种需要;第二,大多数人的需要网络是很复杂的,在任何时刻都有许多需要在影响着每个人的行为;第三,在一般情况下,只有在低层次的需要得到满足后,才能使高层次的需要有足够的活力去驱动行为;第四,人满足较高层次的需要的途径,比满足低层次需要的途径多。

(二) 需要层次论的应用

马斯洛的需要层次论系统地研究了人的需要与动机结构,使管理者们注意到满足需要与激励之间的关系。这一理论启示管理者们在工作中找出相应的激励因素,采取相应的组织措施,来满足不同层次的需要,以引导员工的行为,实现组织目标。针对五个层次的需要,管理者应从以下几个方面对需要层次论加以应用:

1. 满足员工们的生理需要是最基本的要求。如果员工们还在为生理的需要而奔波,他们就无法专心于本职工作,只要能谋生,任何一种工作都可以接受。当然,在现代组织环境中,管理人员很难碰到连生理需要都没法满足的员工。但是,人们的生存需要并不是一个恒定的指标,一经满足就不会发生变化,这种需要也是不断增长的。因此,管理者可以通过增加工资,改善劳动和生活条件,给予更多的业余时间和更长的工休时间、较好的福利待遇等办法,来激励员工,调动他们的积极性。

2. 从行为管理上说,心理上的安全期望具有重要的意义。要把满足安全需要作为激励的动力,使职工对能够提供安全、有保障、能长期从事的职业感兴趣。领导者和管理人员可以在管理方式中着重利用人们的这一需要,强调规章制度、福利待遇,并保证员工不致因工艺过程自动化而受到失业的威胁。当员工有强烈的安全需要时,管理者就不应该标新立异,而应避免或不鼓励冒险,使职工按原有的方式工作。

3. 在组织管理过程中,当社交需要成为主要激励源泉时,人们常把工作看成是寻找和建立温暖、和谐人际交往的机会。一些能够为人们提供社会往来机会的职业就会产生较大的吸引力。当领导者和管理人员发现员工们所努力追求的是这一需要的满足时,应强调同事的共同利益,开展一些有组织的体育活动、联欢活动等,来增进相互间的感情,逐步形成集体公认的行为规范。通过这种激励,可使员工产生较高的满意度和对组织的忠诚感。不过,这也可能导致生产绩效的降低,因为员工们的注意力有可能会从工作转移到社交上去。

4. 在管理上,当荣誉成为人们的主导性需要时,领导和管理人员可以利用这种需求来作为提高人们对自己工作自豪感的措施。当员工们作出成绩时,对他们进行公开的奖励和表扬，发给荣誉奖章，设立光荣榜，并提供更多的独立自主地从事工作的机会，来提高员工们对工作的满足感和效率。

5. 无论哪种工作都存在着创新的余地，而创造性是所有的人都希望具有的能力。受到自我实现需要激励的人，会把他们最富于创造性和建设性的技巧融会到生产和工作中去，领导者和管理人员应很好地利用人们的创新心理和能力，吸收更多的组织优秀成员参与决策，注重民主管理，倾听职工的意见，给技术精、水平高、能力强的人安排重要的工作，让他们充分认识到自身的价值。同时，在设计工作程序、规定制度与执行计划时，也为职工群体留有施展才能的余地。

另外，还应注意到人们在满足需要方面是存在差异的。不同的人有不同的需要，即使同一个人在不同时期，其需要状况也是不同的。确切地了解员工们的需要，是一项困难的任务。这就要求管理者深入实际，多和员工接触。此外，还可以通过问卷调查、座谈访问等方式熟悉了解员工。

二、ERG 理论与应用

（一）ERG 理论的三个需要层次

ERG 理论是美国耶鲁大学组织行为学教授阿尔德弗（Alderfer）于 1969 年提出的一种与马斯洛需要层次理论密切相关但又不完全相同的理论。他在大量实验研究的基础上，把马斯洛理论中的五个层次的需要简化为三个层次：即生存需要（existemce）、关系需要（relatedness）和成长需要（growth），所谓 ERG，即是这三个英语单词的第一个字母的组合。

1. 生存需要。这类需要关系到机体的存在或生存。它包括衣、食、住以及工作组织为使其得到这些因素而提供的手段，如报酬、福利和安全条件等。这实际上相当于马斯洛理论中的生理需要和安全需要。

2. 关系需要。这是指发展人际关系的需要。这种需要通过工作中或工作以外与其他人的友好接触和融洽交往中得到满足。它相当于马斯洛理论中的社交需要和外部尊重需要。

3. 成长需要。这是个人自我发展和自我完善的需要。这种需要不仅要求充分发挥个人的潜在能力、创造性，而且要有所作为、有所成就，使个体不断成长和发展。这相当于马斯洛理论中的自我实现需要和自我尊重需要。

（二）ERG 理论的特点

ERG 理论的特点表现在它的三个需要层次之间的内在联系上，这些内在联系构成了下面三个规律：

1．"愿望加强"律。各个层次需要得到的满足越少，则满足这种需要的渴望就越大。例如，地位低、境遇差、常受歧视的人，得到他人的尊重的需要最强烈，因而对他人的态度较敏感。这与马斯洛"剥夺——主宰"律相同，即某一需要被剥夺得越多，就越缺乏、越不足，这个需要就越突出、越强烈。

2．"满足前进"律。越是较低层次的需要越是能够得到较多的满足，则该需要的重要性便会越衰减，对较高层次的需要就越渴望。例如，人们生存需要的满足程度越高，渴望满足关系需要和成长需要的强度就越大，这与马斯洛的"满足——激活"律相似，即某一层次的需要相对满足了，就会向高一层次发展，追求更高一层次的需要就成为驱使行为的动力。相应的获得基本满足的需要就不再是一股激励力量。

3．"受挫回归"律。当较高层次的需要一再遭到挫折，得不到满足时，人们就会退而求其次，追求较低层次需要的进一步满足。例如，某人想通过承担挑战性的工作来满足自身成长的需要，但由于领导不信任、不安排等外部原因不能如愿，那么他就会转而寻求更多的关系需要或生理需要的满足，以达到心理平衡。阿尔德弗的受挫回归律是对激励理论的发展和贡献。

综上所述，ERG 理论的特点可以归纳如下：

1. ERG 理论并不强调需要层次的顺序。该理论认为某种需要在一定时间内对行为起作用，而当这种需要得到满足后，可能去追求更高层次的需要，也可能没有这种上升趋势。

2. ERG 理论认为，当较高级需要受到挫折，未能得到满足时，会产生倒退现象，而不是像马斯洛所指出的那样，继续努力去追求受挫折需要的满足。明确这种倒退现象对研究工作行为有重要的意义。阿尔德弗指出，假如人的关系需要受到挫折，即人在工作中没有能与同事建立密切合作的关系，那么他可能更关心自己的工资、工作条件和福利待遇。这就是说，会从关系需要倒退到存在需要。阿尔德弗的这一假设虽然还缺乏研究材料的验证，但我们在日常工作和生活中能举出不少实例来说明确实存在着这种倒退现象。

3. ERG 理论还认为，某种需要（特别是成长需要）在得到基本满足以后，其强烈程度不仅不会减弱，还可能会增强，这就与马斯洛的观点不一样。

国外不少学者认为，阿尔德弗的 ERG 理论可能是现时流行的各种需要层次论中最有发展前途的一种理论。但这种理论有待于进一步更详细的研究和解释，而遗憾的是对这一理论的研究和论证工作还开展得甚少。

（三）ERG 理论与需要层次理论的比较

ERG 理论与需要层次理论都研究了人的需要，并把人的各种需要划分为类似的不同层次。同时，都认为人的各种需要一般是由低到高逐步发展上升，而且是相互联系的，这是二者的相似之处。二者的不同之处在于：

1. 马斯洛需要层次论是以"满足——前进"的途径为基础，依照五个层次由低到高、循序渐进的，不存在越级，也不存在由高到低的下降；而 ERG 理论在"满足——前进"的方式之中加入了"挫折——倒退"的因素，并认为，人的需要并不一定严格按由低到高的顺序发展，而是可以越级的。例如，某人关系需要受到挫折后，就会看重生存的需要；有的人在生存需要得到满足后，可直接上升到成长的需要。

2. 马斯洛需要层次论认为，在同一时间内，个体主要追求一种需要的满足。而 ERG 理论认为在任何时间内，个体可能同时追求一种以上的需要。这是因为受到挫折而退缩并不意味着需要消失，而更多的是在寻找较高层次需要的机会。

3. 马斯洛需要层次论认为人类的五种需要是生来就有的，是内在的、下意识的。而 ERG 理论则认为，人类的三种需要不完全是生来就有的，有的需要是通过后天学习产生的。

总之，阿尔德弗的 ERG 理论在需要的分类上并不比马斯洛的理论更完善，对需要的解释也并未越过马斯洛理论的范围。如果认为马斯洛的需要层次理论是带有普遍意义的一般规律，那么，ERG 理论则偏重于带有特殊性的个体差异，这表现在 ERG 理论对不同需要之间联系的限制较少。

三、双因素理论与应用

（一）双因素理论的基本内容

双因素理论又称"激励——保健"理论，是由美国心理学家弗雷德·赫兹伯格于 1959 年提出来的。

20 世纪 50 年代后期，赫兹伯格在美国匹兹堡地区的 11 个工商业机构中，采

第四章　发展中的内容型激励理论与应用

用"关键事件法"对200多名工程师和会计师做过一次大规模的调查和访谈。他设计了许多问题，如"什么时候你对工作特别满意"、"什么时候你对工作特别不满意"、"原因是什么"，等等，以此征询工程师和会计师们的意见。然后，按照满意与不满意两个维度对调查资料进行了综合分析，得到下列有关影响组织成员行为的因素：

1. 保健因素与激励因素。赫兹伯格从调查中发现，造成员工不满意的因素往往是由外界的工作环境产生的，主要是公司政策、行政管理、工资报酬、工作条件以及与上下级的关系、地位、安全等方面的因素。这些因素即使改善了，也不能使员工变得非常满意，不能充分激发其积极性，只能消除员工的不满。赫兹伯格将这些因素称之为"保健因素"。之所以称之为保健因素，是因为这些因素的满足对员工产生的效果，类似于卫生保健对身体健康所起的作用。卫生保健不能直接提高健康水平，但有预防疾病的效果。保健因素虽然不能直接起到激励员工的作用，但改善保健因素可以防止或消除员工的不满情绪。

赫兹伯格又在调查中发现，使员工感到非常满意的因素主要是工作富有成就感、工作成绩能得到社会认可、工作本身具有挑战性、能发挥自己的聪明才智、工作所赋予的发展机会和责任等。这类因素的改善，或者说这类需要的满足，往往能激发员工的责任感、荣誉感和自信心，增进员工的满意感，有助于充分、有效、持久地调动他们努力工作、积极上进的积极性。所以赫兹伯格把这类因素称为"激励因素"，激励因素是与工作内容紧密联系在一起的因素。

2. 满意与不满意。传统观点认为，满意与不满意是一个维度的两个端点，满意的对立面是不满意。而赫兹伯格却对此提出了不同的看法，他认为满意与不满意并不共存于单一的连续体，而是截然分开的两个维度。满意的对立面应该是"没有满意"；不满意的对立面应该是"没有不满意"。如图4-2所示。也就是说，一个人可能同时既感到满意，又感到不满意；没有满意和没有不满意就是"零状态"。

```
传统观点： 满意————————————不满意
赫氏观点： 满意————————————没有满意
         没有不满意————————————不满意
```

图4-2　赫兹伯格的观点

赫兹伯格认为，与工作内容紧密联系在一起的激励因素，如能得到改善，往往能给员工以很大程度的激励，使之产生满意感和持久的积极性。与工作环境或条件相关的保健因素，如处理不当，或者说，对这类需要做不到基本满足，会导致员工的不满，甚至严重挫伤员工的积极性。如果这一类因素处理得当，则能防止员工产生不满意情绪而反激励,起到保持人的积极性,维持激励于"零状态"的作用。

3. 内在激励与外在激励。双因素论实际上是说明了对员工的激励,可分为内在激励和外在激励。内在激励是从工作本身得到的某种满足,如对工作的爱好、兴趣、责任感、成就感等。这种满足能促使员工努力工作,积极进取。外在激励是指外部的奖酬或在工作以外获得的间接满足,如劳保、工资等。这种满足有一定的局限性,它只能产生少量的激励作用。因为,人除了物质需要以外,还有精神需要,而外在激励或保健因素只能满足人的生理需要,而不能满足人的精神需要,因而只能防止反激励,并不能持久有效地激励人的积极性。

(二) 对双因素理论的评价

赫兹伯格提出双因素理论后,引起管理界的极大重视,也遭到了许多非议。有人认为满意问题是非常复杂的,当一个人对工作感到满意时,并不等于其生产效率就提高,而不满意时并不见得生产效率就低。人因为种种原因可以在不满意的条件下达到高效的生产率。而赫兹伯格在社会调查时仅仅以满意不满意作为标准,又没有科学地说明满意感与生产率的关系,因而有人对双因素理论的可信度提出了怀疑。还有人认为赫兹伯格所调查的对象都是会计师、工程师等专业人员,这些人仅仅是职工中的一个组成部分,且是较小的部分,其代表性不够,因而对双因素理论的普遍性提出怀疑。还有人认为按一般心理状态,人们都有心理自卫能力,被调查者将满意的事统统归于自己,不满意的事都归于外部条件,这也让人怀疑该理论的可靠性。尽管有来自各方面的批评,但20世纪60年代中期以来,双因素理论还是越来越受到人们的注意。

双因素理论在国外已广泛地为各类组织的管理者所接受,特别是在企业管理中所实行的工作丰富化、工作扩大化、弹性工时等,对激励职工的生产积极性、提高生产效率起到了极大的作用。工作丰富化是一种新的劳动组织形式,这种劳动组织让工人有机会参加工作的计划和设计,得到信息反馈,估价和修正自己的工作,使工人对工作本身产生兴趣,获得责任感和成就感。工作扩大化是增加每个工人进行的技术和活动的数量和种类,工作向横向发展。这种方法可以减少工人单调和厌烦的感觉,激发职工的积极性,降低成本,提高工作效率。但是,这样又会增加工人的工作量,成为管理人员解雇工人的机会。弹性工时制度规定职工除部分时间按规定时间上班外,其余时间在一定范围内可让职工自行安排。这样一来,职工缺勤、迟到减少,也因能自由支配时间感到满意。

（三）双因素理论在管理中的应用

双因素理论在管理理论中占有重要的地位，特别是双因素理论所揭示的内在激励的规律，为许多管理者更好地激发员工的工作动机提供了新的思路，具有重要的指导和应用价值。这主要表现在以下两个方面：

1. 注重对员工的内在激励。美国全国民意研究中心的一次调查表明，过半数的男性员工都认为，工作的首要条件是提供成就感，把有意义的工作列为首位的人比把缩短工时列为首位的人要多7倍。赫兹伯格又对1 600多名从属于不同地方、不同企业和组织的员工进行了12次不同的调查，进而得出结论认为，对工作满意起作用的主要因素是成长和发展，而对工作不满意起作用的主要因素是环境。由此可见，管理者若想持久而高效地激励员工，必须注重工作本身对员工的激励。第一，改进员工的工作内容，进行工作任务再设计，实行工作丰富化，从而使员工能从工作中感到成就、责任和成长。第二，对高层管理者来说，应简政放权，实施目标管理，减少过程控制，扩大基层管理者和员工的自主权和工作范围，并敢于给予基层管理者富有挑战性的工作任务，使他们的聪明才智得到充分发挥。第三，对员工的成就及时给予肯定、表扬，使他们感到自己受到重视和信任。

2. 正确处理保健因素与激励因素的关系。首先，不应忽视保健因素，但又不能过分地注重改善保健因素。双因素理论指出，满足员工的保健因素，只能防止反激励，并没有构成激励。赫兹伯格通过研究还发现，保健因素的作用是一条递减曲线。当员工的工资、奖金等报酬达到某种满意程度后，其作用就会下降，过了饱和点，还会适得其反。其次，要善于把保健因素转化为激励因素。保健因素和激励因素是可以转化的，不是一成不变的。例如，员工的工资、奖金如果同个人的工作绩效挂钩，就会产生激励作用，变为激励因素；如果两者没有联系，奖金发得再多，也构不成激励，一旦减少或停发，还会造成员工的不满。因此，有效的管理者，既要注意保健因素，以消除员工的不满，又要努力使保健因素转变为激励因素。

需要指出的是，双因素理论对我们分析高层管理人员和生产力水平较发达的国家或地区企业雇员的需要，具有十分重要的参考价值。然而，在一些发展中国家，由于生产力水平还不够发达，社会产品还不够富足，因此，对保健因素和激励因素的划分，就与西方发达国家有所不同。即使是同一具体因素，在不同时期也有可能划归为不同类。在西方国家被认为是保健因素的，在中国很可能是很重要的激励因素，如工资等。因此，对中国现阶段企业员工需要的分析，要从实际出发。

四、成就需要理论与应用

（一）成就需要理论的基本内容

成就需要理论是美国哈佛大学麦克利兰教授于20世纪60年代提出来的。麦克利兰认为，人在生存需要基本得到满足的前提下，最主要的高层需要有三种，即权利需要、情谊需要、成就需要。麦克利兰指出，这三种需要不仅可以并存，而且可以同时发挥激励作用，只不过在不同的人身上会有不同的强度组合，从而形成每个人独特的需要结构，影响人的追求与行为。

1. 权力需要。这是一种想直接影响和控制别人的欲望。具有较高权力欲望的人对影响和控制别人表现出很大的兴趣，这种人总是追求领导者的地位。他们常常表现出喜欢争辩、健谈、直率和头脑冷静；善于提出问题和要求，喜欢教训别人，并乐于演讲。

麦克利兰还将组织中管理者的权力区分为两种：一是个人权力。追求个人权力的人表现出来的特征是围绕个人需要行使权力，在工作中需要及时的反馈和倾向于自己亲自操作。二是职位性权力。职位性权力要求管理与组织共同发展，自觉地接受约束，从体验行使权力的过程中得到一种满足。

2. 情谊需要。这是指人们对良好人际关系、真挚深厚情感与友谊的追求。麦克利兰的情谊需要与马斯洛的社交需要和阿尔德弗的关系需要基本相同。具有情谊需要的人，通常从友爱、情谊的社交中得到欢乐和满足。他们喜欢与别人保持一种融洽的关系，享受亲密无间和相互谅解的乐趣，随时准备安慰和帮助危难中的伙伴。

麦克利兰指出，注重情谊需要的管理者容易因为讲究交情和义气而违背或不重视管理工作原则，从而会导致组织效率下降。但是如果将情谊需要强烈的人安排在需要众人协作配合的工作岗位上，将会大大提高工作效率。

3. 成就需要。这是指一个人追求卓越、争取成功的内驱力。具有成就需要的人，经常考虑个人事业的前途、发展问题；对工作的胜任感和成功有强烈的要求；他们把做好工作取得成就看做人生最大的乐趣。这类人一般喜欢长时间、全身心地工作，并从工作的完成中得到很大的满足，即使真正出现失败也不会过分沮丧。一般来说，他们喜欢表现自己。麦克利兰认为，一个人成就需要的高低直接影响着他的进步和发展；一个组织或国家拥有高成就需要的人的多少，直接决定着其繁荣和兴旺。

（二）高成就需要者的特征

麦克利兰对成就需要作了系统的研究，认为具有高度成就需要的人，不仅可以自我激励，而且对组织的发展有重要作用。他认为，自我激励的高成就需要者具有以下四个特征：

1. 乐于设置自己的目标，并承担责任。他们总是想有所作为，总是精心选择自己所要从事的目标。他们热衷于接受挑战，往往为自己树立有一定难度而又不是高不可攀的目标。他们不喜欢寻求别人的忠告或帮助，但肯求教于能提供他们所需技术的专家们。高成就需要者愿意尽可能地承担达到他们目标的责任。要是赢了，将要求应得的荣誉；要是输了，也甘受责备。高成就需要者喜欢研究解决问题，而不喜欢把取得的成果一事委之于机会或依靠其他人。

2. 采取适中适度的风险措施。人们从常识出发一般会认为具有高度成就需要的人往往会采取高度的冒险措施。麦克利兰的研究证明，高成就需要者敢于冒风险，又能以现实的态度对待冒险。他们绝不会以迷信或侥幸心理对待未来，而是通过认真的分析和估计来决定行动；他们不愿意选择过于容易的任务，也不愿意选择过于困难而无法完成的任务。

3. 要求及时得到工作的反馈信息。高成就需要者希望在工作中得到及时的反馈信息。他们喜欢那些在达到目标的过程中能得到及时和明确反馈信息的职业和工作。例如，有明确规定的产量标准、销售标准或管理标准的工作，而不喜欢绩效没有明确标准、含混不清和拖延时间过长的工作。

4. 从工作的完成中得到很大的满足。具有高度成就需要的人会从工作的完成中得到内在的激励，而并不单纯追求物质报酬。他们把物质报酬看成是他们取得成就的一种反馈形式。如果让他们在一项报酬较高而很容易完成的任务与一项报酬较低而有适中难度的工作之间进行选择，他们往往会选择后者。

（三）成就需要理论的管理学意义

成就需要理论对于企业家队伍建设、人力资源开发、促使员工做出更大的成绩、提高组织成员的整体绩效，具有重要意义。

1. 鼓励全社会成员充分地调动和激发企业家的才能。拥有高成就动机的社会，将拥有更多的奋发有为的企业家，这些企业家反过来又会更快地推动经济增长。

2. 激励具有成就需要的人做出更大的成就。要为具有成就需要的人设置难度适中的目标，安排具有一定风险的活动和挑战性强的工作。

3. 确立追求卓越和完善的高标准。坚持行动的卓越和完善，树立高标准的业绩要求，增强员工的成就感。让人们各尽所能，并对达到标准、做出成就的人给予及时肯定、承认和奖励，使人力资源得到更为合理的安排。

本章小结

本章介绍了需求层次理论、双因素理论、ERG 理论和成就需要理论的观点和内容，分析了需要对员工积极性的影响，以及管理者如何针对不同的需要来提高员工的积极性。

需求层次理论把人的需要分为五个层次，低层次需要满足才能追求高层次需要，而 ERG 理论则认为人的需要有三个层次，并且高层次需要得不到满足会追求低层次需要。

双因素理论认为造成员工不满意的因素是由外界的工作环境产生的，这些因素即使改善了，也不能使员工变得非常满意，不能充分激发其积极性，只能消除员工的不满。这些因素称为"保健因素"。使员工感到非常满意的因素与工作本身有关，称为"激励因素"。

成就需要理论指出，人在生存需要基本得到满足的前提下，最主要的高层需要有三种，即权利需要、情谊需要、成就需要。这三种需要不仅可以并存，而且可以同时发挥激励作用，只不过在不同的人身上会有不同的强度组合，从而形成每个人独特的需要结构，影响人的追求与行为。

▶思考题

1. 需要层次理论的基本内容是什么？在应用需要层次理论中管理人员应注意什么问题？
2. ERG 理论的含义是什么？它有哪些特点？
3. 双因素理论的基本内容是什么？应该怎样评价双因素理论？
4. 成就需要理论的含义是什么？高成就需要者有什么特征？

▶案例应用

对员工短缺的反应：尼桑汽车公司和美国卡车公司

尼桑汽车公司面临一个问题：它在日本的工厂招不到足够的工人，日本的青年

第四章 发展中的内容型激励理论与应用

人抵制装配线工作。他们认为这种工作单调乏味，节奏太快，令人厌倦。他们宁愿从事工作环境清洁和安全的服务工作。甚至在那些想尝试汽车业工作的年轻人中，也有30%在第一年辞职。

劳工短缺意味着工作大量超时许多员工每天工作12个小时，周六也工作，不仅员工不喜欢太长的工作时间。管理层也因为工作时间太长带来的高成本和雇用临时工而受到挫折。

尼桑公司的管理层能做些什么呢？不论提出什么解决方法，他们都认识到这不是一个短期问题。日本人口日趋老化，低人口出生率意味着18岁的年轻人会从现在的200万人急速下降到10年以后的150万人。而且，汽车制造商被日本政府强迫缩短平均工作时间，以便和其他工业化国家更一致。

美国卡车公司面临与尼桑公司相似的问题。阿肯色的长途货运公司为固特异，通用汽车等公司运输轮胎纤维和汽车部件。由于高流动率也面临卡车司机短缺的问题。当新的管理层在接管公司时，他们决定勇敢地面对这个问题，他们直接去找他们的600名司机，征求他们对降低流动率的建议。这成为公司管理层和资深司机之间固定的季度性会议的第一次。美国卡车公司的新管理层从司机那儿得到大量信息。当工资高时（通常是每年50 000美元或更多），司机抱怨工作时间长，每周70个小时是很正常的，每次都要在路上花费2~4周。司机要求反锁刹车和气动装置时公司安装了。当公司在阿肯色州的西孟菲斯市终点站建造了司机住宅区，员工建议每家配置私人浴室而不要公共浴池，公司也照办了，司机要求在漫长的和横跨全国的长途运输中能有更多的时间回家，于是，公司增加了司机在路上的时间，把出差时间从每星期6次减为2次。

美国卡车公司的这些变革极大地提高了员工的士气也降低了司机的流动率，但工作依旧是艰苦的，管理层要求按时送货，因为不像大多数运输公司，美国卡车公司对送货时间的承诺是准确到小时而不是到天，所以在管理层表现出对员工的尊重日益增加的同时，并没有减少对司机的期望，例如，一年内迟到两次的司机会失去工作。

▶ **问题**

1. 用激励—保健理论分析尼桑公司存在的问题。
2. 列出尼桑公司可能采取的解决员工短缺问题的措施。

第五章

发展中的过程型激励理论与应用

❖ **本章学习目标**

阅读和学完本章后，你应该能够：
◇ 掌握"期望理论"、"公平理论"和"目标设置理论"的内容
◇ 学会分析员工行为是怎样产生的，又是怎样向一定方向发展的以及如何能使这一行为保持下去

> **开篇案例**
>
> ### 她该怎么做
>
> 辛妮刚到一所规模很大的东方大学的管理系报到工作。新上级简短介绍了系里的工作状况，并把她介绍给同事们。辛妮认为她的同事们很招人喜欢，并且注意到尽管工作压力很大，但是他们过得很快活。对辛妮来说，这一点很重要，因为她上次的工作没有给她和其他职员们交往的机会。
>
> 在把辛妮留下来工作之前，她的上司把她叫到一边，告诉她新工作的成功完全取决于她想要怎样工作，报酬将根据她的工作效率支付，加薪或晋升都要考虑她的效率。而她开始工作后不久，同事就不容置疑地告诉她，如果她想和大家友好相处，就必须按照系里的规矩办事，前任秘书的工作越过了规矩，结果她生活很孤独，其他的秘书都对她冷冰冰的。

第五章 发展中的过程型激励理论与应用

一、期望理论与应用

（一）期望理论的基本观点

期望理论最早是由托尔曼和勒温提出的，但是期望理论用于说明工作激励问题是从弗鲁姆（Victor Vroom）开始的。美国心理学家弗鲁姆 1964 年在他的著作《工作与激励》一书中首先提出了比较完备的期望理论，也称为效价—工具—期望理论，这已成为激励理论的主要理论之一。

效价是指个人对某种结果效用价值的判断，是指某种目标、某种结果对于满足个人需要的价值，或者说，效价是某种结果对个人的吸引力。同一种目标、同一种结果对于不同的人来说，其效用价值各不相同。工具性是与效价有关的另一因素。个人所期望的结果，有两个层次，即一级结果和二级结果。二级结果是个人在某一行动中希望达到的最终结果，一级结果被认为是达到二级结果的工具或手段。期望是指一个人对自己通过努力达到某种效果的可能性大小，即概率的主观估计。期望与工具的区别在于期望是对努力与一级结果关系的评估，而工具性是对一级结果与二级结果之间关系的认识。其关系如图 5-1 所示。

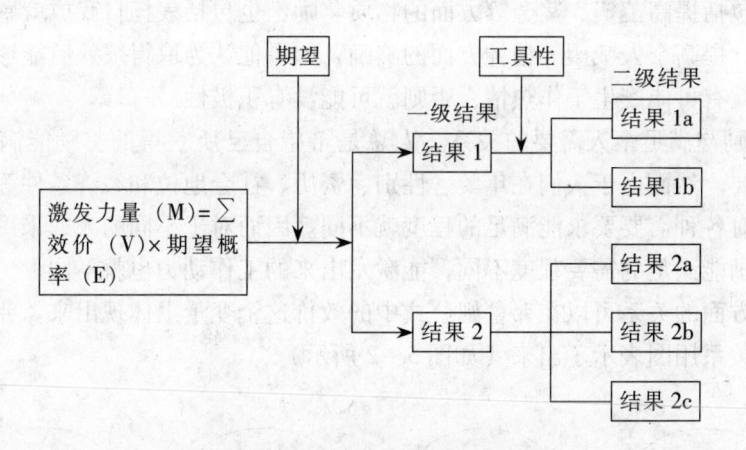

图 5-1 弗鲁姆的期望理论

弗鲁姆认为，一种激励因素（或目标），其激励作用的大小，受到个人从组织中取得报酬（或诱因）的价值判断以及对取得该报酬可能性的预期双重因素的影响，前者称为效价，后者称为期望值（期望概率），可用下式表示：

$$激发力量（M）= \sum 效价（V）\times 期望概率（E）$$

其中，激发力量是一个人受到激励的程度，愿意为达到目标而努力的程度；效价是指一个人对行动的结果能满足其需要的程度的估计，其取值范围可由 +1 到 -1。结果对个人越是重要，效价越接近 +1；结果对个人无关紧要、是无所谓的事，效价就越接近于 0；个人很不希望发生而要尽力避免的结果，其效价就越接近于 -1；期望值指个人对行为会导致某一预期结果的概率估计，其取值范围由 0 到 1。也就是说，如果其中有一个变量为零（毫无意义或毫无可能），激发力量也就等于 0。

弗鲁姆认为，效价和期望值都是个人的一种主观判断，即对人的行为的激发力量涉及三部分过程：报酬本身是否能够吸引人们为之付出努力，付出努力的行为是否能够取得预期的结果，努力和工作绩效的结果能否带来期望的报酬。

因此，我们得到三个方面的关系：

1. 努力与绩效的关系。人总是希望通过一定的努力能够达到预期的目标，如果个人主观认为通过自己的努力达到预期目标的概率较高，就会有信心，就可能激发出很强的工作的力量。但是如果他认为目标太高，通过努力也不会有很好的绩效时，就失去了内在的动力，导致工作消极。这种关系可在公式的期望值这个变量中反映出来。

2. 绩效与奖励的关系。人总是希望取得成绩后能够得到奖励，这种奖励是广义的，既包括提高工资、奖金等方面的物质奖励，也包括表扬自我成就感、得到同事的信赖、提高个人威望等精神方面的奖励。如果他认为取得绩效后能够获得合理的奖励，就有可能产生工作热情，否则就可能没有积极性。

3. 奖励与满足个人需要的关系。人总是希望自己所获得的奖励能满足自己某方面的需要。然而由于人们在年龄、性别、资历、社会地位和经济条件等方面的不同，他们对各种需要要求能满足的程度就不同。因而对于不同的人，采用同一种办法给予奖励能满足的需要程度不同，能激发出来的工作动力也就不同。

后两方面的关系可以在弗鲁姆公式中的效价这个变量上体现出来。弗鲁姆把这三方面的关系用图表示了出来（如图 5-2 所示）。

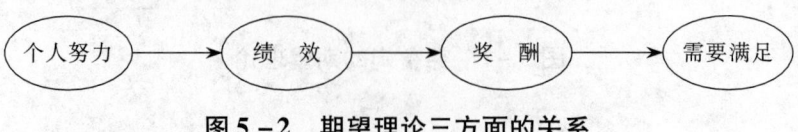

个人努力 → 绩 效 → 奖 酬 → 需要满足

图 5-2　期望理论三方面的关系

（二）期望理论的应用

期望理论对我们实施激励提供了如下有益的启示：

1. 管理者不要泛泛地抓一般的激励措施，而应当抓多数组织成员认为效价最大的激励措施。

2. 设置某一激励目标时应尽可能加大其效价的综合值，如果每月的奖金多少不仅意味着当月收入状况，而且与年终分配、工资调级和获得先进工作者称号挂钩，则将大大增大效价的综合值。

3. 当加大不同人实际所得效价的差值，加大组织期望行为与非期望行为之间的效价差值。例如奖金平均分发与分成等级、拉开距离，其激励效果很不一样，只奖不罚与奖罚分明其激励效果也大不一样。

4. 适当控制期望概率和实际概率。期望概率既不是越大越好，也不是越小越好，关键要适当。当一个人的期望概率远高于实际情况时，可能产生挫折，但期望概率太小又会减小某一目标的激发力量。因此，当一个人期望概率太大时，我们应劝其冷静，适当减小；当一个人期望概率太小时，我们则应给予鼓励，让其增加信心，适当加大。但期望概率并不完全由个人决定，它与组织设置激励目标的实际概率有关。实际概率应使大多数人受益，最好实际概率大于平均的个人期望概率，让人喜出望外，而不要让人大失所望。另外，实际概率应该与效价相适应，效价大，实际概率可能小些，效价小，实际概率可能大些。

5. 期望心理的疏导。在激励过程中，经常会发生员工期望心理过强的情况，及时地疏导其期望心理，以防止出现强烈的挫折感，就成为领导者的难题。疏导的方法，最常用的是"目标转移"，亦即将其目标转移到新的领域和下一轮竞赛中去。

期望理论揭示出对人的行为的激励，实际上是一种很复杂的过程。管理者在向员工下达任务时，必须考虑工作本身的挑战性，使其效价能产生重要的刺激作用。同时，也要考虑任务的合理性，使人们通过努力可以完成，员工在取得绩效之后，奖励又能及时兑现，这样才能使激励与绩效之间形成良性循环。

二、公平理论与应用

（一）公平理论模式

公平理论，是着重研究奖酬分配的公平性、合理性对员工工作积极性影响的理论。这是美国行为科学家斯达西·亚当斯（J. S. Adams）于1956年提出来的。

公平理论是研究人的动机和知觉关系的一种理论，这种理论强调，知觉对于动机的影响在于，一个人不仅关心自己的收入（如工资、奖金、工作成绩的认可及其他因素）和支出（如个人努力程度，付出劳动量的大小及经验知识的多少等），而且还关心自己的收入付出与别人的收入支出的关系。换言之，人们不仅关心个人努力所获得报酬量的绝对值，而且还关心自己的报酬量与别人报酬量之间的关系，即报酬量的相对值。人们存在着把自己现在付出的劳动和所得的报酬与他人付出的劳动和所得的报酬进行社会比较的情况。在进行这种比较中当发现比例相当时，会认为公平，心情舒畅；相反，当发现比例不相当时，就会认为不公平从而导致内心不满。亚当斯在1965年提出了关于公平关系的方程式，其关于公平不公平的观点见图5-3表示。

$$\left(\frac{O}{I}\right)_A = \left(\frac{O}{I}\right)_B \text{ 报酬相当，感到公平}$$

$$\left.\begin{array}{l}\left(\frac{O}{I}\right)_A < \left(\frac{O}{I}\right)_B \text{ 报酬不足} \\ \left(\frac{O}{I}\right)_A > \left(\frac{O}{I}\right)_B \text{ 报酬过高}\end{array}\right\} \text{感到不公平}$$

图5-3 亚当斯公平理论

图中，A表示产生公平或不公平心理的个体；

B表示与A有某种关系或A与之相比较的个体；

O表示个人从某项工作中所得到的报酬，或所产生的结果，简称"所得"或"产出"。一般指工资、奖金、地位、提升或对工作的兴趣等，还包括待遇、表扬、赞赏等。

I表示个人对某项工作所付出的努力或所投入的代价，简称"付出"或"投入"，一般包括年龄、性别、所受的教育和训练、所具有的知识经验、技能、资历、职务、社会地位、对组织的忠诚、做出努力的程度、过去和现在的工作绩效等。

图5-3具体表示了A与B相比较后所出现的三种基本心理状态：其一，两者比率相等，即报酬相当，个人感到公平；其二和其三，两者比率不等（过大或过小），即报酬不足或过高，个体会产生不公平感。

（二）不公平感的消除

需要指出的是所谓"所得"或"产出"，"付出"或"投入"，基本上是个体的主观感受，当个体主观感受上感到不平衡时，就会产生一种力图恢复"公平"的愿望，并试图采取措施来缩小和消除不公平感。

有人认为，内心的不公平感，特别是认为自己的报酬不足，会导致不满意感的产生，人们减少自己不满意感的一般方式主要有：

1. 通过自我解释，达到自我安慰；
2. 采取一定行动，改变他人的收支状况以求平衡；
3. 采取相应对策，改变自己的收支状况以求得实际的平衡；
4. 重新选择参照对象（如比自己收入低的或比自己地位低的），以获得主观上的平衡；
5. 发牢骚、泄怨气，制造人际矛盾，甚至放弃或破坏工作。

通常不同的人随其所受教育程度不同，所受不公平感的大小、所受外界环境影响区别及所受客观条件制约程度差异，会采取不同的行为方式。

亚当斯的公平理论有一个重要的观点：一个人所得到的报酬的绝对值与其积极性的高低并无直接的必然联系，只有其对所付出的劳动与所获报酬的比值，与同等情况下的其他人相比较，主观上是否感到公平、合理，才会真正影响人的积极性的发挥。也就是说，个体主观上感到公平时，会对生产工作积极性带来积极影响；当个体主观上感到不公平，自己所得报酬不足时，则会对生产、工作积极性带来消极影响。应当说，公平理论所阐明的原理及思想，比较符合客观实际，在管理工作中有较高的参考价值。

三、目标设置理论与应用

（一）目标设置理论的内容

目标设置理论是从行为的目的性这一角度对行为动机进行研究的，它与目前国际上流行的目标管理有着密切联系。它为目标管理提供了理论依据，同时又发展了目标管理方法，自20世纪60年代末第一次提出来就收到了理论界和管理者的广泛重视。该理论由美国管理学家查尔斯·L. 休斯（C. L. Hughes）和美国心理学教授洛克（E. A. Locke）提出。

1. 关于目标设置的意义。目标设置理论认为，目标是人们行为的最终目的，是人们预先规定的、合乎自己需要的"诱因"，是激励人们的有形的、可以测量的成功标准。达到目标是一种强有力的竞争，是完成工作的最直接的动机，也是提高激励水平的重要过程。成长、成就和责任感的需要都通过目标的达成来满足。从激励的效果看，有目标比没有目标好，有具体的目标比空泛的、号召性的目标好，有可能被执行者接受而又有较高难度的目标比随手获得的目标好。重视目标和争取达到目标是激发动机的重要过程。

2. 关于目标设置的标准。

（1）目标设置的具体性。指目标必须能精确观察和测量（比如生产产品的数量单位、次品率、新销路或顾客投诉次数等），要规定实现目标的时间（比如一个月、半年或一年）。对目标的表达要避免含糊和一般化，摒弃"尽可能"、"尽你的努力"和"在一定时间内"等模糊字眼。

（2）目标设置的难度。目标难度与激励之间有着清楚的关系，目标难度越大，激励和绩效水平越高。当设置的目标具有挑战性时，目标就能激发个体行为。如果设置的目标易于达到，那么人们就会按部就班的工作，目标设置就是无意义的；如果设置的目标难度太高，人们认为高不可攀，望而却步，那么目标也会失去激励作用。

（3）目标设置的可接受性。设置的目标必须为个人所接受，被个人内在化。要使个人感到参与了目标制定过程，感到目标是个人的投资和占有，鼓励下属自己设置目标，把管理者的目标变成下属自己的目标，让下属认同和关心它。

3. 关于目标的实现。心理学家认为，可以把难度高、庞大复杂的目标划分成为若干个阶段性目标，通过"小步子"的逐一完成，最后达到总目标。这是实现艰巨目标的有效方法。尤克尔（Yukl）和莱瑟姆（Latham）提出了把目标设置、员工参与、注意个别差异和解决目标艰巨性等因素结合运用的目标设置的综合模式（1978），霍尔（Hall）提出了"目标→努力→工作绩效→自尊心、责任感→更高目标"的心理循环模式，休斯则提出管理者要使员工明确和达成个人目标，把组织目标与个人目标结合起来，并使个人目标有实现的可能。

（二）目标设置理论的管理学意义

目标设置理论是组织行为学中较新的一种激励理论，它对管理学的意义是重大的。

1. 目标是一种外在的可以得到精确观察和测量的标准，管理者可以直接调整

第五章 发展中的过程型激励理论与应用

和控制，具有可应用性。

2. 管理者应帮助下属设立具体的、有相当难度的目标，使下属认同并内化为自己的目标，变成员工行动的方向和动力。

3. 管理者应尽可能地使下属获得较高的目标认同：（1）使所有下属人员了解组织目标，并参与目标设置过程；（2）支持和鼓励下属认同目标，相信下属人员的能力及承担完成目标的责任；（3）对目标的实现采取各种形式的激励和肯定，以强化和调动员工完成目标的积极性。

4. 加强和做好目标进程的反馈工作。信息反馈是管理中的重要环节，运用目标理论，通过设置、核查目标，使组织中各级人员经常看到组织目标和个人目标，并随目标的实现进程不断予以反馈，实施反馈控制。

5. 促进目标管理。目标设置理论为目标管理技术提供了心理学方面的理论依据，是对目标管理的进一步发展，目标管理正是应用目标设置原理来提高绩效的一种管理技术。要制定出组织整体目标和其他层次、部门、团体、单位和个人的目标，各层次必须了解组织目标要求、工作范围与组织的关系，做到彼此支持、协调、上下左右兼顾，以达成组织预定的目标。

本章小结

本章介绍了目标设置理论、期望理论和公平理论的观点和内容，分析了员工行为产生的原因和行为方向，介绍了消除不公平感通常的做法，提醒管理者通过一定的激励方式引导员工的行为，激发员工的积极性。

期望理论解决三层关系：努力与绩效的关系、绩效与奖励的关系和奖励与满足个人需要的关系。目标设置理论是从行为的目的性这一角度对行为动机进行研究，目标设置理论认为目标难度与激励之间有着清楚的关系，目标难度越大，激励和绩效水平越高。当设置的目标具有挑战性时，目标就能激发个体行为。

公平理论是研究人的动机和知觉关系的一种理论，这种理论强调，知觉对于动机的影响在于，一个人不仅关心自己的收入和支出，而且还关心自己的收入付出与别人的收入支出的关系。

▶ 思考题

1. 目标设置理论的含义是什么，它对人有什么激励作用？
2. 什么是工具性？它反映了哪两个变量之间的关系？

3. 什么是目标价值？什么是期望概率？它们在管理中有什么意义？
4. 如何消除不公平感？

▶ 案例应用

通过目标来激励教练的行为

约翰·库伯是俄亥俄州州立大学的橄榄球教练，他曾取得了非常惊人的记录。他在俄亥俄州工作的第 12 个年头时，取得了 97 胜 33 败的好成绩，只有伍迪·海因（1951~1978）和约翰·威斯（1913~1928）在州立大学的工作时间比他长。他是第一个率领球队获得两个最有名联赛冠军的主教练——俄亥俄州取得了冠军，而亚利桑那大学和密歇根大学则分别取得了亚军和季军的成绩。他的球队还赢得了海斯曼冠军者杯的冠军，全美 15 所最优秀球队奖等出色的成绩。他在 21 年的主教练执教生涯中所取得成绩是 168 胜 72 败和 6 平。

橄榄球的收入支持其他的项目。俄亥俄州不能够允许人们减少对橄榄球队的关注。在 1997~1998 年，橄榄球比赛打来了全年体育部门所需要的运营资金的 1/3，从而可以组织国内最大的校际体育比赛。同年，橄榄球比赛的利润达到了 480 万美元，而男子篮球比赛的利润仅为 390 万美元。所有其他的体育活动总计——男子和女子——损失了 870 万美元。

橄榄球事业对俄亥俄州州立大学在全国电视和其他媒体的上镜率的支持，与 3 年前同耐克公司所签订的价值 930 万美元长达 5 年的合同密切相关。在俄亥俄州体育馆进行一场比赛就可以给体育部带来 300 万美元的收入，一个旺季意味着更多的内容。当球队取得了很出色的成绩时，学校对外的捐款也会成倍地提高。

库伯最近签订了一项价值 110 万美元长达 5 年的新合同，而且如果成绩出色，会有更高的收入奖励。他已经加盟了校际橄榄球教练组织，这些教练都已经成为了百万富翁，包括史蒂夫·斯普椰（年薪 250 万美元）、杰·帕特诺和鲍彼·伯等（年薪都是 150 万美元）。库伯上次签合同是在 1995 年，年薪 70 万美元，还有 4 年就要到期了。库伯和俄亥俄州都同意对该合同重新修订。运动协会主席安迪·基格对这个合同的理性解释为："我希望他们关注他们必须关注的事情。我希望他们能够得到与自己的工作成绩对等的待遇。并且，我不想每年都要考虑如何留住这些有价值的教练，如果他们的确物有所值。"下面会列出该合同的有关细节。

第五章 发展中的过程型激励理论与应用

库伯的合同

基本工资	$ 200 000
固定年度奖金	$ 100 000
电视上镜率奖金	$ 450 000
广播上镜率奖金	$ 25 000
耐克赞助奖金	$ 310 000
夏季补贴	$ 5 000
可口可乐赞助奖金	$ 10 000
总计	$ 1 100 000

教学奖励条款——最高可达每年 175 000 美元

由 NCAA 所监测的运动员毕业率:	运动员中累计 GPA 成绩在 3.0 以上的比例:	运动员中 GPA 成绩年度有增长的所占比例:
50%——$ 20 000	25%——$ 20 000	75%——$ 10 000
60%——$ 50 000	40%——$ 35 000	80%——$ 15 000
70%——$ 100 000	60%——$ 50 000	90%——$ 125 000

运动员奖励条款——最高可达每年 172 000 美元

- 参加 BCS① 冠军杯比赛: $ 70 000
- 参加三个 BCS 比赛中的任意一个系列: $ 60 000
- 参加任何其他的职业杯比赛: $ 40 000
- 赢得比赛冠军额外奖励 $ 3 000
- 在 AP 或 ESPN 美国的总排名中进入前 10 名: $ 40 000
- 十大系列冠军杯: 一个月的月薪
- 取得 9 次或更多期的季候赛冠军: $ 15 000

▶ 问题

1. 你认为该合同是否会对橄榄球队队员产生任何激励作用?
2. 使用公平理论,解释橄榄球队队员怎样认为这项合同是"不公平"的。
3. 是否还有其他一些奖励措施应当加入到该合同中?请解释原因。

第六章

发展中的行为改造型激励理论与应用

❖ 本章学习目标

阅读和学完本章后，你应该能够：

◇ 掌握"归因理论"、"强化理论"和"挫折理论"的内容

◇ 学会运用强化理论巩固和发展人的积极行为，改造和转变人的消极行为，变消极行为为积极行为

◇ 学会分析挫折的原因，正确对待挫折

开篇案例

正强化使他们取得了成功

某装船作业公司实行合并小件货物装进大型货舱的措施，以减少人工和船运费用。作业标准是把90%的小件货物运到大型货舱，但是各项作业费用决算表明，实际作业能力只达到45%。进一步的研究表明，工人们是受过适当训练的，所以低绩效并非由于雇员没有能力更好地实现作业标准，况且人们了解自己的任务，并没有理由不与公司合作。

为了改进工作绩效，管理部门采用了正强化方案训练管理人员，实行绩效反馈，对成绩给予赞许以及其他奖酬办法，建立雇员绩效当日反馈的工作程序，指示管理人员按常规算法给予奖励。公司第一个进行实验的营业所，第一天绩效达到95%，这一试验

第六章　发展中的行为改造型激励理论与应用

> 方案在其他营业所应用时绩效也都达到95%或更高一点。一天之内绝大多数营业所提高了作业绩效,达到了标准。调查报告说明,正强化带来的效果持续了四年之久。日常反馈和奖励绩效给人们的行为带来了深刻的影响。

一、归因理论与应用

(一) 归因理论的内容

归因理论是说明和分析人们行为活动因果关系的理论。人们用它来解释、控制和预测相关的环境,以及随这种环境而出现的行为。因而也称"认知理论",即通过改变人们的自我感觉、自我认识来改变和调整人的行为的理论。从最后目标来看,归因理论也是一种行为改造理论。归因理论是在美国心理学家海德(F. Hieider)的社会认知理论和人际关系理论的基础上,经过美国斯坦福大学教授罗斯(L. Ross)和澳大利亚心理学家安德鲁斯(Andrews)等人的推动而发展壮大起来的。

归因理论研究的基本问题有:

1. 人们心理活动发生的因素关系。包括内部原因与外部原因、直接原因和间接原因的分析。

2. 社会推论问题。根据人们的行为及其结果,来对行为者稳定的心理特征和素质、个性差异做出合理的推论。

3. 行为的期望与预测。根据过去的典型行为及其结果,来推断在某种条件下将会产生什么样的可能行为。

美国心理学家维纳(B. Weiner)1974年的研究结果表明,在现实中,一般人对行为的成功或者失败进行分析时常做四种归因:一是个人努力程度大小;二是个人能力大小;三是任务(事业)难度大小;四是机遇状况的好坏。

(二) 归因理论对行为的影响

归因原理在激发成就动机、促进继续努力的行为方面有重要的作用。不同的归因对人的持续行为有不同的影响。

1. 如果行为者把工作、学习中的失败和挫折归因于智力差、能力低等稳定的内因，则不会增强今后的努力与持续性行为。因为他认为努力起不了作用。

2. 假如把失败归因于自己努力不够这个相对不稳定的内因，则可能增强今后的努力与持续性行为。

3. 假如把失败归因于不稳定的外因，如偶然生病或其他事故等，一般不会影响人的积极性，可能增强今后的努力与持续性行为。

4. 假如把失败归因于工作（学习）任务重、难度大等稳定性的外因，则可能降低行为者的自信心、成就动机、努力程度和持续性。

总之，如果把工作和学习中的失败和挫折归因于智力差、能力低、任务难等内外原因中的稳定因素，就会降低人们对成功的期望和信心，难以产生坚定的持续努力行为；相反，如果把失败归因于自己不努力、马虎大意等不稳定性的偶然因素，就会使行为者在今后的学习、工作中接受教训，改正不稳定因素造成的影响，增强成功的信心，坚持努力行为，争取成功机会。

二、强化理论与应用

（一）强化原理

强化的概念，最早是俄国生理学家巴甫洛夫在研究条件反射时提出的。在条件反射形成以后，为了防止条件反射消退，必须不时伴随以无条件刺激物（食物），这就是强化。但是，在巴甫洛夫古典条件反射学说中，强化仅仅是巩固条件反射的一种手段。

美国心理学家斯金纳（B. F. Skinner）对强化的概念做了系统的论述。他在20世纪50年代提出人的行为是其所获刺激的函数。斯金纳通过实验研究得出结论，认为人的行为可分为三类：本能行为，这是人生来就有的行为；反应性行为，这是环境作用于人而引起的反应；操作性行为，这是人为了达到一定目的而作用于环境的行为。

操作性行为的产生是来自环境的刺激反复作用的结果。人具有学习的能力，如果以前的某种行为满足了人们的某种需要，那么在以后，人们为了满足某类需要，便会根据学到的经验重复此种行为，使这种行为的频率增加，这种状况则称为强化刺激。能增强这种行为发生频率的刺激物称之为强化物。由于操作性行为随着强化刺激的增强而增强，也会随着强化刺激的减弱而减弱，人们就可以通过控制强化物

第六章 发展中的行为改造型激励理论与应用

来控制行为,引起行为的改变。由于这一理论的中心思想在于通过强化刺激来改变人们的行为方向,故又称为行为改变理论。管理人员可以通过强化手段,营造一种有利于组织目标实现的环境和氛围,使组织成员的行为符合组织的目标。

(二) 强化的基本类型

强化一般分为四种不同的类型:

1. 正强化,也叫积极强化。这是指奖励那些符合组织目标的行为,以便使这些优良行为能够重复出现,从而有利于组织目标的实现。正强化的内容多种多样,包括物质奖励和精神奖励,如增加薪金、提升职位、表扬和赞赏等。正强化的科学方法是,应使其强化的方式保持间断性,强化的时间和数量也不固定。也就是说,管理人员应根据组织的需要和员工的行为状况,不定期、不定量地实施强化。那种连续、固定的强化,久而久之就会使组织的成员感到组织的强化是理所当然的,甚至会产生越来越高的期望,而失去强化本身的作用。

2. 负强化,也叫回避。这是指预先告诉某种不符合组织目标的行为或不良绩效可能引起的不良后果,并说明对这些行为所采取的奖惩措施,以便使这些行为减少或根本不发生,从而保证组织目标的实现。这种强化方式能从反面促使人们重复符合要求的行为,达到与正强化同样的目的。

3. 自然消退。这是指对员工的某种行为不予理睬,任其自然发展,既不给予正强化,也不给予负强化。这时员工会感到自己的行为得不到承认,便会使这种行为慢慢的自然消失掉。这也是减少不想要行为可用的方法,对小孩子的哭闹置之不理便是自然消退的例子。但这种消失的行为在没有良好的行为置换时有可能死灰复燃,所以该方法最好与其他方式结合使用。

4. 惩罚。这是指以某种带有强制性、威胁性的控制技术,如用批评、降薪、降职、惩罚、开除等来创造一种令人不快乃至痛苦的环境或取消现有的令人愉快和满意的条件,以示对某一不符合要求的行为的否定,从而消除这种行为重复发生的可能性。与正强化不同的是,惩罚要维持其连续性,即对每一次不符合组织目标的行为都应该及时予以处罚,从而消除人们的侥幸心理,减少甚至完全消除这种行为重复出现的可能性。

(三) 强化理论对管理工作的启示

在管理工作中运用强化理论时,应遵循以下原则:

1. 明确强化的目的或目标,明确预期的行为方向,使被强化者的行为符合组织的要求。

2. 选准强化物。每个人的需要不同，因而对同一种强化者反应也各不相同。这就要求具体分析强化对象的情况，针对他们的不同需要，采取不同强化措施。可以说，选准强化物是使组织目标同个人目标统一起来，以实现强化预测要求的中心环节。

3. 及时反馈。为了实现强化的目的，必须通过反馈的作用，使被强化者及时了解自己的行为后果，并及时兑现相应的报酬或惩罚，使有利于组织的行为得到及时的肯定，促使其重复，不利于组织的行为得到及时的制止。

4. 尽量运用正强化的方式。避免运用惩罚的方式。斯金纳发现，"惩罚不能简单地改变以个人按原来想法去做的念头，至多只能教会他们如何逃避惩罚"。事实上，过多地运用惩罚，往往会造成被惩罚者心理上的创伤，引起对抗情绪，乃至采取欺骗、隐瞒等手段来逃避惩罚。

但是，有时又必须运用惩罚的方式。为了尽可能避免惩罚所引起的消极作用，应把惩罚同正强化结合起来。在执行惩罚时，应使被惩罚者了解受惩罚的原因和改正的方法，而当其一旦有所改正时，即应给予正强化，使其符合要求的行为得到巩固。

三、挫折理论与应用

（一）挫折的概念及其产生的原因

挫折含有两层意思：一是指阻碍个体动机性活动的情况；二是指个体遭受某种障碍后所引起的情绪状态，组织行为学主要是研究后者，组织行为学中的挫折是指个体从事有目的的活动，在环境中遇到障碍或干扰，使其需要和动机不能获得满足时的情绪状态。它是一种社会心理现象。例如，一个人为了获得组织或领导的认可，在自尊心、上进心多种因素的驱使下，在单位中勤勤恳恳、任劳任怨、吃苦在前、享受在后，但年终评先进选劳模时却落选了，那么这个人落选后的情绪状态，就是挫折这种社会心理现象。

在现实生活中，挫折是客观存在的。这是因为任何人在采取行为达到目标的过程中，很少是一帆风顺的，总难免要遇到这样那样的困难和挫折。在人们的学习、生活和工作中，构成挫折的原因很多，也十分复杂。归纳起来，造成人的挫折的原因有两大类，即客观原因和主观原因。

第六章 发展中的行为改造型激励理论与应用

1. 客观原因——环境起因的挫折。由于客观环境和外界事物的影响而使人们遭受的挫折叫环境起因挫折。自然界的万事万物，都按自己的客观规律发展和演变，这种发展和演变，既错综复杂又变化多端。一方面，人们不可能对自然界的所有事物都能正确认识，另一方面人们还不可能完全征服自然。因此，人们在自然环境中生存和发展，必然会遇到挫折。如人的生、老、病、死以及地震、洪水、台风等人们无法满足或者无法完全满足而造成挫折。此外，人与人之间的社会关系也是十分复杂的。人们在这种复杂的社会中生存和发展，主观认识往往与客观实际发生偏差，而且人们对客观事物的认识往往有一个过程，这也必然会使人遇到各种挫折。同自然环境相比，社会环境给人带来的障碍和困难更多，也更大，甚至后者也更严重。如社会政治、经济、种族、宗教、家庭，以及社会风俗、习惯等方面的阻碍和干扰等，都可以使人遭遇到挫折。

2. 主观因素——个人起因的挫折。所谓个人起因的挫折，是指由于个人的体力、智力条件或性格、能力、气质、觉悟等特点的限制而受到的挫折。一个人的抱负水平、容忍能力、知觉能力以及实践经验的多少往往都与挫折有关。

实践表明，在许多情况下，挫折的原因是由于个人主观没有努力而造成的。在同样的客观条件下，由于每个人主观努力的情况不同，人们所能达到的成就、对事业所作的贡献就有很大的区别。在现实生活中，往往一些客观处境差的人优越自己的主观努力，战胜了困难和逆境，从而做出了较大贡献。相反，有些人在困难面前灰心丧气，甚至完全放弃了主观努力，从而造成了挫折。比如，好高骛远的人，在制定计划规划目标时，往往给自己制定得很高，到头来实现不了而受到挫折。在面临同样困难的条件下，忍受力和意志力高的人，就会勇于克服困难，并能如期实现既定的目标，而忍耐力和意志力低的人则退缩不前，最后遭受挫折。

（二）人们在挫折后的行为规律

人们在挫折面前的反应、行为是多种多样的，有的敢于正视挫折、敢于向挫折挑战，并且百折不挠，经得起各种挫折的打击，有的则在挫折面前垂头丧气，一蹶不振。由此可见，不同的人对挫折有不同的容忍力。所谓对挫折的容忍力，简而言之，就是一个人承受环境打击或经得起挫折的能力。人们在受到挫折后的心理反应或防御的方式虽然有多种多样，但基本上可以分为三大类：理智性反应、非理智性反应和平衡性反应。

1. 理智性反应。理智性反应又称为积极进取，这是一种不失常态的、有控制的，以摆脱挫折情境为目标的积极性行为。理智性反应往往成为事业成功的先导。其反应具体表现在：

(1) 坚持。所谓坚持行为即受挫折以后其行为并不因此而改变。此时有两种情况，一种情况是技术革新、科学试验、某种制度的改革等，暂时的失败是一种挫折，但许多人并不因此而灰心，而是认真总结经验教训，继续坚持下去，直至取得最终的胜利。此种情况下的坚持行为应予以肯定，应给予鼓励和支持。另一种情况是在犯了错误、受到批评或处分时仍坚持原来的错误行为，这是不正确的，应予以纠正。因此，在实际工作中要积极引导人们坚持正确的行为而放弃错误的行为。

(2) 替代。当一个人所确立的目标与社会的要求相矛盾或受到主客观条件限制而无法达到时，他就会设立另一个目标以取代原来的目标，这就是替代。按替代反应所表现的形式，又可分为补偿与升华两大类型。补偿是尝试用某一方面的"得来"弥补另一方面的"失去"或"缺憾"。升华是将不为社会所接受的动机或欲望加以改变，并以较高境界表现出来，以求符合社会标准。

(3) 幽默。当一个人身处困境或尴尬局面时，通过含蓄、双关或俏皮的语言，可以渡过难关或解脱困境。因为幽默中含有希望、情感和快乐，从而缓解紧张气氛和心理冲突。只有较成熟的人和有较高修养的人，才能恰当的做出幽默反应。

2. 非理智性反应。非理智性反应又称为消极防范，这是一种失常的、失控的、没有目标导向的情绪性行为。非理智性反应的最大特点是盲目性和冲动性。其行为表现为五种：

(1) 攻击。所谓攻击行为即遭受挫折以后产生强烈的反抗行为。产生这种行为的原因是由于遭受挫折以后心理状态不平衡的结果。当个体受到挫折以后，往往会引起愤怒的情绪，而对构成挫折的人或物进行直接攻击或对抗。如一个人受到同事的谴责，他可能会"以牙还牙"，反唇相讥；也可能把愤怒的情绪发泄到其他人或物上面。这种行为的发生往往会使矛盾激化甚至导致破坏性行为。美国有一项专门的研究表明，在父母不和的家庭中，打骂孩子的情况比夫妻关系和谐的家庭多两倍半，而孩子在受到打骂以后，又把自己的不满情绪向学校和社会发泄，这是在美国产生青少年犯罪现象较多的一个重要原因。因此，在实际工作中对上述行为要及时加以疏导，尽量防患于未然。

需要指出的是，对于对抗或攻击性行为也要做具体分析。这是因为，攻击性行为并非一定都是坏事。比如，一个人遭受了不良倾向的压抑或遭受到邪恶势力的打击以后产生对抗或攻击性行为，不是向错误倾向低头屈服而是勇于作斗争，应受到支持和鼓励。

(2) 冷漠。当个体遇到挫折后，如果不适合用攻击的方式来表现，就以无动于衷或失去喜怒哀乐的冷漠态度表现出来。通常如果一个人受到挫折后以攻击反应获得满足时，以后就会更多的采用攻击的方式。反之，若用攻击招来更大的挫折时，就会采用逃避或冷漠的态度来对待。对于此种反应形式，在表面上看来好像是

第六章　发展中的行为改造型激励理论与应用

对挫折情境漠不关心，实际上包含着愤怒和不满，只是把愤怒暂时压抑，而以间接的方式表示反抗。心理学家发现，冷漠反应多在以下情况中出现：第一，长期遭受挫折；第二，情况表明已无希望；第三，情境中包含着心理上的恐惧与生理上的痛苦；第四，个体心理上产生了侵犯与压抑之间的冲突。

(3) 退化。退化也称为"倒退"或"回归"，心理学认为，退化是一种潜意识的心理防御机制，是指在内心冲突无法解决时所表现来的一种与自己的年龄、身份很不相称的幼稚行为。如组织成员遭受挫折后，会轻信谣言、缺乏责任心或盲目的依赖某个领导人等，都是退化的表现。

(4) 固执。固执在此是指个体遭受挫折后，使其原来的行为凝固化，从而以不变应万变的刻板方式盲目的重复某种行为的现象，尽管反复进行而并无任何好的结果，但仍要继续这种行为。在管理工作中，最常见的固执行为是抵制经济或技术上的变革，固执者认为老框框、老章程、老办法最好，并为之进行辩解。一般而言，挫折情境较少的企业，职工的革新意识都比较强。

(5) 推诿。推诿是指一个人受到挫折后，把自己的不良行为强加于人。他们认为只有这样才能减轻自己的内疚、焦虑和不安。

3. 平衡性反应。个体遭受挫折后，不论表现为愤怒供给还是焦虑不安的情绪状态，都将引起生理上的变化。个体为了减轻或避免挫折后可能产生的不愉快或痛苦，在生活或工作过程中便学会了某些对付或适应挫折情境的方式。因为它带有某些保护性质，可以防止因自我愤怒、焦虑等产生的应激状态所带来的危害，故我们称之为平衡性反应。平衡性反应主要表现为以下四种：

(1) 文饰。文饰是指个体受到挫折后会想出种种理由原谅自己，或为自己的失败辩解，这就是所谓的乱找借口、怨天尤人或"自我解嘲"。

(2) 认同。认同是与推诿完全相反的表现。推诿是把自己的不良品德强加给别人，而认同则是把别人具有的、使自己感到羡慕的品质加到自己的身上。认同往往表现为受到挫折后，盲目模仿别人的言谈举止；或以别人的姿态风度自居，如把自己与身居高位的领导人或在事业中有突出成就的人物联系在一起。在模仿或联系的过程中，自己"似乎就是"这些人了，从而求得一些间接的光荣，不好的自我感觉一下子好了起来，借以减轻挫折感。

(3) 投射。这里所讲的投射是指把自己内心不被允许的欲望、冲动和情感投向别人或其他事物，这是一种通过以己度人的方法来达到心理防御的目的。通过投射可以把自己的失败、欲望、罪过推到别人身上去。通过投射，人们更应取得平衡，使自己免受真正或想像中的威胁，从而达到无意识地保护自己的目的。

(4) 宣泄和解脱。宣泄就是释放积郁的消极态度，对信得过的人表达压抑的真实情感。

（三）正确对待挫折

一个人受到挫折后，通常在心理上、生理上都将产生种种反应。在情绪上，受挫者可能采取愤怒的反击行为，对造成挫折的人或物直接攻击，或转型攻击别人或自己；也可能强行压制愤怒情绪，表现出冷漠、无动于衷的态度；有的则失去控制，任意行动。此时，个体在生活经验中将学会如何适应挫折情绪，并采取一种防卫行为以减轻或消除这种挫折后的心理状态。每个人都有自己独特的心理过程来适应客观环境，这种独特的心理过程称为"心理机制"。因为这种机制在性质上是防卫的，故又称为防卫机制。其目的在于防止或减轻挫折后的反应，保护自己。防卫行为的效果可能是积极的、建设性的；也可能是消极的、对抗的，甚至是破坏性的。企业管理人员必须懂得心理防卫机制，以及防卫行为的实质，找出行为的真正原因，从而增加建设性的积极行为，减少破坏性的对抗行为。

在大多数情况下挫折总是导致消极的心理防卫机制，这对个人而言是不幸的，对企业组织来说也是损失，因此应引起我们重视。在正确对待挫折方面，我们应遵循以下基本原则：第一，防患于未然。即管理人员在设置目标、激励职工时，预先考虑好防患措施。第二，消除于事后。挫折给职工带来紧张与不安，其严重程度有时是难以想像的，帮助分析挫折的原因，及时总结经验教训，对于挫折者予以必要的关心、劝慰和鼓励，使他们从挫折感中摆脱出来，振作精神，以利再战。第三，变消极为积极。对于全局性的、持续时间较长、涉及面较广的挫折，单纯采用防卫性的措施难以收到良好的效果，这是必须主动出击，才能扭转局面，变被动为主动。一个好的管理人员必须能在挫折的情境中有所作为。

本章小结

本章介绍了归因理论、强化理论、挫折理论的内容，重点分析了归因对人们行为的影响以及通过不同强化方式改变引导员工行为和人们在挫折后的行为规律，介绍了正确对待挫折的态度。

归因理论是说明和分析人们行为活动因果关系的理论。人们用它来解释、控制和预测相关的环境，以及随这种环境而出现的行为。因而也称"认知理论"，即通过改变人们的自我感觉、自我认识来改变和调整人的行为的理论。

在条件反射形成以后，为了防止条件反射消退，必须不时伴随以无条件刺激物（食物），这就是强化。强化一般分为四种不同的类型：正强化，也叫积极强化；

第六章　发展中的行为改造型激励理论与应用

负强化，也叫回避；自然消退和惩罚。

组织行为学中的挫折是指个体从事有目的的活动，在环境中遇到障碍或干扰，使其需要和动机不能获得满足时的情绪状态。它是一种社会心理现象。人们在受到挫折后的心理反应或防御的方式基本上可以分为三大类：理智性反应、非理智性反应和平衡性反应。

▶ 思考题

1. 强化理论的类型有几种？
2. 员工行为有损于企业目标，如何消除该行为？
3. 面对挫折，人们的行为规律是什么反应？

▶ 案例应用

达声集团公司是一家以制造、销售精密仪器为主的大型企业。最近公司在年末审计时发现，有位销售代表一年内未经允许私自打了5 000元的个人长途电话。这位销售代表名叫凯华，是公司的一位老职工，因为能力突出、人缘极好，在销售人员中威信很高。公司副总裁方瑞涛也非常器重凯华，近期曾举荐凯华担任公司主管营销的副总裁。在达声集团公司任职的6年中，凯华在公司职员中、在顾客中交了许多有影响力的朋友。许多客户对凯华评价极佳，表示只和她做生意。审计结束后，关于凯华行为的传言迅速在公司蔓延。大多数员工支持凯华，因为他们相信凯华的人品。公司董事长要求方瑞涛用最佳的方式解决凯华的长话费问题。方瑞涛感到压力很大，因为公司没有关于个人电话问题处理的书面规定。

▶ 问题

1. 凯华的行为是否有错？方副总裁应如何有效地处理凯华的问题？
2. 如果员工有错，公司应如何惩戒才能减少类似问题的再次发生？

第七章

中小企业中的员工群体

❖ **本章学习目标**

阅读和学完本章后，你应该能够：
◇ 了解工作群体的概念、作用和群体的类型
◇ 掌握群体的特征，学会分析群体特征对群体的影响
◇ 熟悉群体的发展阶段，非正式群体的特点和作用，以及如何管理非正式群体

> **开篇案例**
>
> ### 群体，无处不在
>
> 小张是议价公司的中小企业客户部主管，他领导着8名客户代表，他和这8个人就组成了工作中的一个群体；公司正在准备上一套新的客户关系管理系统，因此成立了一个项目组，这个项目组由不同部门的人员组成，小张是这个项目组中的成员；中午吃饭的时候，小张和采购部的小李、市场部的小何、大企业客户部的小杜总是相约着一起去吃饭，天长日久大家也就知道了到中午吃饭的时候他们几个准在一起；小张爱好体育运动，他参加了工会组织的足球俱乐部，每个周末大家都在一起活动。

第七章 中小企业中的员工群体

一、群体的产生

(一) 群体的定义和作用

1. 群体的定义。在社会生活中，我们经常会看到各种各样的人群。例如，一辆公共汽车上的乘客，街上围观吵架的人们，等等。这些是群体吗？在组织行为学的意义上，这些并不是群体，群体不是简单的一群人的集合。

群体（group）是一个介于组织与个人之间的人群结合体。具体说，群体是指在一个组织中，由两个及以上个体组成的为实现某种目标利益而相互信赖、相互影响、相互作用，并规定其成员行为规范所构成的人群结合体。

在这个概念中，所谓"在一个组织中"，是指群体介于组织与个体之间。组织、群体和个体是不可分割的整体，是"整体"、"部件"和"零件"的关系。所谓"实现某种目标"，既包括了正式群体在实现组织目标利益中的作用特性，也包括了非正式群体实现自身目标利益的作用特性。所谓"相互依赖、相互影响、相互作用"，是指分离则群体就不会存在，但群体也并不要求每个成员都表现出完全相同的行为，而应该使自身的行为与其他成员的行为结合成一个完整的行为系统，形成互补。所谓"人群结合体"，是指群体是由两个以上的人组成。例如，一个大型企业的董事会、一个社区的老年业余秧歌队、一个保护环境的志愿者小组，这些都是群体。

2. 构成条件。从以上的解释可以看出，构成群体需要具备下列条件：
(1) 各成员之间具有共同的目标和利益。
(2) 各成员间得到密切协作和配合的组织保证。
(3) 群体要满足各成员的归属感。
(4) 群体成员之间需要有感情交往。
(5) 群体成员之间需要有工作、信息、思想上的交流。

3. 群体的作用。由于群体是介于组织和个体之间的人群结合体，因而它主要是起着承上启下的桥梁作用。总的来说，群体的作用是贯彻执行组织的任务，组织群体生产或社会活动，协调人与人之间的关系，满足成员的合理需求等。

(1) 完成组织所赋予的基本任务。群体不是简单个体的相加，而是将个体力量汇合成新的力量。例如，在同一工作中结成的群体，其成员在群体工作实践中，自觉不自觉地形成竞争、相互影响、相互促进、相互交流、相互补缺的局面，从而不断提高个人思想水平，增长个人知识，因而形成了一种新的力量。为此，管理者要善于认识和分析群体成员之间相互作用的客观性，自觉地组织群体活动、交流经验，加快提高成员多方面的水平，充实和发展新的力量。此外，作为群体有把不同工作的人结成群体的作用，而这种群体可以完成个人力量无法完成的任务。因此，一个组织要想有效地实现目标，必须通过分工合作，把任务逐层分配给较小的单位去推进。群体的作用就是承担组织分配而赋予的职责。

（2）协调人际关系。由于人们长期在一起生活和工作，难免会因为种种原因而产生矛盾。群体在整合个体力量的同时，如果能以共同的目标和利益做诱导，就能较好地解决矛盾，协调群体内部人际关系，更好地完成组织所赋予的任务。

（3）整合个体力量。群体不是简单个体的相加，而是将个体力量汇合成新的力量。

（4）满足群体成员的心理需求。群体成员有许多需求，有的是可以通过工作来得到满足的，有的则需群体来满足。管理心理学家认为，群体可以满足其成员的下列需求：

获得安全感。个体在群体中可免于孤独、恐惧，获得心理上的安全感。

满足归属的需求。群体中的成员可以与别人保持联系，获得友情与支持。

满足自尊的需求。个体在群体中的地位，如受人尊重、受人欢迎等都可以满足自尊的需要。

增加自信。在群体中经共同交换意见，得出一致意见和结论，可使个体对某些不明确、无把握的看法获得支持，增加信心。

获得情感。当生病、疲劳、感到困难时，能得到互助，彼此鼓励。

增加社会性。能体会到自己是社会的一分子，看到自己在社会中的地位，等等。

由此可以看出，一个群体的有效性，可以从两方面来加以衡量：一是该群体的生产性，即它所创造的成果；二是该群体对其成员心理需求满足的程度。两个方面不可偏废，彼此是相互制约、相互促进的。只有承担和完成上级所赋予的基本的任务，促进生产、取得经济效益，群体成员的心理需求才能得到满足，而群体成员的心理需求的满足又影响和推动生产的发展。

（二）群体的类型

1. 正式群体和非正式群体。根据群体构成的原则和方式的不同，可以把群体划分为正式群体和非正式群体。正式群体是由组织正式文件明文规定的，群体的成员有固定的编制，有规定的权利和义务，有明确的职责分工。工厂的车间、班组、

第七章　中小企业中的员工群体

科室，学校的班级、教研室以及党团组织、行政组织等都是正式群体。非正式群体是组织中没有正式规定的群体，其成员之间的相互关系带有明显的情绪色彩，他们可能是有共同的兴趣、能互相满足需要而结成伙伴。例如，学校里的篮球协会的成立就是因为这些人有共同的兴趣。在工厂里，有些人吃饭时经常凑在一起谈谈逸闻、发发牢骚，这些人也形成了群体。总之，在正式群体以外还有各种各样的非正式群体。

2. 大型群体和小型群体。根据群体规模的大小，可以把群体划分为大型群体和小型群体。但是，大与小是相对的，一个工厂对于它的车间而言是大的，相对于它所在的公司来说却是小的。这就使划分的界限显得模糊。社会心理学家对于大小的一个标准，就是看群体的成员之间是否有直接的、面对面的接触和联系。凡是群体成员彼此之间有直接的、面对面的接触和联系的，是小型群体。由于这种直接的接触，能建立起情感和心理上的联系，因此，小型群体中的心理因素的作用相对来说要大于在大型群体中的作用。而在大型群体中，群体成员之间则只是以间接的方式（通过群体的共同目标、组织机构等）联结在一起，因此，相对来说，社会因素要比心理因素有更大的作用。

3. 实属群体和参照群体。实属群体是个人实际归属的群体。参照群体是个体在心理上"向往"的群体。

参照群体也称榜样群体或标准群体。个体把这种群体化规范、标准作为自己行动的参照和学习的榜样，会自觉地接受其规范准则并以此来指导自己的行为。

参照群体一般说来与实属群体不属于同一群体，也就是说，一个人往往身在一个群体，而将另外一个群体作为参照群体。参照群体可以是一个，也可以是多个，可以是现实的，也可以是虚构的。

4. 假设群体和实际群体。从群体是不是实际存在的角度，可以把群体分为假设群体和实际群体。假设群体是指实际上并不存在，但为了研究和分析的需要而假设其存在的群体。在统计等工作中，常使用假设群体。假设群体可以按照不同的特征来划分，比如，按年龄划分，一个单位的成员可以划分为青年人、中年人、老年人三种群体。同年龄的人可能没有直接交往过，甚至互不相识，但共同的年龄特点可能使他们有共同的社会心理特征。实际群体则是指现实生活中实际存在的群体，这类群体的成员之间有着一定的实际的联系。我们所分析的群体一般都属于实际群体。

5. 永久群体和临时群体。从群体存在的时间长短，可以把群体分为永久群体和临时群体。永久群体是指成立后长期存在的群体，如某部门或工作单位，临时群体是指为了解决某一问题，执行某一任务而组建的群体，而问题解决后、任务完成后该群体便被解散。

我们还可以把群体细分为命令型、任务型、利益型和友谊型群体。其中命令型和任务型群体多见于正式组织中，而利益型和友谊型群体则属于非正式群体。命令型群体是由在组织结构中有直接汇报关系的主管和下属人员构成的群体。例如，一个销售部经理和他下属数名销售人员所构成的群体，一个班长和他下属的12名战士所构成的群体，都属于命令型群体。任务型群体的建立也是由组织决定的，但与命令型群体不同的是这种群体中的成员不一定具有组织结构上的直接汇报关系，而是围绕特定的工作任务而建立起来的。例如，为了保证公司产品和服务的质量，公司决定由各个不同部门的人员组成全面质量控制小组，这个小组中的人员只是为了质量管理这个任务而形成这个群体的，除此之外他们还要承担自己在原来的工作岗位上的工作。利益型群体中的成员是为了共同的利益而走到一起来的。而友谊型群体不是利益驱动的，而是由于群体的成员有着共同的爱好，或者性格相投，或者具有其他共同的特点而结合在一起的。例如，几个喜欢打排球的年轻人形成的群体，就属于友谊型群体。

每种群体都有其独特的作用，并有其缺点。一个有效的管理者，必须了解这些群体的行为规律。非正式群体有时违背组织的目标，对群体成员产生很大的消极作用。但如果非正式群体接受了组织的目标，它又可以帮助组织实现其目标。与正式群体一样，非正式群体既可以帮助也可以妨碍组织的行为。产生何种结果在一定程度上取决于作为群体一员的管理者如何进行工作。

（三）群体形成的原因

人们为什么会加入群体，这其中的原因很多，但主要原因则是人们加入群体往往是为了满足某种需要或者实现某种目标。除此之外，人们加入群体的原因还涉及亲近、相互作用和影响、趋同、群体的目标和活动等等。

1. 需要。前面我们已经提到过，形成群体的一个主要原因是满足需要，它包括安全需要、地位需要、自尊需要、情感需要、权力需要、实现目标的需要。具体参见表7-1。

表7-1　　　　　　　　　为什么人们会加入群体中

安全需要
通过加入一个群体，个体能够减少独处时的不安全感。个体加入到一个群体中后，会感到自己更有力量，自我怀疑会减少，在威胁面前更有韧性。
地位需要
加入一个被认为是很重要的群体中，个体能够得到被别人承认的满足感。

第七章 中小企业中的员工群体

续表

自尊需要 群体能使其成员觉得自己活得很有价值。也就是说，群体成员的身份除了能够使群体外面的人认识到群体成员的地位之外，还能够使群体成员自己感受到自己存在的价值。
情感需要 群体可以满足其成员的社交需要。人们往往会在群体成员的相互作用中感受到满足。对许多人来说，这种工作中的人际相互作用是他们满足情感需要的最基本途径。
权力需要 权力需要是单个人无法实现的，只有在群体活动中才能实现。
实现目标的需要 有时，为了完成某种目标需要多个人的共同努力，需要集合众人的智慧、力量。在这种时候，主管人员就要依赖正式群体来完成目标。

2. 亲近、相互作用和影响。人们加入群体最普遍的原因是：他们工作在一起。非正式群体中的人都是由工作上最亲近的人组成。经常发生相互联系、相互作用的人们也极有可能形成群体。此外，如果某个人打开行为能对其他一些人的行为产生影响，也有可能形成群体。

3. 趋向。相互吸引、志趣相同也是人们加入群体的原因。趋同的内容很多，观念、信念相同的人常有可能参加同一群体。趋同的内容还包括：人格、经济地位、种族、性别、能力。总而言之，特性相同、信念相同的人容易发生联系。

4. 群体活动和目标。个体加入群体的另一个原因是希望参加群体活动或追求群体目标。例如，一些工人在午休时举行桥牌比赛，一些喜欢打桥牌的人就愿意加入这个分正式群体。正式群体也是如此。

尽管群体活动和群体目标难以明确分开，但有时个体加入群体的确是为了追求群体目标。例如，许多人参加希望工程的群体，就是因为他们支持希望工程的事业。实际上，许多人在加入群体之前，并不知道群体其他成员的情况，但这丝毫不影响他们为群体的目标奉献自己的时间和精力。类似这种情况，就是群体的目标吸引人们加入群体。

二、群体的特征

(一) 角色

1. 群体角色的种类。每一成员在群体中都表现出自己特定的行为模式，我们称为角色。几乎在任何一个群体中,都可以看到成员有三种典型的角色表现,这就是自我中心角色、任务角色和维护角色,这些不同的角色对群体绩效会产生不同的影响(见图7-1)。

图7-1 角色内容

（1）自我中心角色。自我中心角色是指成员处处为自己着想,只关心自己。这类人包括：阻碍者,指那些总是在群体通往目标的道路上设置障碍的人；寻求认可者,指那些努力表现个人的成绩,以引起群体注意的人；支配者,这类人试图驾驭别人,操纵所有事务,也不顾对群体有什么影响；逃避者,这类人对群体漠不关心,似乎自己与群体毫无关系,不做贡献；等等。研究表明,这些角色表现对群体绩效带来消极作用,造成绩效下降。

（2）任务角色。任务角色的表现有：建议者,是指那些给群体提建议、出谋划策的人；信息加工者,指为群体收集有用信息的人；总结者,指为群体整理、综合有关信息,为群体目标服务的人；评价者,是帮助群体检验有关方案、筛选最佳决策的人。

（3）维护角色。维护角色的表现有：鼓励者,热心赞赏他人对群体的贡献；协调者,解决群体内冲突；折中者,协调不同意见,帮助群体成员制定大家都能接受的中庸决策；监督者,保证每人都有发表意见的机会,鼓动寡言的人,而压制支

第七章　中小企业中的员工群体

配者。

任务角色和维护角色都起积极作用。每一个群体不仅要完成任务，而且要始终维持自己的整体。而成员的任务角色和维护角色的作用正是为达到这两个目的的。研究发现在任务角色、维护角色和群体绩效之间有正比关系。

2. 群体角色构成的群体类型模型。一个群体要想取得高绩效，以上所说的任务角色和维护角色都是很重要的。到底哪种角色更重要则视群体发展阶段而定。在形成阶段，监督者和建议者的角色有助于群体奠定一个良好的基础。前者可以使每个成员都增强主人翁责任感，后者可以为群体提出努力方向。在风暴阶段，总结者、信息加工者、协调者和折中者的角色可以帮助群体解决不可避免的冲突，顺利进入正常化阶段。在群体正常化和发挥作用阶段，任务角色和维护角色都很重要。总之，一个有效的群体应激发成员扮演任务角色和维护角色的需要，而避免自我中心角色。

如果以任务角色的表现为横轴，以维护角色的表现为纵轴，可以把群体分为四种类型，如图7-2所示。在一个群体中，如果成员们扮演任务角色的多而扮演维护角色的少，则被称为任务群体。这种群体对于应付紧急任务很适合，但很容易瓦解。作为管理者，就应该多扮演维护角色以帮助群体发展为团队类型。

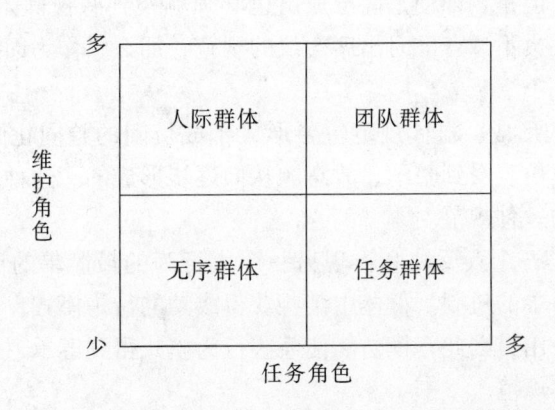

	任务角色少	任务角色多
维护角色多	人际群体	团队群体
维护角色少	无序群体	任务群体

图7-2　以任务和维护角色为维度的群体类型

在团队群体中，任务角色和维护角色都很多。对于长期目标来说，团队群体是最有绩效的，这种群体的领导可以放心大胆地充分授权给下级。

如果成员扮演维护角色的多，任务角色少，我们称为人际群体。在这种情况下，管理者就需要扮演任务角色，以免群体成员自我陶醉，忘乎所以，而耽误了任务的完成。

最后是无序群体，在这种群体中，多数成员只顾自己，而很少关心任务及人际关系。无序群体是最没有绩效的，管理者需要既扮演任务角色又扮演维护角色，一般是先着重任务角色，待群体有几次成功经验后，就可以削弱任务角色而更多的注意维护角色。

（二）规范

1. 规范的一般特征。规范是由群体成员们建立的行为准则。它可以是成文的（如职业道德手册），也可以是不成文的。规范起着约束成员行为的作用。作为群体的一员，都被期望遵循大家提出的规范，任何违背规范的行为都将受到排斥和口头攻击。一般群体对所谓的"叛徒"会采取如下措施：开始，其他成员会苦口婆心劝其回到集体的怀抱。但如果背叛者执迷不悟，那么他就会被群体拒绝，其他成员对其不加理睬，从心理上冷淡他。对"叛徒"的惩罚，可以使得群体的规范更加明确。任何群体都有规范，否则，群体将难以存在下去。规范指导成员的行为朝向集体的目标。管理人员应该注意群体的规范是否与组织目标一致，因为规范对成员行为有着强大的影响力。

然而，并非所有的规范对所有的成员都同样适用。高层成员不一定要像低层成员一样严守规范。但是，即使是高层成员也必须顾及到忽视群体规范带来的后果。例如，如果管理人员不遵守准时出席会议的规范，那么，作为回报，成员们可能不再准时上班。

2. 群体规范的形成。群体规范主要形成于成员间的趋同化倾向。趋同化倾向一般是通过相互模仿、受到暗示、故意顺从而逐步形成的。这种倾向发展到一定程度，就成为群体的一种规范。

（1）模仿。是一个人反映和再现另一个人行为的最简单的形式，是把握成员间相互作用的最简单的机制。群体中某些获得成功的行为模式，会被其他希望获得同样成功的人所采用。因此，模仿能使某些行为模式得到继承，从而逐渐成为一种人人都遵从的群体规范。

（2）暗示。是无意识地接受和掌握别人的意见、评价或态度，这是一种不能用语言表示的沟通方式。受到暗示是个人社会化的条件之一。如果成员间相互暗示着依照某种行为模式行动，从而使这种行为模式就会成为约定俗成的某种群体规范。

（3）顺从。是有意识地接受和掌握别人的意见、评价或态度，并有意识的改变或调整自己的行为。虽然有心甘情愿和违心的两种状态，但没有顺从就不可能形成群体规范。

模仿、暗示和顺从的作用，在不同的群体中，或对群体中不同的成员是不一样

第七章 中小企业中的员工群体

的。然而，上述三者作用的共性在于，不仅对群体成员的行为起调节作用，而且通过以下三个阶段促使一项群体规范的形成：每个成员发表对某一事物的评价和判断，即相互影响阶段；出现一种占优势的意义（如"头头的"、大多数的、折中的等），即趋同倾向阶段；进而导致评价、判断和相应行为上的一致性，即规范形成阶段。

3. 群体规范的影响因素。群体规范的建立和发展受其他因素影响。第一，个体的特征。群体成员智力越高，他们就越不愿意建立和遵循规范。例如，比起工厂里流水线作业的班组，一个科研小组就更不容易形成行为的规范，因为后者往往更倾向于视自己为具有独特价值观、人格、动机的个体。第二，群体的构成。同质群体比异质群体更容易确认规范。第三，群体的任务。如果任务较常规、清楚，那么规范容易形成。第四，地理环境。如果成员们工作地点离得近，相互作用机会多，则容易形成规范。第五，组织规范。多数群体规范与组织规范是一致的，但如果群体成员不赞成组织的规范，他们就会发展与组织相对抗的规范，如怠工、罢工等。第六，群体的绩效。一个成功的群体将维持现有的规范并发展与其一致的新规范。而一个失败的群体将不得不改变有关的规范，而重建一些可能导致好结果的规范。

4. 群体规范的功能。一般来说，群体规范具有以下四方面的功能：

（1）群体支柱的功能。群体规范是一切社会群体得以维持、巩固和发展的支柱。群体规范越能被群体成员所一致接受，则群体成员之间的关系越密切，群体也越团结。

（2）评价准则的功能。群体规范是群体成员的行为准则，因此，群体成员要以群体规范来评价自己和其他成员的行为。

（3）对群体成员的约束功能。群体规范的约束作用主要表现在群体舆论中。这种群体舆论是大多数成员对某种行为的共同评论意见。当某些成员的行为举止与群体规范相矛盾时，多数成员会根据群体规范对这种行为做出一致的判断或批评。这种带有情绪色彩的共同意见，对个人行为具有约束作用，使其不至于违反群体规范。

（4）行为矫正功能。群体成员如果违反了规范，就会受到群体舆论的压力，迫使他改变行为，与群体成员保持一致，因而群体规范具有行为矫正的功能。

5. 规范的诱导与控制。作为管理者，应强化那些符合组织目标的规范，而削弱那些不符合组织目标的规范。阿尔文赞德提出一套可以达到这两个目的的指导原则。如果要强化群体的规范，可以遵循如下原则：

（1）向群体成员解释群体的规范和他们的愿望基本一致，不需要牺牲多少东西；

(2) 奖励那些遵循群体规范的成员；

(3) 帮助成员了解他们是怎样为完成群体目标做贡献的；

(4) 在建立规范时，给所有成员发言的机会，因为只有自己建立的规范自己才更愿意遵守；

(5) 让成员知道，不遵守群体的规范将受到驱逐（但也原谅悔过的成员）。

如果要削弱群体的规范，可以采用如下手段：

(1) 找出志同道合的成员，与他们联合起来；

(2) 与志同道合的成员讨论你的观点和计划，与他们建立联合阵线；

(3) 防止内部分歧；

(4) 坦言你的所作所为，不怕压力；

(5) 宣传与你合作的好处与报偿。

（三）地 位

地位（status）是个体在群体中的相对社会职位（social position）或等级（social rank）。众所周知，追求高地位是人们的基本动机。在一个群体中，地位高的个体通常拥有更大的权力和影响力，他们也能获得更多的特权、参与更多的群体活动。而且，高地位能带来更多的机会以便在组织中担任重要角色，相反，地位低的成员常常感到被疏远和遗忘。

一个人的地位高低常可运用地位符号（status symbols）来判断（参见表7-2），如头衔、工作服等。地位符号可时刻提醒群体成员目前所处的位置，从而减少确定性。同时，它能激励地位低的成员努力奋斗。当然，对那些暂时不拥有某个符号的个体来说，地位符号会使人产生挫折感，尤其是在晋升政策不公平时。

表7-2　　　　　　　　　典型的地位符号

(1) 办公家具，如红木办公桌；
(2) 室内装饰，如地毯、艺术品；
(3) 工作地点，如具有观景窗的办公室；
(4) 办公便利性，如有无计算机、传真等；
(5) 设备的质量与新旧，如使用新工具；
(6) 工作服的类型，如白领、蓝领；
(7) 特权，如使用公司汽车；
(8) 工作头衔，如总经理、主任等；
(9) 员工分派，如有私人秘书；
(10) 财务自主程度，如可自行使用1万元；
(11) 组织成员，如董事会成员。

第七章 中小企业中的员工群体

个人在群体中地位的高低由多种因素决定。正式地位（formal status），主要与职权有关；非正式地位（informal status）主要与个体的威望有关。影响威望的因素可能有年龄、资历、能力等（参见表7-3）。

表7-3　　　　　　　　　地位的主要来源

（1）年龄；	（6）能力；
（2）资历；	（7）工作绩效；
（3）工资水平；	（8）教育程度；
（4）工作类型；	（9）工作条件；
（5）工作技能；	（10）工资支付方式。

（四）规　模

1. 群体规模的上限和下限。国外学者对于小群体规模的研究往往是在实验室条件下进行的，只是孤立地比较不同规模的群体在完成一些实验课题时的工作效率。这样的研究首先是要确立小群体人数的下限和上限问题，即最少应为几个人和最多应为几个人的问题。外国心理学家詹姆斯曾对符合小群体特征的9 129个群体进行了分析。他指出，在多数情况下，小群体的人数为2~7人，他认为这是小群体模型的最佳人数。由此可见，詹姆斯主张小群体的下限为2人。

一些学者认为，小群体的下限应为3人，2人不能算是一个群体，因为2人之间的纯感情关系，使得当2人之间发生意见分歧或冲突时，不可能自行解决，必须有第三者参加进行仲裁。

至于小群体的上限应为多少人，则意见更加分歧。多数人认为7人为最佳，但也有不少人主张20人、30人甚至40人。

此外，还有人指出，小群体最佳人数应为7±2人，即最多9人最少5人。

一些学者还专门研究了不适当地扩大群体规模可能产生的问题：（1）随着群体规模的增大，群体资源的总量也增加，但这些资源并不一定都是有用的资源。例如，人多有时会很难使意见得到统一。（2）随着群体规模的增大，群体成员不同点也增多，因而成员各自的特长难以发挥。（3）群体人数增多，成员参加活动和得到壮大的机会减少。（4）群体人数增多，就越需要做大量的组织工作，以协调成员的活动。（5）群体人数增多，则群体成员之间的冲突也会增多。（6）群体人数越多，则成员之间彼此了解的程度就会越低。

2. 群体规模研究的另一个问题是群体应是奇数还是偶数的问题。主张群体应为奇数的人认为，当群体成员发生意见分歧时，奇数群体可以采取投票表决的方式使问题得到迅速解决，不会无休无止地争论下去。主张偶数群体的人认为单靠表决会影响群体中人与人之间的关系，不是解决问题的好办法；当意见分歧的双方势均力敌时，应进一步进行协商，这样既可在深入讨论的基础上使问题得到解决，又可避免群体中人们之间的关系紧张。

上述关于群体的下限和上限、偶数和奇数的争论虽然有一定的参考意义，但由于都是抽象地对群体规模进行研究，因此不能作为工作组织中组建各种群体的具体指导原则。

3. 群体规模与工作效率的关系。群体规模应视群体任务的性质而定。任何工作群体都应有其最佳人数，也应有其上限和下限。

群体人数与人均效率的关系如图 7-3 所示，当人数为 n 时，人均效率最高。在群体规模的最佳值 n 附近作微小的变动，对人均效率的影响不是很大，但变化的范围超过一定的"度"，则人均效率会大幅度下降。应当指出，不同的工作任务、不同的工种、不同的机械化程度以及工作的不同熟练水平等因素，决定着不同的群体应有不同的最佳人数、不同的上限和下限。

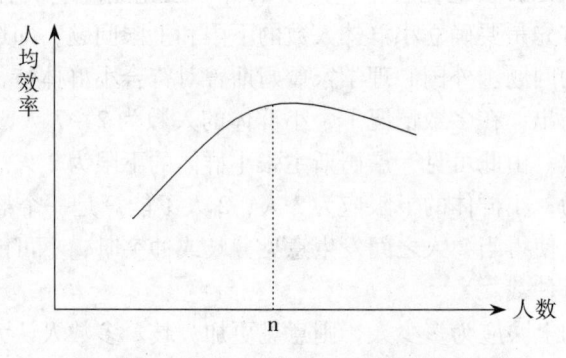

图 7-3　群体规模与人均效率的关系

综上所述可以看到，群体规模的研究应遵循一定的原则。首先，应根据工作任务的性质研究群体人数的下限，这个下限应保证顺利完成工作任务；其次，应确定群体规模的最适当人数，这个人数内容能够保证群体的工作效率达到最佳程度；最后，群体规模的上限应确定在这样的人数上，即如果超过了这个上限，群体工作效率会急剧下降。

（五）内聚力

1. 影响群体的内聚力的因素。群体成员之间的相互作用和感情，对于群体任

第七章　中小企业中的员工群体

务的完成起着重要作用。我们常常看到，有时群体中意见分歧，关系紧张，矛盾较多；有的群体意见比较一致，关系融洽，相互合作；还有一些群体，成员之间互相友爱，各成员以作为群体的一员而自豪，对群体工作有强烈的责任感和义务感，这种群体具有有力和积极的群体规范。群体的这种对成员的吸引力，称为群体内聚力。它包括群体成员对整个群体的吸引力，以及群体成员之间的吸引力。当这种吸引力达到一定强度，而且群体成员资格具有一定的价值时，我们就说这个群体具有高内聚力。

（1）态度、价值观和目标的一致性。当群体成员拥有相似的态度时，他们愿意在一起。同样，个体往往被一个与自己具有相似目的的群体所吸引。

（2）外部的威胁和竞争。外部威胁的存在可以增加群体内聚力，因为这时群体成员不得不同舟共济、相依为命。与外界的竞争可以导致内聚力增强，而群体内成员的竞争将导致内聚力下降。

（3）群体规模。小群体比大群体有更高的内聚力，因为小群体为成员提供了更多的相互交往的机会。群体越大，异质越多，态度和价值观差异也增大，所以大群体内聚力低。另外，在大群体中，需要更多硬性的工作标准，这也影响了群体成员之间形成自然的非正式的关系和交往。

（4）奖酬体制。以群体为单位奖酬比起以个人为单位奖酬，会导致更高的内聚力。以群体为单位的奖励制度可以使成员们意识到他们的命运连在一起，因此增加合作精神。相反，鼓励群体成员之间竞争的奖励制度（如把所有奖金都奖给最佳工作者）将削弱群体内聚力。

（5）与外界的关系。一般来说，与外界隔离的群体有更高的内聚力。这些群体往往认为自己与众不同、独一无二。隔离也使得群体成员产生同命运感以及共同抵御外界威胁的需要。

（6）群体的绩效。一个成功的群体更容易发展内聚力。成功使得成员产生优越感，彼此增进好感，而失败则往往使成员们互相埋怨，把别人当替罪羊，这种冲突将减弱内聚力，甚至导致群体瓦解。

（7）领导作风。领导者的民主作风可以充分地激发起群体成员的主动精神与创造性，在民主的气氛下，领导者有意识地创造优秀的群体规范，这样可以大大地增强群体内聚力。

此外，不同的信息交流方式，群体成员的不同个性特征、兴趣和思想水平等，都会影响群体的内聚力。

2. 内聚力的作用。

（1）满意感。高内聚力群体的成员比低内聚力群体的成员可以得到更大的满足。他们认为作为群体的一员很值得，也很愿意参加群体的活动，并忠诚于群体。

内聚力也使得成员们更加遵守群体规范。

（2）沟通。高内聚力群体中的成员比低内聚力群体的成员沟通的机会要多得多。因为内聚力高的群体成员间往往有共同的价值观和目标，互相之间愿意交流，因此有更多的沟通机会。这样的沟通又反过来加深了相互关系和了解的程度，促进内聚力增加。

（3）生产率。群体内聚力高，是不是就一定能够有高的生产率呢？内聚力低，是不是就说明群体生产率低呢？研究表明，一般来说，内聚力高的群体比内聚力低的群体更有效，但内聚力与群体效率的关系比较复杂，不能简单地说内聚力高就好。首先，内聚力高既是高生产率的起因，又是其结果；其次，二者的关系受群体绩效规范的影响。

群体内聚力与群体生产率是相互影响的。群体成员之间的友好关系有助于降低紧张情绪，提供一个顺利实现群体目标的良好环境。另一方面，成功的绩效导致成员间吸引力的提高，从而提高内聚力。

更重要的是，现在我们已经认识到，内聚力与群体生产率的关系取决于群体的绩效规范。群体的内聚力越强，群体越容易追随其目标。如果群体的绩效规范比较高，那么内聚力高的群体就比内聚力低的群体生产率高。但如果一个群体的内聚力很高，而绩效规范却很低，群体生产率通常比较低。如果群体内聚力低，但绩效规范高，群体生产率水平中等。如果内聚力和绩效规范都低，群体生产率肯定低于一般水平。

（4）群体意识。内聚力高的群体容易形成群体意识。在内聚力过强的群体中，是不能容忍异议的。对这样的群体来说，最有价值的是大家一致，而不是做出高绩效。群体意识的另一个表现为高内聚力群体成员一致对外。内聚力使得群体成员产生优越感，这种优越感导致成员们对外界的敌视和排斥。

三、群体的发展

（一）群体的五阶段模型

群体是怎样形成的，群体的发展要经历怎样的过程，这是多年以来学者们关心和研究的一个问题。如果我们对群体形成与发展的过程有所了解，就有利于我们理解和预测群体中人们的心理与行为。人们提出了许多关于群体形成与发展阶段的不同观点，有人认为群体的形成与发展有着特定的过程和规律，而有人则认为群体的

第七章 中小企业中的员工群体

形成与发展的形成与发展有着特定的过程和规律，还有人则认为群体的形成与发展没有什么特定的过程。尽管人们的观点不一，但比较常见即人们较为重视的一种观点就是群体发展的五阶段模型。

从20世纪60年代中期起，人们大都认为，群体的发展要经过形成阶段、震荡阶段、规范阶段、执行阶段和中止阶段五个阶段的标准程序：

第一阶段，形成阶段。在这一阶段中，群体的目的、结构、领导都不确定。群体成员只是开始把自己看做是群体的一员，并且各自在逐渐摸索群体可以接受的行为规范。

第二阶段，震荡阶段。成员间由于立场、观念、方法、行为等方面的差异而产生各种冲突。而且，对于谁可以控制这个群体，还存在争执这个阶段结束时，群体的领导层次就相对明确了。

第三阶段，规范阶段。在这个阶段中，群体内部成员之间开始形成亲密的关系，接受不同的观点，彼此之间保持积极的态度。这时会产生强烈的群体身份感和友谊关系，群体结构稳定，群体成员之间达成了被彼此承诺的一些规范，而且这些规范得到不断的巩固和发展。

第四阶段，执行阶段。在这个阶段中，群体结构已经开始充分的发挥作用，并已被群体成员完全接受。群体成员的注意力已经从试图相互认识和理解转移到完成手头的任务。

第五阶段，中止阶段。对于长期性的工作而言，执行任务阶段是最后一个发展阶段，而对暂时性的委员会、团队、任务小组等群体而言，因为这类群体完成的任务是有限的，因此，还有一个中止阶段。在这个阶段中，群体成员开始放松情绪，群体也可能因任务完成而解散，这是通常会画一个明确的"休止符"。

（二）模型假设

五阶段模型的许多解释者都带有这样的假设：随着群体从第一阶段发展到第四阶段，群体会变的越来越有效。虽然这种假设在一般意义上可能是成立的，但使群体有效的因素远比这个模型所涉及的因素来的复杂。所以，我们也可能发现这样的情况：群体在第二阶段的绩效超过了第三阶段和第四阶段。同样，群体并不总是明确地从一个阶段发展到下一个阶段。例如，当完成任务有较强的时间压力或巨大变故时，群体发展过程会出现跳跃现象，也可能当群体进行休整时，会出现回归到前一个阶段的现象。群体在发展过程中还会出现各个阶段的交融，如在群体发展的前期和后期都可能产生震荡，在前期震荡的原因通常是成员的思想混乱，表现出对调整和规范的需要；而后期则可能是因为对规范约束的抗争。

在理解与工作有关的行为时，五阶段模型的另一个问题是它忽视了组织环境。例如，一项关于飞机驾驶员的研究发现，三个陌生人被指定同时驾驶一架飞机飞行，他们在首次合作的 10 分钟内就成为高绩效的群体。促使这种群体高速发展的因素是环绕着飞机领航员的强烈的组织环境。这个环境提供了群体完成任务所需要的规则、任务的定义、信息和资源。他们越过了五阶段模型所预测的那些过程，如形成计划、分配角色、建立规范等。因为组织中大多数的群体行为发生在强烈的组织环境中，因此，在分析群体不断发展过程时，要全面考虑环境因素，也就是说，在群体创建时，要分析清楚所处的环境和条件是怎样的。

四、非正式群体

（一）非正式群体的特点和成因

1. 非正式群体的概念。非正式群体，是指与正式群体相对应的，人们在相互交往中由于个人在情趣、爱好、经历、年龄、性别、价值观、社会背景等方面的一致性而自发形成的一种相对稳定的人群结合体。

非正式群体的概念，是哈佛大学教授梅奥通过霍桑试验首次提出来的，此后，这个问题一直成为引人注目的研究领域。人们普遍认为，非正式群体实际上存在每一个组织中，组成的范围、性质、形式非常复杂，不仅一个正式群体中包含着许多非正式群体，而且正式群体之间、组织与组织之间、组织与社会之间也能形成交叉性非正式群体。还有一种以血缘为纽带、带有家族性质的小团体。这些非正式群体构成了组织内部较复杂的人际关系。

2. 非正式群体的特点。与正式群体相比，非正式群体具有如下特点：

（1）非契约性。正式群体是依靠章程、条约、合同等契约性的东西组织起来的，群体成员在共同承认这些契约的前提下组合在一起。而非正式群体则主要是以个人情感方面的需要自发形成的，成员之间没有契约关系，互不承担责任，高兴则合，不高兴则散，群体主要靠情感维系。

（2）没有明确的界限。正式群体内外有明确的界限，人们不能随意出入。对于非正式群体，人们只能模模糊糊地感到有一种"小圈子"。其成员的出入，不必履行任何手续。意气相投即可进入"小圈子"，话不投机则可随时离开。

（3）依靠不成文的行为规范控制成员的行为。在正式群体中，成员行为由明文规定的各种规章制度控制。在非正式群体中并没有这些成文的规章制度，人们的

第七章　中小企业中的员工群体

行为主要是由习俗、惯例控制。

（4）首领由公认产生。在正式群体中，领导者一般由正式选举或任命产生。在非正式群体中，没有法定的首领——有强烈的群体意识，每个成员都为自己能成为群体的一员而感到自豪，而且可能出现排挤其他群体的倾向。所以，非正式群体一旦形成，往往就在群体成员的行为上表现出较强的自卫性和排外性以及整个群体行为的一致性。

3. 非正式群体的成因。在现实生活中，各种非正式群体的形成，主要有如下几种原因：

（1）某种利益或价值观的一致性。在正式群体中，几个人在某种利益或价值观上的一致性，使他们对人、对事、对物往往有共同的看法、有共同的追求，心理上有志同道合的认同感，从而逐步形成非正式群体。一般来说，在价值观比较一致的基础上所形成的非正式群体比较稳固，不易因偶然因素而解体。

（2）共同的兴趣、爱好。在日常生活中，由于人们有共同的兴趣、爱好，诸如摄影、绘画、跳舞、唱歌、下棋、钓鱼、集邮等，便能很快地找到共同的语言，从而相互吸引和接受，增加交往，促进了解，久而久之，就自然形成了一些亲密无间、无话不谈的非正式群体。

（3）相类似的经历与背景。具有类似的经历与背景的人，诸如战友、同乡、同学等，因有着相同的经历与背景，故互相信任、互相同情，容易产生特殊的感情，进而形成非正式群体。如同乡会、同学会、校友会等。因此，相类似的经历与背景也是形成非正式群体的重要因素之一。

（4）相同的工作或业务上的联系。在组织运行过程中，如果组织成员的工作性质相同或组织成员之间经常发生业务上的联系，那么这种工作上的接触会促进组织成员之间的相互认识和相互了解，并使他们渐渐发现在其他同事身上也存在一些自己所具有、所欣赏、所喜爱的东西，从而开始工作以外的联系。频繁的非正式联系又进一步促进了他们之间的相互了解。这样，经过一段时间，一些组织成员之间的私人关系从相互接受、了解，逐步上升为友谊，一些与正式群体有联系但又独立于正式群体的非正式群体便慢慢地形成了。

（5）正式群体的非个人化与组织成员情感需要之间的矛盾。在正式群体中，岗位的设置、严格的分工、等级化的管理结构，客观上要求组织成员摒弃一切情感，按职业角色行为行事，对事不对人。但组织成员都是活生生的、有情感的人，被正式群体所压抑的情感需要发泄。于是，在正式群体中，组织成员就会因共同的遭遇、共同的语言而自发地组合起来，形成非正式群体，以便从中寻求理解，寄托情感。

（6）公开性与个人隐私倾向之间的矛盾。在正式群体中，组织成员的一切行为都要求符合组织所制定的各种规章制度，它具有公开性的特点。但在现实生活中，组织成员往往都有些不能公开、不宜公开或不愿公开的言论与行为，这些言论与行为在正式群体中难以生存。而潜在的非正式群体则能在某种程度上满足组织成员个人隐私的要求。这样，一些志同道合者、意气相投者为满足个人隐私的需要就自发形成了非正式群体。

（二）非正式群体的类型和作用

按不同的分类标准，非正式群体可划分为多种类型。非正式群体一经形成，既能产生积极的作用，也可能产生消极的作用。

1. 非正式群体的类型。

（1）按非正式群体的成因划分。

①利益型。因其成员在某种利益上的一致性而形成，凝聚力强，群体作用明显，且是否非正式群体也容易判定。例如，有的为了保护共同的切身利益而结合；有的为了办事方便而结合；有的为了对抗其他群体而结合等。

②爱好型。因其成员有某种共同的兴趣、爱好而形成，凝聚力较弱，群体作用也不明显。如以打球、下棋、绘画、唱歌、钓鱼等兴趣和爱好为基础组合起来的非正式群体，就属于这种类型。

③信仰型。因其成员有一种共同的信念、理想和抱负而形成，凝聚力较强，群体作用较明显。如有的为超额完成工作任务或共同研制某种新产品而结合在一起，也有的是因"志同道合"或"臭味相投"而聚在一起。

④情感型。因其成员有着亲密、深厚的感情而形成，凝聚力强，比较稳定，群体作用明显。如知心朋友、小姐妹、小兄弟、老战友、老同事、老同乡、老同学等以情感的需要而自发形成的非正式群体。这种类型的群体成员，相互理解、相互信任，关系融洽，有着共同语言。

⑤目的型。其形成不是因其成员在某种利益上的一致，也不是因其成员有共同的信仰，而是因其成员都要达到一定的目的，这种目的的动机可能各不相同，但一旦达到目的，该非正式群体也就可能解体。

"压力结合"型。这种非正式群体因外驱力或压力作用而形成，如果外力消失或改变，那么该群体本身也就可能发生变化。

"需要互补"型。因其成员在某些方面（如气质、性格等）有相似相近之处，或虽不相同但能互补而形成。这种非正式群体往往比较松散。

（2）按非正式群体的作用划分。

①积极型。这种非正式群体的目标与组织目标一致或基本一致，其活动对组织

第七章　中小企业中的员工群体

目标的实现、正式群体的发展以及成员的成长起积极作用。如为了攻克某一技术难关，几个人自发组织一个攻关小组，私下里"偷偷地"在一起钻研技术，就属于这种类型。

②中间型。这类非正式群体的目标有时与组织目标一致，有时不一致；在一些问题的看法上是一致的，在另一些问题的看法上又不一致；对组织的活动时而关心或协作，时而发难或挑剔。通常，这类非正式群体的活动对于组织及正式群体，既没有明显的积极作用，也没有明显的消极作用。

③消极型。这种非正式群体的目标与组织目标从总体上看是不一致的，其活动对于组织目标的实现、正式群体的发展以及成员的成长有着消极的影响。但他们的活动未超出法律许可的范围。

④破坏型。这类非正式群体是由一些具有犯罪动机的人自发形成的。如流氓团伙、盗窃团伙、赌博团伙等，均属于破坏型的非正式群体。这种群体的活动与组织目标相背离，对正式群体的建设有明显的破坏、干扰作用，已超越法律许可的范围，构成了对组织和社会的危害。

2. 非正式群体的作用。非正式群体的存在及其活动既能产生积极的作用，也可能产生消极的作用。

（1）非正式群体的积极作用。非正式群体的积极作用主要体现在以下几方面。

①可以满足个人的需要。在正式群体中，每个成员的需要是千差万别的。在现代社会里，任何一个正式群体都难以给所有成员的需要以全部的、始终如一和一劳永逸的满足。而非正式群体则能在某种程度上弥补正式群体的这一不足。人们之所以愿意成为非正式群体的成员，是因为这类群体可以给他们带来某些需要的满足。例如，工作中的频繁接触以及在此基础上产生的友谊进而形成的非正式群体，可以帮助他们消除孤独的感觉，满足他们"被爱"以及"施爱之心于他人"的需要；基于共同的信仰或兴趣而形成的非正式群体，在其内部对一些共同关心的问题进行讨论甚至争论时，可以帮助他们满足"自我表现"的需要；当一个人成为某个非正式群体的成员时，可以满足他对"安全"、"社交"的需要等。可见，正式群体成员的一些需要可以在非正式群体中得到满足。而这些需要的满足，能使人们以稳定的情绪和愉悦的态度来从事组织和正式群体交给其的工作，从而有利于提高工作效率。

②可以协助组织实现组织目标。组织目标的实现，需要依靠全体组织成员的共同努力。而非正式群体具有较强的凝聚力。如果组织的管理者与大多数非正式群体成员的意志比较统一，关系比较融洽，且通过采取有效的措施对其加以教育、引导和鼓励，则非正式群体会成为可贵的突击力量，为实现组织目标做出不可估量的贡献。但如果利用不好，则非正式群体会成为一股影响组织目标实现的消极力量。

③可以促进情感交流。人们的喜、怒、哀、乐等情感在正式群体中往往很难显露，而在非正式群体中，因成员间心理上彼此相容，相互了解深刻，人际关系密切，故往往不加掩饰。一个人本来压抑的情感，一旦在非正式群体中得到发泄，便会得到同情或劝慰，这会使他的心理不再处于紧张状态。在非正式群体中，成员间这种频繁的情感交流会使相互关系更加和谐、融洽，从而易于产生合作的精神。这种非正式的合作精神若能带到正式群体中来，则无疑有利于促进正式群体乃至整个组织的各项活动能协调而顺利地进行。

④可以帮助解决困难。由于非正式群体成员之间相互信任、情感融洽、接触频繁，因而相互之间能够更及时更准确地发现对方在工作和生活中遇到的困难，并相互帮助、解决难题。如对于那些生活中的困难者或技术不熟练者，非正式群体中的伙伴往往会给予自觉地帮助和指导。同伴的这种自觉、善意的帮助，既可以帮助他们克服生活中的困难，又可以促进他们技术水平的提高，从而有助于在组织内形成安定、和谐的环境。

⑤可以做后进转化工作。非正式群体有强烈的群体意识，特别是其"领袖"人物具有很大的感召力和影响力，因而组织的管理者只要通过这样的"领袖"人物去做后进转化工作，就能带动非正式群体内的后进成员，转变其思想作风，使其为实现组织目标而积极努力。因此，非正式群体在做后进转化工作上往往有正式群体达不到的功效。

可以起感染和控制的作用。非正式群体具有较强的内聚力，成员之间容易相互感染。一个良好的非正式群体往往通过潜移默化的方式，把许多信念和价值观念传递给成员，而成员也能很快的接受，并对自己的行为产生积极的影响。此外，非正式群体具有一种约束力，这种约束力体现在群体行为的规范上。任何非正式群体成员都必须遵守这些不成文的群体规范，都必须与群体保持一致，否则在群体内就要受到孤立，甚至受到被抛弃的惩罚。因此，这种约束力对非正式群体成员可以起到控制作用。

（2）非正式群体的消极作用。非正式群体的消极作用则有如下几方面：

①干扰与破坏。当非正式群体的利益或目标与正式群体的利益或目标发生冲突时，非正式群体会对正式群体的工作以及正式群体目标的实现起干扰与破坏作用。如正式群体力图利用职工之间的劳动竞赛以达到调动积极性、提高工作效率与经济效益的目标，而非正式群体则可能认为劳动竞赛会导致竞争，造成非正式群体成员的不和，因而会抵制劳动竞赛，设法干扰与破坏劳动竞赛的进行，其结果必然是影响正式群体目标的实现。

②削弱与影响。当非正式群体的规范与正式群体的规范发生冲突时，非正式群体的规范会对正式群体的规范起削弱作用。而当非正式群体所要进行的具体活动与

第七章 中小企业中的员工群体

正式群体所要进行或正在进行的活动发生冲突时，非正式群体如果以自身利益为重则会对正式群体的活动带来消极影响。

③滋长小团体主义。非正式群体成员平时接触频繁，关系密切，情感融洽，长此以往，他们会减少与正式群体的联系，或降低这种联系的密切程度，从而逐渐地疏远正式群体，这样便容易滋长小团体主义，以致不利于正式群体的团结，甚至损害正式群体的利益。

④阻碍个人发展。非正式群体有强烈的群体意识，通常要求其成员的行为应保持一致性，这种一致性的压力往往会束缚和阻碍个人发展。如有的非正式群体成员虽然有过人的才华和能力，但非正式群体行为一致性的要求可能不允许他冒尖，若他冒尖则会受到非正式群体中其他成员的讥讽，从而使他的个人才智不能得到充分发挥，对正式群体乃至整个组织的贡献不能增加，这样便会影响整个组织工作效率的提高。

⑤传播流言飞语。由于非正式群体成员之间的信息沟通是自由的，不受任何正式规定的约束，所以在非正式群体内容易传播流言飞语。作为非正式群体中的成员，许多人自觉不自觉地成为流言飞语的传播者，有人误传信息、有人制造谣言、有人以讹传讹。流言飞语的传播尤其是无意的中伤或恶意的攻击，既会增加组织的管理者做思想工作的难度，又会使个人与组织遭到损害。

（三）非正式群体的管理

非正式群体是客观存在的。它同正式群体是相互交叉、相互依存、相互影响和互为消长的关系。由于非正式群体的作用可能是积极的，也可能是消极的，因此，组织的管理者必须重视对非正式群体的管理，在对组织内非正式群体进行调查研究的基础上，采取适当的方法，因势利导，发挥其积极作用，限制其消极作用，努力使其朝着有利于实现组织目标的方向发展。而对非正式群体持否定、压制的态度，或者采取放任自流、不闻不问的做法，这都不利于整个组织的管理和组织目标的实现。为切实加强对组织内正式群体的管理，组织的管理者可以从以下几方面着手。

1. 善于引导非正式群体。对于无害于组织发展的非正式群体，组织的管理者不必对其限制过严，事事干预，而应尊重他们的集体性和独立性，因势利导，循循善诱，说服教育，把他们的活动纳入组织的目标，并利用非正式群体的某些特点为实现组织目标服务。其一，利用非正式群体以成员间情感方面的需要而自发形成的特点，引导他们互相取长补短、互帮互学，提高工作能力，以有利于实现组织目标。其二，利用非正式群体成员之间交往频繁，相互信任，知无不言，言无不尽的特点，引导他们开展批评与自我批评，克服缺点，发扬优点，不断提高思想水平，以促使他们为实现组织目标而努力。其三，利用非正式群体成员之间信息沟通迅速的特点，及时收集他们对组织工作、组织目标的意见和合理化建议，以更好地为实现组织的目标服务。其四，利用非正式群体凝聚力较强的特点，可以有意识地把有些组织无暇顾及的群众工作交给他们去做，以解决群众中部分特殊疑难问题，促进组织内部的安定团结，从而有利于组织目标的实现。其五，利用非正式群体有不成文的行为规范以及群体行为一致性的特点，在确定工作定额或分配工作任务时，只要有可能，定额可以适当提高，任务可以适当增加，难度也可以适当加大，以提高工作效率，克服工作难点，促进组织目标的实现。

2. 针对不同类型的非正式群体采取不同的管理方法。组织的管理者不能按一成不变的模式或方法来管理非正式群体，而应根据不同类型的非正式群体的特点和作用，区别对待，采取不同的管理方法。

对于积极型的非正式群体，应当给予支持。例如，组织成员自发组织起来的技术革新小组、自学小组和帮困小组等，这类非正式群体的目标与组织目标基本一致，其活动对于组织目标的实现、业余生活的丰富、人际关系的协调都起到了很好的作用。所以，组织的管理者不仅要在道义上、精神上甚至物质上给予必要的支持与鼓励，而且还要积极参与其活动，使这类非正式群体在促进组织目标的实现中发挥更大的作用。

对于中间型的非正式群体，应当积极引导。这类非正式群体对于组织既没有明显的积极作用，也没有明显的消极作用。为使其转变为积极型的非正式群体，关键在于正确引导。对此，组织的管理者的工作方法是：一要加强目标引导，即必须使组织目标与这类非正式群体成员的切身利益和心理需要相联系，使他们真正感到，满足个人需要的主要途径是实现组织目标，从而使这类非正式群体的目标向组织目标靠拢；二要主动接近，联络感情，即对这类非正式群体不应放任自流、不闻不问，而应对其成员主动接近、联络感情、加深了解、消除隔阂、增进友谊，然后加以引导，使他们的行为有利于组织目标的实现。

对于消极型的非正式群体，应当进行疏通和改造。消极型非正式群体的活动对组织目标的实现总的来说有着消极的影响。组织的管理者对这类非正式群体不能简单的斥责，而要持慎重态度，进行疏通和改造，以限制与消除其消极影响，努力变消极因素为积极因素。为此，一是做好疏通工作。疏通，就是广开言路，集思广益，关键是广开言路。要做到这一点，组织的管理者必须对消极型的非正式群体的成因做深入的了解，让其成员自由表达对组织尤其是对管理者决策的不同见解，然后通过摆事实，讲道理，做深入细致的思想工作，启发他们自觉认识问题，以改变其与组织目标不相适应的不良行为。二是进行目标改造。因为消极型非正式群体的目标，大多与组织目标是无关的甚至是有害的，如果放任自流，将危害组织利益乃

第七章　中小企业中的员工群体

至国家和社会利益，所以，组织的管理者要通过改造，强化一致目标，缩小无关目标，改变有害目标，消除对立目标，使这类非正式群体的目标与组织目标相互协调。三是进行行为规范的改造。在消极型非正式群体内部常常有一些违反社会主义人际关系准则的约束成员行为的规范。如当某个成员出现了与该群体目标不一致的行为，或有脱离该群体的倾向时，就会受到该群体其他成员的惩罚，诸如孤立、打击、谩骂、中伤、威胁、污辱等。因此，组织的管理者就是要用社会主义人际关系的准则、良好的道德观念、正确的思想观点和组织的总体目标，去改造消极型非正式群体不良的行为规范。

对于破坏型的非正式群体，应当采取果断措施。破坏型非正式群体的活动已超越了法律许可的范围，构成了对组织和社会的危害。因此，如果组织内存在破坏型的非正式群体，经教育无效时，则可视其情节轻重、态度好坏，给予适当处理或予以取缔，乃至通过法律途径，坚决打击制裁。

3. 做好非正式群体的"领袖"人物的工作。任何非正式群体，都有自己的"领袖"人物。而"领袖"人物的意志和行为，对非正式群体的目标和行为方式起着举足轻重的作用。因此，做好非正式群体的"领袖"人物的工作是管理好非正式群体的关键所在。作为组织的管理者必须从"领袖"人物入手，以他们为工作重点，做深入细致的工作，在实现组织目标过程中取得他们的支持，并利用他们在非正式群体中威信高、影响力大的特点，在政治、思想、道德和业务素质都基本具备的条件下，信任他们、依靠他们，委派他们在正式群体中担任一定的职务，以发挥他们的特长，调动他们的积极性，利用他们的感召力、影响力来引导非正式群体，从而把非正式群体的活动纳入到实现组织目标的轨道上来。当然，对那些沾有不良习气、品行不端的非正式群体的"领袖"人物，则要开展谈心活动，坚持原则，陈述利害，加强教育，以改变其不良行为，但切忌简单粗暴，强施压力，否则会招致其不满，产生对抗情绪，以致不利于调动其成员的积极性。

本章小结

本章介绍了群体的概念、类型和群体的作用，还介绍了群体的发展阶段，重点介绍了群体的特征和对群体工作效率的影响，以及非正式群体的特点、作用和如何管理非正式群体。

群体是一个介于组织与个人之间的人群结合体。具体说，群体是指在一个组织中，由两个及以上个体组成的为实现某种目标利益而相互信赖、相互影响、相互作用，并规定其成员行为规范所构成的人群结合体。人们加入群体往往是为了满足某种需要或者实现某种目标。

群体的特征包括角色、规范、地位、内聚力和群体规模。群体的发展要经过形成阶段、震荡阶段、规范阶段、执行阶段和中止阶段五个阶段的标准程序。

非正式群体是与正式群体相对应的，是人们在相互交往中由于个人在情趣、爱好、经历、年龄、性别、价值观、社会背景等方面的一致性而自发形成的一种相对稳定的人群结合体。

▶ 思考题

1. 什么是群体？群体有哪些类型？
2. 群体的作用有哪些？
3. 什么是角色？群体中的角色表现有哪几种？
4. 群体规范有哪些功能？如何对群体规范进行诱导与控制？
5. 影响群体内聚力的因素有哪些？内聚力的作用是什么？
6. 群体的发展阶段是什么？
7. 非正式群体的概念和特点是什么？
8. 非正式群体的作用有哪些？
9. 形成非正式群体的原因？
10. 管理者如何对待非正式群体？

▶ 案例应用

马林是联合化学公司流程设计中心的主任，手下有8名工程师，均系男性。多年来，小组成员关系良好。随着工作任务的增加，马林招聘了一名刚刚获得某名牌大学工学硕士的姜丽加入一个旨在提高设备运行效率的项目小组。该项目小组原先只有三人，由巩森任组长。作为一名新成员，姜丽非常喜欢这项具有挑战性的工作，因为工作中能够用到不少专长，她工作十分认真，对其他项目小组的成员也非常友好，但在业余时间，她从不和同事闲聊，由于工作主动，姜丽总是率先完成自己分担的那份任务，而且还经常帮助其他同事。

5个月后，巩森找到马林讨论项目小组的问题。巩森汇报说，"姜丽骄傲自大，好像什么都懂，对人不友好，大家都不愿意和她一起工作。"马林回答说："据我所知，姜丽是个优秀的工程师，成绩很突出，大家对她的印象这么不好，这怎么可能呢？过几天我找她谈谈。"1周后，马林找姜丽谈话，说，"姜丽，自从你来到流程中心，工作很勤奋，能力很出众，我非常赞赏。但是，听说你和同事的关系处理

第七章 中小企业中的员工群体

得不好,怎么回事?"姜丽大吃一惊,回答说:"没有啊。"马林提醒到:"具体一点,就是有些同事说你骄傲自满,好像无所不能,而且常常对他人的工作指手画脚。"姜丽反驳到:"我从来没有批评过其他同事,而且,当我完成自己的任务后,还经常帮助他们。"马林问:"为什么别人对你的意见那么大呢?"姜丽感到愤愤不平,说:"那几位同事根本没有尽全力工作,他们更热衷于足球、音乐、酒吧。还有,他们从未把我当做一名称职的工程师,仅仅把我看做是一名闯入他们专业领域的女性。"马林说:"工程师的考评与激励属于管理工作,你的职责是做好本职工作。关于性别,公司招聘你只是由于你的能力,知识符合条件。好好干,把管理问题留给我。"

▶ 问题

1. 项目小组表现出哪些群体动力方面的特征?
2. 你认为马林应如何处理项目小组出现的问题?

第八章

员工群体内部互动行为

❖ 本章学习目标

阅读和学完本章后,你应该能够:
◇ 掌握群体内部互动行为的特征和群体决策的内容
◇ 了解群体决策的障碍,学会运用群体决策技术
◇ 了解群体士气的影响因素,明确士气与高效率的关系

> **开篇案例**
>
> ### eBay 公司
>
> 当 eBay 公司建立它的拍卖网站时,并不是只有客户才能浏览该公司的网站,它已经成为一个网上社区,他们的互动创建了一种凝聚力,从而建立了一定的客户忠诚度,这些 eBay 人经常回来访问公司的网站。
>
> eBay 公司经常听取 eBay 人意见的习惯构建了某种程度上的群体凝聚力。公司邀请这些客户对如何改善公司的网站提出意见,并且提供一个信息板供客户和员工间的沟通。例如,随着公司规模的壮大,买家已经很难判断出售者和出售的商品是否真实存在。一些 eBay 人在信息板上提供了一个解决方案:eBay 应当建立一种可以评价买家和卖家的方式。因此,eBay 创建了一个反馈论坛,在那里买家和卖家可以对任何一方进行评论。公司研究发现买家相信这些评价;他们愿意给在反馈论坛中获得较高评价的卖家支

第八章 员工群体内部互动行为

> 付更高的价格。
>
> 　　信息板所带来的另外一个作用是一些经常参与的客户开始在这些交易中扮演着越来越重要的角色。例如，吉米·格瑞斯用了大量的时间来指导和帮助那些违反在线社区行为规范的用户。不久，eBay雇用了格瑞斯，将他的在线角色合并到客户支持代表的职位中。当eBay人查询信息板时，他们可以享受与这位在线的导师交流的快乐。
>
> 　　最近，随着eBay公司的流量不断增加，网站上出现了一些令公司为难的作弄，公司不得不制定了一些更加正式的政策为了控制网上的信任度。买家能够从伦敦的Ll.yd公司获得保险，卖家可以为他们的身份认证向Equifax公司支付一定的费用。公司还提供一种服务，它可以保留获胜的竞价者的付款直到交易被批准。一些eBay人认为这意味着公司最早创建的客户之间的团结社区即将结束。

一、群体内部互动行为的特征

　　人在群体中的行为会受到群体压力的影响，产生从众行为，还会受到社会助长作用、社会抑制作用、社会懒惰行为及群体规范的影响，从而表现出不同于个体处于独立情境下的行为反应，呈现出新的特点。

（一）群体压力与社会从众行为

　　群体规范形成后，群体成员的行为通常要符合规范的要求。当一个人发觉自己的行为和意见与群体多数人不一致时，一般会感到心理紧张，产生一种心理压力，这就是群体压力。有时这种压力非常大，会迫使群体的成员违背自己的意愿产生完全相反的行为。社会心理学把这种行为叫做"顺从"或"从众"（conformity）。

　　1. 社会从众行为产生的原因。从众行为的产生，一方面是源于马斯洛指出的人的"安全需要"。在群体中，标新立异或与众不同往往会使一般人担心由于背离群体的主流做法而丧失安全感，从而感到孤立、不安和不和谐。反之，当人与群体保持一致时，就会有一种安全和舒服感。群体压力与正式的权威命令不同，它不一定是强制地影响个体的行为，而是由于多数人的意向在影响着个人的行为反应，个体在心理上往往难以违抗。因此，群体压力对个人行为的影响，有时并不一定亚于权威命令。从众行为的产生另一方面也是因为个体其他方面的实际需要。譬如，一个人在工作或生活中所需要的大量信息，都是从别人那里得到的，离开了他人，个人几乎难以活动，这样就使人逐渐形成不自觉地依赖他人的心理，从而导致从众。还有，人要在工作和生活上有所成功，必须依赖于他人的努力和群体的力量。总之，个人生活在群体之中，任何一个群体、组织或整个社会都是一个合作系统。这就意味着，在一个群体中，个体在某些时间和场合都可能会做出某种程度的让步，不愿意犯众怒，甚至委曲求全。

从众行为的研究来自美国心理学家阿希（S. Asch），他设计了一个典型的实验，证明在群体压力之下会产生从众行为。阿希把 7~9 人编成一组，让他们坐在教室里看两张卡片（如图 8-1）。一张卡片上画着一条直线，另一张卡片上画着三条直线。让大家比较三条直线的卡片上哪条直线与另一张卡片上的直线长短相等。在正常情况下被试者都能判断出 x = b，错误的概率小于 1%。但阿希对实验预先作了布置，在 9 人的实验组中对 8 个人都要求他们故意做出一致的错误判断，例如 x = c。第 9 个人并不知道事先有了布置。实验中让第 9 个人最后作判断。阿希曾组织了许多实验组进行这样的实验。统计分析表明，这第 9 个人里有 37% 的人放弃了自己的正确判断而顺从群体的错误判断。

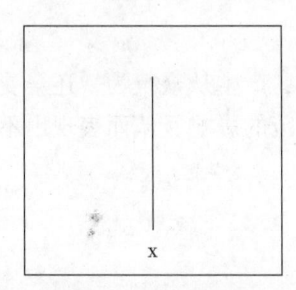

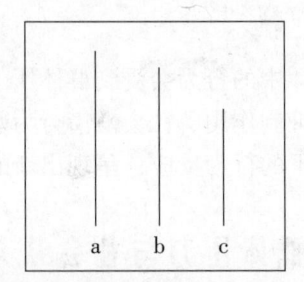

图 8-1　阿希实验卡片图

在阿希的实验之后，一些心理学家进一步分析了导致从众现象产生的因素。这些因素包括环境因素和个性因素。从环境因素来看，如果某群体的意见一贯比较一致，群体比较团结，或者群体气氛比较专制，那么，该群体的成员就容易在群体压力之下产生从众行为。从个性因素来看，如果一个人的地位较低、智力较差、情绪不稳定、缺乏自信心，则在群体中经常要依赖别人，也较容易产生从众行为。

2. 从众行为的表现形式。事实上，从众行为有表面的和内心的两个方面。表

第八章　员工群体内部互动行为

面的行为可表现为从众或不从众，而内心的反应却有容纳与拒绝之分。对同一个人来说，内外两个层面的反应，并不一定都是协调一致的，它有以下四种情况：

（1）表面从众，内心也接受。这就是所谓的"口服心服"。这是群体与个体之间最理想的关系。当组织的目标与员工的期待一致时，即为这种状态。

（2）表面服从，内心却拒绝。这是一种权宜的从众或假从众，即"口服心不服"。

（3）表面不服从，内心却接受。领导内心同情、支持员工辛苦了一周后应休假一天，但上级领导不批准。这时，该领导不敢公开表示从众，而内心却认为员工的要求是合理的。

（4）表面不从众，内心也拒绝。这是心口一致的行为。比如一个革新家，面对一个故步自封，不求改革的群体，便可能采取这种态度。

3. 群体压力与从众行为的反驳性研究结论。前苏联心理学家彼得罗夫斯基对群体压力和从众行为现象提出了不同的看法。他认为，把任何遵从群体意见的情况都看成是顺从并不正确，如果两个人都同样接受群众的意见，并没有说明问题的实质。因为一个人接受意见可能是屈服于压力、怕被孤立，而另一个人可能是为了实现群体的理想和信念而与群体保持一致。他把后一种情况称为"集体主义的自决"。彼得罗夫斯基也设计了实验。被试者是一些四年级、七年级和九年级的学生。给学生一张问卷，其中有几条关于道德问题的判断，学生应对这些判断表示赞成或反对。问题很简单，每个学生都能根据公认的准则做出回答。过了一段时间之后，把这些关于道德问题的判断列入一张更长的项目单之中，并在学生回答问题之前给予暗示，指明其他人都赞成错误的判断。在这种情况下只有极少数人接受暗示，屈从压力，改变了原来的意见，绝大多数人并没有改变意见。这一实验表明，群体的压力并不是人们改变意见的关键因素。关键的因素是遵循集体的崇高理想、目的和价值观。因为实验中讨论的是伦理道德的是非问题，而不是阿希实验中对生活和工作没有什么意义的判断线条长短的问题。这表明具有"集体主义自决"品质的人只在非原则问题上表现出顺从，目的是为了保持集体的团结一致。

尽管上述研究与美国的研究有分歧，但都不否认群体的压力和从众现象的存在。企业管理中应重视这种现象。

美国组织行为学家莱维特（H. J. Leavitt）提出了群体对持异议者施加压力的方式。如果在一个管理委员会中个人的意见与群体的意见有分歧，群体对他施加压力的方式有四种：理智讨论、怀柔政策、铁腕政策和开除政策。这就是说，先用讲道理的办法使个人顺从，如果讲不通就用开玩笑或"和稀泥"的方式表示他与群体并无原则分歧，再不通，就分开施加压力，直到把这个人从群体中开除，或者对他的意见根本不予理睬。

在企业管理中应重视群体压力和从众现象。一般来说，应避免采取群体压力的方式压制群体成员的独创精神，但也不能认为群体压力只有消极作用，对于群体成员的不良行为给予适当的压力是必要的。

4. 从众行为的作用。从众行为的作用也有两重性，既有积极的方面，也有消极的一方面。

（1）从众行为的积极作用：从众行为的实质是通过群体来影响和改革个人的观念和行为。为此，无论先进或落后的群体都会影响到其成员的个人行为。例如，一个刚进工厂而原来表现不好的青年，领导有意识地安排他到一个先进生产小组中去工作，那么这个后进青年有可能逐步改变其原来不好的行为。

（2）从众行为的消极作用。从众行为的消极作用表现为以下几方面：

①束缚成员创造力的发挥。从众行为倾向于"舆论一致"，这种压力容易窒息成员的独创性。因为一个人如果不敢冲破"舆论一致"的束缚而深受其控制，便会"人云亦云"，扼制创造力的发挥。

②掩盖表面一致情况下强行通过或仓促做出结论的不正确性。在做决策或决定时，千万不要被这种"表面一致"所迷惑，要细心观察，采取谨慎的态度。在决策过程中，要善于听取和分析反面的意见，提高运用反面意见的能力。因为任何一个决策只有经过反复的争论，对正反两种意见做全面的分析，才有可能做出比较正确的判断。

由上可看出，个体在群体中从众行为的倾向性是个体与群体力量相对比的结果。当个体的力量能抵抗群体压力时，则会按自己的真实意见行动；当个体的力量不足以抵抗群体压力时，则会表现出从众行为。

（二）社会助长作用和社会抑制作用

群体对个体行为的影响，还表现为社会助长作用和社会抑制作用。社会助长作用是指在群体活动中，个体活动效率因群体中其他成员的影响而出现提高的现象。而社会抑制作用则与此相反，个体活动的效率因为群体中其他成员的影响而受到减弱。

现实工作生活中，社会助长作用方面的例子是很多的。譬如，对跑步运动员来说，参加比赛时的成绩往往高于其一个人锻炼时的成绩。在煤矿深处采煤的员工以团队形式工作的效率就是比独自一个人工作时要高。马戏团演员、歌唱演员在观众面前的表演一般比一个人独自排练时的效果好，等等。产生社会助长作用的原因主要有以下几点：

1. 个体希望从群体中得到尊重、赞许以及某种程度的自我实现。因此，在群体环境下，个体会拿出更多的能量和资源来取得更好的绩效，以赢得心理上的满足。所以各种形式的体育竞赛、企业的劳动竞赛、军队的大比武等活动，都是利用

第八章 员工群体内部互动行为

社会助长作用来挖掘个体潜力的好形式。

2. 个体从群体中可以得到其他成员工作上或心理情绪上的帮助。譬如，产品设计人员独自开发新产品的成效就不如与其他相关部门（如工艺、生产和市场销售部）人员组织团队一起开发来得好，因为在团队环境下，设计人员可以从产品生产的各方面了解到更多的有用信息和技术要领。前面所提的在煤矿深处采煤的员工以团队形式工作的效率比独自工作时要高，很重要的原因是在那种寂寞的工作环境下，同伴之间的交流、相互关心都对员工的工作效率提高有很积极的作用。

3. 个体可以从群体的反馈中了解到自己的工作状况，而不断做改进，以调整到最佳状态。马戏团演员、歌唱演员在观众面前的表演之所以会比一个人独自排练时的效果好，原因之一就是这些演员能从观众的反应中不断调整自己的状态，迎合观众的需要。

当然在现实工作生活中，我们也可以看到社会抑制作用方面的例子。譬如，一个新上讲台的教师第一堂课可能会怯场；学生参加毕业求职面试时会紧张；当一个员工从事自己还不熟悉的工作时，如有人在一旁观看，其工作效率反而下降。产生社会抑制作用的原因，主要来自于个体非良性的心理紧张。这种心理紧张主要是由于个体想从群体中得到尊重和赞许的愿望与对自身工作的信心（对工作的熟悉和自身能力）之间的差距造成的。

一般地说，决定社会助长作用或社会抑制作用的大小的因素主要有：

1. 工作的复杂度和难度。对于简单的工作，工作任务可以分配到具体的人，一群人共同做事时一般会提高个体的绩效。反之，如果工作复杂度和难度都大，工作难以分配到具体的人，协调工作量很大，一群人共同做事时会使得一部分人的绩效下降。

2. 个体对工作的熟练程度。如果个体对工作很熟悉，那么一群人共同做事时个体绩效会大大提高。相反，对不熟悉的工作，一起工作的情况下个体的绩效反而下降。

3. 个体的性格特征和心理成熟度。一个性格开朗、乐于表现、心理成熟的人在群体环境下工作绩效会提高。反之，一个性格内向、喜欢独处、心理不成熟的人在群体环境下工作绩效则会受负面影响。

因此，在实际的管理工作中，管理者要根据工作的复杂度和难度、个体对工作的熟练程度、个体的性格特征和心理成熟度，以及工作场地的可能条件，妥善地安排群体或个体工作，以充分地利用社会助长作用而减少社会抑制作用。

（三）社会惰化作用

在有些情况下，群体对个体行为的影响还表现在社会惰化作用。德国科学家林格尔曼（Max Ringelmann）做了社会懒惰行为对小组绩效影响的研究。他发现在拔河比赛中，3个人一起拉的力量只能达到一个人平均力量的1.5~2倍。8个人一起拉时的力量不到一个人的4倍。在实际的管理工作中，我们常会发现在一些集体工作的环境下，群体中会有一些不履行职责而"搭便车"的人，"一个和尚挑水吃，两个和尚抬水吃，三个和尚没水吃"就说明了这个道理。当人们从事叠加性的工作任务时（即个人的贡献可以互相累加，增加群体的工作产出）时，随着群体规模的增大，个体的贡献倾向于下降的现象叫做社会惰化或社会惰化作用（social loafing）。

社会惰化的发生有下面一些原因：

1. 个人对群体缺乏责任心。如果个人对整个群体没有足够的责任心和承诺。那么他就不会尽心尽责地去努力，尤其是在群体中没有严格的分工、工作没人看见和监督的情况下，这时他可以做到"行到但心不到"。这是社会懒惰行为的首要原因。

2. 分配上的平均主义。如果在一个群体中，每个成员所得到的都是同样报酬，对个人的突出表现也不会有更多的激励和认可，那么人们就会出现偷懒行为。

3. 公平思想。在公平思想下，人们总不愿意付出多而得到少。因此，在得到上总是朝上看，而在工作上则朝下看，谁也不愿意多出一点力，因此容易造成偷懒行为。

4. 职责不清。在工作分工和责任很不明确的群体中，成员的行动缺乏方向感，群体出了问题也不好追究，因此谁都不愿负责。

心理学家提出了下面一些实际建议，以减少群体中的社会懒惰行为：

（1）增加工作的趣味性和有意义的方面，提高成员的参与程度。

（2）让群体成员确信他们个人的贡献是可鉴别和有意义的。

（3）教育成员不应该容忍工作中不充分努力的行为。

（4）考核制度中要对个人的工作表现进行评价。

（5）奖励制度中要让成员获得奖励的一部分是根据其个人的表现给予的。

二、群体决策

（一）群体决策的优点和缺点

一个人对于客观世界的观察、认知和理解是与个人的文化背景、知识结构、社会地位及自身能力等密切相关的，各种制约因素使得个人对客观世界的认识不可避

第八章　员工群体内部互动行为

免地会带有很大的局限性。克服个人认识上的盲区对决策可能造成的不利影响的方法之一就是由多个人参加决策的过程。由于不同的人对于客观世界的认识之间总是有差异的，每个人认识不同的方面，多人的相互作用就有可能大大减小认识上的盲区。

群体决策就是由多人组成的群体进行的决策。群体决策是决策行为理论的重要组成部分。

实际上，组织中的很多决策都是由群体做出的。特别是一些有重大影响的决策，往往不是一个人做出的，而是一个委员会、董事会、研究小组等做出的。随着组织的结构变得更加灵活化，很多组织中都成立了各种各样的团队，而决策则成了这些团队工作的重要内容。

1. 群体决策的优点。群体决策与个体独自做出的决策比较而言，有以下五个方面的优点：

（1）更完全的信息和知识。通过综合多个个体的信息资源，可以在决策过程中投入更多的信息。

（2）增加观点的多样性。群体能够给决策过程带来异质性，这就为多种方法和多种方案的讨论提供了机会。

（3）提高了决策的可接受性。许多决策在做出之后，因为不为众人所接受而失败。但是，如果群体成员既是决策者，又是受决策影响的人或者决策的实施者，那么他们会很容易地接受并支持决策的执行，并鼓励其他人也接受决策。这样决策就会受到更多的支持，员工的满意度也会相应提高。

（4）增加合法性。许多重视民主的国家认为群体决策比个体决策更合乎法律的要求。

（5）高质量。群体决策具有更大的准确性和创造性。群体中每个成员都有着不同的特点和专长，这样群体在做决策时可以发挥群体成员各自的优势，弥补劣势使决策更加有效。

2. 群体决策的缺点。群体决策也有一些缺点，主要有：

（1）浪费时间。组织一个群体需要时间。群体产生后，群体成员间的相互作用往往是低效率的。因此，群体决策所用的时间就比个体决策的时间多一些，而对于需要快速反应的决策就会受到限制。

（2）从众压力。群体成员在决策中易受到群体压力的约束，为了留在群体中，或者受到群体的重视，群体成员往往压制自己的意见，在决策中寻求统一。

（3）少数人控制。群体讨论可能会被一两个人控制，如果这种控制是由低水平的成员掌握，那么群体绩效就会下降。

（4）责任不清。群体成员对于决策结果共同承担责任，但对于最终结果的责任人是不明确的,任何一个人的责任都会降低,造成群体成员的心态不正确。

以上列出了群体决策相对于个体决策的优势和劣势。但这并不是绝对的,对于某一情况下,是采用群体决策还是个体决策,要具体问题具体分析。比如按一般理论,个体决策的效率高,对于一个需要快速反应的问题,宜采用个体决策。然而当该问题需要的信息量很大,考虑范围很广时,群体决策能利用本身的资源优势,很好地弥补效率上的不足,反而能比个体决策的反应速度更快,准确性更高。因此,在决定是否采用群体决策时,应该权衡一下群体决策在决策效果上的优势能否超过它在效率上的损失。

(二) 群体决策的障碍

尽管群体决策有很多潜在优势。如信息多、方案多、质量高、接受程度高等。但也会受到一些潜在障碍的威胁。

1. 群体思维。群体思维(group think)是指在群体决策过程中,群体成员会倾向于寻求一致的意见,不愿对群体的决策进行质疑或者考虑其他的备选方案,使个别成员的不同意见得不到群体的重视和客观评价。

群体思维最早由耶鲁大学著名的社会心理学家贾尼斯(I. Janis)发现并命名。贾尼斯发现,最容易出现群体思维的群体是那种具有高度内聚力,同时又很少受到外界影响的群体。这种群体容易保持群体内部意见的一致,并抑制不同的见解,同时接触外界不同意见的机会又比较少。有些群体思维是正确的,而有些群体思维则导致决策的失误。贾尼斯认为以下八种群体思维的表现容易导致群体决策的偏差:

(1) 无懈可击的错觉(illusion of invulnerability)。这种错觉使得群体成员认为自己的决策是无懈可击的,因此对自己的决策非常自信,看不到潜在的危险和警告。

(2) 集体合理化(collective rationalization)。群体认为已经做出的决策是合理化的。当群体形成一致意见后,他们会花时间使决策合理化,而不是对他们进行重新审视。

(3) 毋庸置疑的信念(unquestionable belief)。群体成员相信群体的决策从道德角度来讲是毋庸置疑的,因此他们对外界从道德上提出的质疑不予理会。

(4) 对对手持刻板观念(stereotypical views)。群体成员认为反对他们的人是软弱的、愚蠢的,因此自己群体的方案一定能成功。

(5) 直接压力(direct pressure)。这种压力就是使群体成员从众的压力。群体会对持不同观点和怀疑群众立场的人进行攻击,而且这种攻击常常并不是以事实为依据,而是以嘲笑使其难堪。多数群体成员在群体压力之下都会屈从于群体

第八章 员工群体内部互动行为

一致的意见。

（6）自我审查（self-censorship）。群体成员会对自己的见解进行审查，看看自己的意见是否与群体的意见一致，是否会破坏群体统一的见解。这样个体就会减低对群体意见产生疑问的程度，甚至不敢提出反对意见。

（7）全体一致的错觉（illusion of unanimity）。由于群体的从众压力和群体成员自我审查的作用，使得群体意见看上去是一致的，这种一致的意见就使得群体成员容易觉得群体决策是合理的。

（8）自我任命的思想警卫（self-appointed mind-guards）。群体决策形成以后，群体成员会自动充当群体决策的捍卫者，他们会扣留不利于群体决策的信息，抵御不同的意见，保护群体决策的合理性和影响力。

贾尼斯等人提出了对群体思维过程进行分析的模型。如图8-2所示：

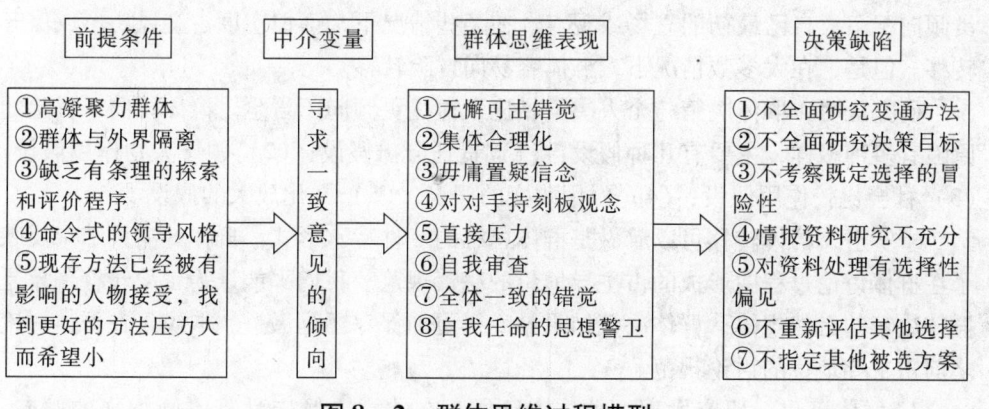

前提条件	中介变量	群体思维表现	决策缺陷
①高凝聚力群体 ②群体与外界隔离 ③缺乏有条理的探索和评价程序 ④命令式的领导风格 ⑤现存方法已经被有影响的人物接受，找到更好的方法压力大而希望小	寻求一致意见的倾向	①无懈可击错觉 ②集体合理化 ③毋庸置疑信念 ④对对手持刻板观念 ⑤直接压力 ⑥自我审查 ⑦全体一致的错觉 ⑧自我任命的思想警卫	①不全面研究变通方法 ②不全面研究决策目标 ③不考察既定选择的冒险性 ④情报资料研究不充分 ⑤对资料处理有选择性偏见 ⑥不重新评估其他选择 ⑦不指定其他被选方案

图8-2 群体思维过程模型

为了有效的避免群体决策中群体思维的发生，贾尼斯在他的《群体决策》一书中提出了十种具体的操作方法：

（1）使群体成员了解群体思维现象，知道它的原因和后果；

（2）群体的领导者应该在决策中保持公正立场，不偏袒任何立场；

（3）群体领导者应引导群体成员进行批判性评价，鼓励怀疑和反对意见；

（4）可以指定一位或多位群体成员充当反对者角色，专门提出反对意见；

（5）将群体分成子群体，分别讨论问题，然后再聚会交流；

（6）如果问题涉及与对手群体的关系，则应该花时间充分研究一切警告性信息，并确认对方会采取各种可能行动；

（7）形成预决定后，应该召开会议，让群体成员有"第二次机会"发表自己的不同见解；

（8）在群体决策形成之前，邀请群体外部的专家对群体决策提出意见；

（9）每个群体成员都向可信赖的有关人士就群体决策交换意见，并将意见反馈给群体；

（10）由几个不同的独立小群体，分别同时就有关问题进行决策，最后决策在此基础上形成。

群体思维现象似乎与阿希的实验结论一致。如果个人的观点与处于控制地位的大部分群体成员的观点不一致，在群体压力下，他就可能从众、退缩或掩盖自己的真实情感。这对于群体决策的效果是十分不利的。我们要注意这种现象，并采取适当的措施克服和防止这种不利影响，在组织中鼓励发表不同意见，群体领导要表现出公正无私和中立的态度，并且不断地强化群体的内聚力，才能使群体决策表现出应有的效果。

2. 群体转移。群体转移是指在讨论可选择的方案、进行决策过程中，群体成员倾向于夸大自己最初的立场或观点。在某些情况下，谨慎态度占上风，形成保守转移。但是，在大多数情况下，群体容易向冒险转移。

研究证明，群体决策与个人决策相比，往往更倾向于冒险。群体倾向于冒险的原因有多种多样，主要有几种假设：（1）责任分摊假设；（2）领导人物作用假设；（3）社会比较作用假设；（4）效用改变的假设；（5）文化放大的假设。

事实上，群体转移可以看做是群体思维的一种特殊形式。群体的决策结果反映了在群体讨论过程中形成的占主导地位的决策规范。我们不能认为冒险转移现象是群体决策的必然规律，群体决策结果是变得更加保守还是激进，取决于在群体讨论之前占主导地位的讨论规范。

3. 群体极化。研究发现，群体中已经存在的意见倾向性有不断加强的倾向，当群体进行决策时，经过意见的讨论，原来同意或支持某种意见的人会变得更加强烈的同意和支持，而原来反对某一意见的人会变得更加强烈的反对这一意见，这就是群体极化的现象（group polarization）。按照群体极化的假设，群体讨论会使得群体意见倾向朝向两极方向运动，原来不同意见之间的差距将会变得更大。

（三）群体决策技术

常用的群体决策技术主要有头脑风暴法、德尔菲法、名义群体法、提喻法、电子会议法等。

1. 头脑风暴法。头脑风暴法（brainstorming）最早由美国的广告执行人奥斯本（A. F. Osborn）于20世纪50年代提出的。它的意思是克服互动群体中产生的妨碍

第八章 员工群体内部互动行为

创造性方案形成的从众压力。这种方法利用产生观念的过程，创造一种进行决策的程序，在这个程序中，群体成员敞开思想，畅所欲言。并且在发表意见时，不允许任何人对别人提出的问题进行评论，甚至对于荒谬的观点也是如此。

在典型的头脑风暴讨论中，6～12个人围坐在一张桌子旁，主持人用清楚明了的语言将要讨论的问题表述出来，并保证每个参会者都了解要讨论什么。然后在给定的时间内，大家畅所欲言，相互启发，尽可能多的想出各种各样的解决问题方案。所有提出的方案都会记录在案，最后会让群体成员来分析这些方案。

一般来说，这种方法适用于比较单一明确的问题，或可将复杂问题细化分解成小问题。它的优点是集思广益，鼓励人们大胆设想，促进创造性观念的产生，群体压力低；缺点是分析整理的时间长，效率低，对参与者素质要求高，耗用的成本也高。

2. 德尔菲法。德尔菲法（Delphi technique）是一种集中各方面专家的意见来预测未来事件的方法。它的一个特点是不需要群体成员见面，从而避免成员间的相互影响。它的决策步骤是：

（1）将问题明确，统一规定评估方法。

（2）选择有关方面的专家，征求他们对问题的看法。专家之间不相互沟通，专家填写意见也采用匿名的方式。

（3）在专门地点统一整理各位专家的意见，归纳建议结果。

（4）将统计结果反馈给专家，并要求他们根据统计结果重新设计自己的方案。这样每位专家都可以看到所有人的意见，但他们不知道每一种意见是由谁提出的，而且可以评价他人的意见。

（5）将修改后的意见再寄给专家。这样反复几次，经常会启发出新的解决办法，或使原有方案得到改善。

采用这种方法要求问题具体明确，并如实地反映专家的意见。这种方法的优点在于一方面专家们可以彼此不见面，避免了相互之间的消极影响，也使地理位置分散的群体成员参与到一个决策中，节省了将他们召集在一起的巨额费用。另一方面，经过反复几次的修改调整，意见会比较统一，易于决策。它的缺点在于一方面需要占用大量时间，对于快速决策不利；另一方面减少了专家在一起时相互间积极作用的机会，可能会流失一些很好的创意。

3. 名义群体法。名义群体法（nominal group technique）是指在决策过程中对群体成员的讨论或人际沟通加以限制，这就是名义一词的含义。像召开传统会议一样，群体成员都出席会议，但群体成员首先进行个体决策，具体方法是，在问题提出之后，采取以下几个步骤：

（1）群体成员聚在一起，但在进行讨论前，每个群体成员写下自己对于解决这个问题的看法或观点。

（2）在这个安静阶段之后，每个群体成员都要向群体中其他人说明自己的一种观点，一个人挨一个人地进行，每次表达一种观点，直到所表达的观点都被记录下来，通常使用记录纸或记录板。所有的观点都记录下来后再进行讨论。

（3）现在，群体开始讨论每个人的观点，并进一步澄清和评价这些观点。

（4）然后每个群体成员独自对这些观点进行排序。最终决策结果是排序最靠前、选择最集中的那个观点。

名义群体法的优点是能够在比较短的时间内解决问题，群体成员有着均等的机会表达自己的观点，每种意见都得到了足够的重视。但是名义群体法还有一些不足之处。首先，这种方法适合解决比较简单的问题，如果是复杂的问题，则需要将问题分解成几个小的问题，通过多次名义群体法加以决策。其次，群体成员进行面对面的讨论，对每个人的观点进行评价，容易给群体成员造成压力。

4. 提喻法。提喻法（synectics）是由哥顿（W. J. Gordon）提出的，故又称哥顿法。其做法是邀请5～7人参加会议进行讨论，但讨论的问题与即将进行的决策没有直接关系，而是运用类比的方式进行讨论。类比的方式是多种多样的，如拟人类比、象征类比、幻想类比等。如果决策的问题是研究某种夜视仪，则可邀请专家来讨论猫头鹰眼睛的夜视功能。如果决策的问题是某项人事任命问题，则可讨论担任某种职务的人员需要必备什么品质的问题。采用这种类比的方式，把熟悉的事情变成陌生的事情，有助于人们摆脱框框的束缚，充分利用自己的想像力开拓新的思路。

5. 电子会议法。最近的一种群体决策方法是名义群体法与复杂的计算机技术的结合，我们称为电子会议法（electronic meetings）。群体成员不必面对面的坐在一起讨论，他们可以利用计算机终端发表自己的意见或者进行投票。

电子会议法的主要优势是：匿名、可靠、迅速。与会者可以采取匿名形式把自己想表达的任何想法表达出来。参与者一旦把自己的想法输入键盘，所有的人都可以在屏幕上看到。与会者可以老老实实表达自己的真实态度，而不用担心受到惩罚。而且这种决策方法决策迅速，因为没有闲聊，讨论不会离开主题，大家在同一时间可以互不妨碍地相互"交谈"，而不会打断别人。

专家认为，电子会议法比传统的面对面的会议快55%。但这种方法也有缺点。那些打字速度快的人，与口才好但打字速度慢的人相比，能够更好的表达自己的观点；想出最好建议的人也得不到应有的奖励；而且这样做得到的信息也不如面对面的沟通所能得到的信息丰富。

三、群体士气

一般来说，一个群体的士气越高，其效率也越高。但也有例外的情况。所以我们要研究影响群体士气的因素以及群体士气和工作效率之间的关系。

（一）士气的一般概念

"士气"一词原用于军队，表示作战时军队士兵的战斗热情和集体精神，现在也应用于企业中，表示群体的工作精神。

心理学家史密斯（G. R. Smith）等把士气定义为"对某个群体或组织感到满足，乐意成为该群体的一员，并协助达成群体目标"的态度。因此，士气不仅代表个人需求满足的状态，而且包含以下含义：确认此满足得之于群体，因而愿意为实现群体目标而努力。因此，群体士气是指群体成员实现群体目标的意愿与集体精神的整合。

克瑞奇（D. Krech）等认为，一个士气高昂的群体，具有以下七种特征：
1. 团结的群体来自内部的凝聚力，而非起因于外部的压力。
2. 群体内的成员没有分裂为互相敌对的小群体的倾向。
3. 群体本身具有适应外部变化的能力，有处理内部冲突的能力。
4. 成员与成员之间有强烈的认同感和归属感。
5. 每个群体成员都能明确地掌握群体的目标。
6. 成员对群体的目标及领导者抱肯定和支持的态度。
7. 成员承认群体的存在价值，并具有维护此群体继续存在的意向。

在一个企业中，要注意了解士气、了解员工对工作、对组织、对上级和同事、对工作环境的态度，可为人事管理提供重要资料，也是企业进行有效管理的手段。

（二）影响群体士气的因素

影响群体士气的因素很多，主要包括如下几点：

1. 对组织目标的赞同。士气是群体中成员的群体意识，它代表一种个人成败与群体成就休戚相关的心理。这种心理必须是在个人的目标与群体的目标协调一致时（即个人赞同组织目标时）才可能产生。这时，个体对组织有强烈的认同感，愿意为实现组织的目标而努力。

2. 合理的经济报酬。金钱不是人们所追求的惟一目标，但金钱可以满足个人的许多需求，有时它还代表一个人在组织中的成就和贡献。同工同酬，以工计酬，公平合理，就能够提高员工的工作积极性。反之，不合理的薪资制度，会引起不满而降低士气。

3. 对工作的满足感。对工作的满足感的增长有利于提高士气。例如，个人对所从事的工作感到合乎他的兴趣、适合他的能力，因而对他具有挑战性、能施展他的抱负，在这种情况下，士气必然会提高。因此，安排工作时要尽可能根据员工的智力、兴趣、受教育程度和特殊专长，施展其长处，以鼓励士气。

4. 有优秀的管理人员。一个领导的管理作风对下级工作精神的影响极大。组织行为学的研究表明，凡是士气高的群体，其领导者都比较民主，乐于接受别人意见，善于体谅员工甘苦。

5. 同事间的关系和睦。一个士气高的群体，其成员间的凝聚力很强，很少发生彼此冲突、埋怨、敌对的现象。

6. 良好的意见沟通。领导与下级或下级与上级之间，如果沟通受阻，都可能引起员工的不满而影响士气。单向沟通只是上级命令下级，而没有给员工反映意见的机会，天长日久易产生抗拒心理，降低士气。多让员工有参与决策与群体讨论的机会，这种双向沟通的条件，有利于提高员工的积极性。

7. 奖励方式得当。采取个体奖励制度，容易造成竞争式群体；如果采取群体奖励制度，以群体成绩计酬分享，那么有利于提高全体成员的士气。

8. 良好的工作心理环境。在工作中心理挫折少、焦虑少，在充满自信、自尊的关系中工作，有利于提高员工的士气。

（三）士气与高效率

企业不仅希望员工有高昂的士气，而且要有高涨的生产效率。很显然，士气只是提高生产效率的必要条件之一，还不是充分条件。例如，提高员工的工作能力，保证充分的设备与原材料供应等都是很重要的条件。

戴维思（K. Davis）曾将员工士气与生产效率的关系分为四种情况，即：高士气、低生产效率；高士气、高生产效率；低士气、高生产效率；低士气、低生产效率。

组织行为学的研究表明，用动作分析、时间分析等传统的科学管理方法指导作业程序，并以严格控制的方式管理员工时，可能会出现生产效率高，但士气低的状态。在此种条件下的高生产效率也不可能维持太久，而员工的反感却会增加，最后仍将导致生产效率的降低。

第八章 员工群体内部互动行为

但是，如果员工只关心满足自己的心理需求，而不顾及与组织目标的关联，那么，这种管理方式将导致低生产效率、高士气的状态。在这种情况下，由于高士气群体的目标与组织的生产目标相抵触，则很可能限制或阻碍生产。

如果企业组织要想达到士气高、生产效率高的状态，那么，必须使组织目标与员工需求趋向协调一致，使士气高的群体接受组织的生产目标。在这种情况下，要靠非常能干的管理人员来使正式组织与非正式组织的利益相协调。

由此可见，高昂的士气虽不一定能保证组织的高生产效率，但是要提高组织的生产效率，它却是必不可少的条件。因此，管理者应当经常关心如何去提高士气。

● 本章小结 ●

本章重点介绍了群体内部互动行为的特征和群体决策的优点、缺点以及群体决策的障碍和群体决策技术，还介绍了群体士气的影响因素和士气与高效率的关系。

人在群体中的行为会受到群体压力的影响，产生从众行为，还会受到社会助长作用、社会抑制作用、社会懒惰行为及群体规范的影响，从而表现出不同于个体处于独立情境下的行为反应，呈现出新的特点。

群体决策就是由多人组成的群体进行的决策。常用的群体决策技术主要有头脑风暴法、德尔菲法、名义群体法、提喻法、电子会议法等。

士气是"对某个群体或组织感到满足，乐意成为该群体的一员，并协助达成群体目标"的态度。群体士气是指群体成员实现群体目标的意愿与集体精神的整合。

▶ 思考题

1. 社会从众行为产生的原因是什么？
2. 如何正确运用群体压力？
3. 从众行为的作用有哪些？
4. 社会助长作用的原因有哪些？
5. 什么是社会惰化作用？其产生的原因是什么？
6. 群体决策的障碍有哪些？
7. 什么是头脑风暴法？什么是德尔菲技术？
8. 群体士气的影响因素是什么？
9. 士气是如何影响群体工作效率的？

▶ 案例应用

什么影响了效率

几年前，Acme 矿物萃取公司采用了团队制，以便解决 Wichita 工厂的士气及生产率问题。公司业务涉及非常先进的技术，一部分员工是地质学家、地球物理学家及工程师，负责脑力工作。另一部分员工是熟练工及半熟练工，负责体力工作，进行地下萃取操作。这两部分人经常冲突。有一次吵急了，几个工程师把几名工人锁在办公室外，而室外的气温达到华氏 100 度。于是当地报界大肆报道。公司雇用苏珊娜·霍华德制定一个计划，用以改进工厂的生产率及士气。计划获得成功后，将在公司另一单位实施。

霍华德很幸运地找到一个人来帮助自己。这就是唐纳德·彼得森，他是公司的老职工，在 Wichita 工厂很受人尊敬，并拟在退休之前再承担一个最后的、有挑战性的项目。他参加工作多年，公司里各种工作都做过，包括生产线工作及参谋部门的工作。他了解"脑力"及"体力"两方面雇员面临的问题。他同意担任 Wichita 实验项目领导人后，霍华德十分高兴。该厂的员工分为 3 个职能群体：操作群体，主要由小时制工人组成，负责操作维护萃取设备；"地下群体"由工程师、地质学家及地球物理学家组成，负责确定在何处及如何钻探；"地上群体"由工程师组成，负责矿物的提纯及运输。霍华德和彼得森决定，第一步是让 3 个群体互相讨论并分享观点。他们搞了一次"问题摆谈"，这是一个自由讨论会，任何职工均可参加，大家一起讨论没解决的问题。在第一次会议上，只有他们两人到场。后来，参加的人们渐渐多了。6 个月后，会议上常有关于解决问题的积极讨论，也确实使得工作有了许多改进。

他们两人接着组建了 SPITS（选一个问题并实施专门解决方案）团队。这是一个特别群体，成员来自以上 3 个职能群体。这些 SPITS 团队只解决"摆谈会"上明确的某一问题，问题解决后，团队即解散。这类团队有权一经管理层同意就开始解决问题。当然也有不顺利的时候，例如，工程师不愿与操作人员共事，反过来也是一样；但随着时间的推移及由于彼得森的有力领导，各群体开始走到一起并专心解决问题，而不是花大部分时间在吵架上。最后，工厂的工人组成了永久的跨职能团队，并得到授权，可以自己做决定和选自己的领导人。

一年半后，情况更好了，各群体不仅在一起共事，互相之间的交际也开始了，在一次"问题摆谈会"上，一个操作工人开玩笑地说，体力及脑力员工应 1 周放松一次，以摆脱紧张压力并全力投入工作。另外几个人也加入玩笑，最后全组决定

第八章　员工群体内部互动行为

每周搞一个垒球比赛。彼得森叫人印了T恤，上面写着"体力"和"脑力"字样。垒球比赛热烈圆满，赛后双方通常会去酒吧喝几杯啤酒。工厂的士气及生产率均大大上升，成本一直下降。

　　高级经理认为，在Wichita工厂获得的经验，可使该计划在别处推广时成本更小，并更节约时间。但当霍华德及她的团队想在Lubbock工厂实施该计划时，反响并不好。高级管理层对他们有很大的压力，要求其平稳实施基于团队的生产率项目。由于员工不愿来参加"问题摆谈"会，于是他们规定大家必须到会，然而，会议没产生什么有价值的观点或建议。尽管有几个SPITS团队解决了重要的问题，但这些团队与Wichita工厂的团队相比，其坚定和热情都相差很大。此外，Lubbock工厂的工人不愿参加霍华德团队设计的团队培养练习（如垒球比赛等）。霍华德最后终于靠提供免费食品及啤酒，哄一些工人参加了垒球赛。她想："如果厂里有彼得森那样一个人，事情就好办多了。Wichita工厂的工人非常信赖他，而这里的工人都不太信赖我们。"似乎不论霍华德及其团队如何努力使该项目在Lubbock工厂取得成功，士气仍在下降，不同员工群体之间的冲突仍在增加。

▶问题

1. 你认为项目为什么在Wichita工厂成功，而在Lubbock工厂失败？
2. 你将给霍华德及其团队什么忠告供其改进在Lubbock工厂的员工参与气氛？

第九章

群体间的互动行为

❖ **本章学习目标**

阅读和学完本章后，你应该能够：
◇ 掌握冲突的含义、类型和冲突的积极影响、消极影响以及如何对待冲突
◇ 了解群体间关系的概念、群体间关系的依存模式和群体间行为的影响因素以及学会管理群体间的关系

> **开篇案例**
>
> ### 解雇新工人
>
> 一家国际公司在某国新建了一座拥有几万工人的工厂，在这之前已经有三家工厂从事与新工厂相关的生产，新厂绝大部分工作人员都是新雇用的，一段时期内这家新建的大厂的工人们协作的十分出色，生产蒸蒸日上。
>
> 大约过了三年左右时间，发生了一次涉及四个厂的中等规模的解雇员工事件。公司决定，解雇对象要考虑工龄长短，首先要照顾工龄长的老员工。四个厂中，属新厂的人员工龄最短，于是形成了老厂工人纷纷涌入新厂，新厂人员大批被解雇的局面。这样，新厂中绝大部分生产班组都接收了三至五名从老厂调来的工人（约占一个班组的 25%~50%）。尽管调进的工人都是经验丰富的老工人，但是本来融洽默契的协调关系还是由于人员更迭而被破坏。惩罚接二连三地到来，事故悄悄地增加，生产下降了 30%~50%，几乎要用一年的努力和高度紧张的劳动方能使这座工厂恢复元气。

第九章 群体间的互动行为

一、冲突管理

(一) 冲突的概念与类型

1. 冲突的定义。冲突（conflict）是指一方（包括个体、群体或组织）认识到另一方正在或将要采取阻碍、危害自己实现目标的行动的过程。冲突发生的条件有：(1) 双方存在不同的利益；(2) 双方均认为对方会损害自己的利益；(3) 察觉到对方正在采取不利于自己的行为或预测到对方将会采取类似的行为。

冲突和竞争不同。冲突的对象是目标不同的另一方。而竞争的双方则具有同一个目标，不需要发生势不两立的争夺。如果双方都能从他们的竞争结果中获益，那么竞争就不大可能变为冲突。例如，在工作单位里，如果符合标准就能晋升，没有名额限制，那么职员之间只有竞争而不会发生冲突。实质上，竞争和冲突的区别在于一方所采取的行动是否会影响另一方目标的实现。这种区别表明，要想防止竞争演化为冲突，有效的管理策略是消除共同介入的机会。

2. 冲突的基本观念。随着社会的发展，人们对冲突的认识也有了转变。传统的观念认为：所有的冲突都是不良的、消极的，是一个组织崩溃或管理失败的前兆，所以为了组织的生存和发展，必须力争消灭冲突，只要大家都充分重视这一问题，冲突是可以避免的。

与传统的观念不同，现代观念认为冲突是不可以避免的，只要有人群的地方，就可能存在着冲突，因为它是利益分配不平衡的具体表现。但只要处理得当，不但不会导致组织的混乱和崩溃，甚至还会给组织带来好处。所以管理者的任务不是努力消灭冲突，而是在缓和与避免冲突发生的前提下，正确地、有效地对待已发生的冲突，使冲突的结果有利于绩效水平的提高，二者具体的比较见表 9-1。

表 9-1   冲突的基本观念比较

冲突	传统观念	现代观念
基本观念	冲突可以避免	冲突不可避免
起因	管理不善，经营失误，人为因素	众多原因，有消极的，也有积极的，如正当竞争、比赛等
对组织生存和发展的影响	可能使组织面临解体	有时可使双方在互相妥协、互相制约的基础上调整关系，使组织在新的基础上取得发展

续表

冲　突	传统观念	现代观念
对人际关系的影响	导致人与人之间的排斥、对立	有时会增强相互间的吸引力，同时还可能增强内部的凝聚力
对工作效率的影响	影响业绩	有时会促进竞争，提高业绩
管理者的任务	消灭冲突	尽量缓和、避免冲突的发生，有效处理冲突，使之向好的方面转化

3. 冲突的类型。根据不同的标准可以把冲突划分为不同的类型。

（1）根据冲突产生的原因及其影响，可以分为功能正常冲突与功能失调冲突，也可称为建设性冲突和破坏性冲突。凡有利于达到组织目标的冲突是功能正常性冲突，凡阻碍达到组织目标的冲突就是功能失调冲突。

（2）根据冲突内容，可以分为目标冲突、认识冲突、感情冲突和程序冲突：

①目标冲突是指个人或群体同时要达到两个相反的目标，由于两个目标是背道而驰的，不可能同时达到而引起的冲突。

②认识冲突是指由于人们的知识、经验、态度和观点等不同，对于同一事物会有不同的认识，基于认识不同所造成的冲突。这种冲突在企业中相当普遍。如人们在采用新设备、发展企业的方式方法、用人等各方面都会有不同的认识，从而引起冲突。

③感情冲突（价值观和利益的冲突）是指由于人们对是非、善恶、好坏的一般概念不同所造成的冲突。如有些企业领导人认为提高产量是企业的首要任务，有些认为企业的首要任务是提高产品质量。这都是由于价值观的分歧而造成的冲突。

④程序（角色）冲突是指由于企业中个人和群体承担的角色不同，各有其特定的任务和职责，从而产生不同需要和利益，因此在处理问题时往往首先考虑本人或本单位利益而产生的冲突。如对组织结构正规化、程序化依赖性高的群体或部门认为，生产部门最高，其次是销售部门，再其次为应用研究部门、基础研究部门。对人际关系依赖高的群体或部门认为，销售部门最高，以下的顺序是应用研究、基础研究和生产部门。对时间的要求，销售部门最注意，以下的顺序是生产、应用研究和基础研究部门，等等。

（3）根据冲突范围，可分为人际冲突和群际冲突：

①人际冲突是指两个或两个以上的个体之间的冲突。造成人际冲突的主要原因有个性特质、缺乏信任、批评不当、归因失误等。

②群际冲突是指一群人与另一群人的冲突。包括横向与纵向冲突，群际冲突主要表现为横向冲突，如这个班组与那个班组的冲突，这个部门与那个部门的冲突

第九章 群体间的互动行为

等。造成群际冲突的主要原因有目标不相容、差异化、任务的相互依赖性、资源的稀缺、权力的分布、不确定性、报酬制度等。

（二）冲突的影响

冲突对组织并不总是有害的，我们应该一分为二地来看，既要看到它消极的一面，又要看到它积极的一面。

1. 冲突的消极影响。

（1）冲突会导致人们消极的情绪状态和心理压力，影响人们的身心健康。

（2）冲突会妨碍人与人之间的沟通和协调。例如，由于冲突造成朋友反目，很长时间互不理睬；工作中难以协调，妨碍组织目标的实现。

（3）冲突会导致管理者的领导风格从民主参与型向专制型转变。例如，当管理者让员工参与决策有较多的冲突产生时，他就不得不改变策略由自己来做出决策，对下属采取更高的控制等。这实际上会导致员工的工作满意感和时期的降低。

（4）冲突会增强冲突双方产生消极的刻板印象的倾向。冲突双方时常会由于冲突的存在而感到对方故意与自己作对，对对方消极方面的感知容易夸大，并形成刻板印象。

2. 冲突的积极影响。

（1）冲突使问题明朗化，促进问题的解决。当冲突没有出现时有时是表面上一团和气实际上隐藏着潜在的危机。一旦矛盾上升到冲突，反而能够引起大家的注意，更能促使问题的解决。例如，当决定实施一项管理措施时，大家表面上没有反对的声音，而在实施的过程中消极地抵制；反之，如果将不同的意见表达出来，尽管会引起意见的冲突，但是能使大家更深入的思考，注意到一些原来被忽视的问题。

（2）冲突能够促进变革和创新。冲突的出现打破了组织中原有的平静，使人们认识到无法按照以前的套路按部就班地工作了，必须考虑一些新的问题，必须做出某些改变。因此，冲突往往是变革和创新的催化剂。

（3）冲突能带来更好的决策。在前面介绍群体决策时，我们曾经提到影响群体决策的一种障碍——群体思维。这种现象就表现为群体成员不愿发表不同意见，形成表面上无冲突的一致。但实际上，这样做出的决策常常带有偏差和谬误。因此，在决策中，如果出现不同意见激烈的碰撞和辩论，这样的冲突会使得人们对问题思考得更加透彻，能够从不同的角度去考虑问题，更加有效地做出决策。

（4）冲突使得冲突双方更好的互相理解。由于冲突使得冲突双方开放地表达自己的观点、立场和态度，因此能够了解到更多的关于对方的信息，也使得交往的程度加深，这对于增进理解是有帮助的，所谓"不打不相识"。

（5）冲突能增强群体成员的归属感和群体的凝聚力。冲突使得群体成员有了自由、开放的表达自己意见的机会，他们的意见也得到了充分的讨论，这样使群体成员感觉到自己受到了较多的关注，因此他们就有了更强烈的群体归属感，并且群体的凝聚力也随之增强。

（三）冲突的过程分析

如图9-1，我们把冲突过程划分为五个阶段：潜在的对立或不一致、认知和个性化、行为意向、行为和结果。

阶段一　　　　　　　阶段二　　　　　　阶段三　　　　　　阶段四　　　　　阶段五
潜在的对立　　　　　认知和个性化　　　行为意向　　　　　行为　　　　　　结果
或不一致

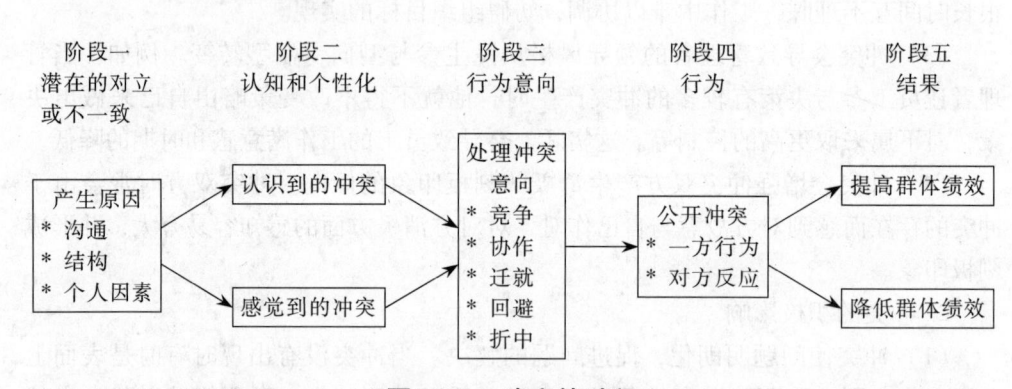

产生原因 → 认识到的冲突 → 处理冲突意向 → 公开冲突 → 提高群体绩效
* 沟通　　　　　　　　　　　　　　* 竞争　　　　　　* 一方行为
* 结构　　　　　　　　　　　　　　* 协作　　　　　　* 对方反应
* 个人因素 → 感觉到的冲突 → * 迁就 → → 降低群体绩效
　　　　　　　　　　　　　　　　　* 回避
　　　　　　　　　　　　　　　　　* 折中

图9-1　冲突的过程

阶段一：潜在的对立或不一致。冲突过程的第一步存在可能产生冲突的条件。这些条件并不必定导致冲突，但他们是冲突产生的必要条件。为了简化起见，可以把这些条件（或称为冲突源）概括为三类：沟通、结构和个人因素。

（1）沟通。很多人常常有这样一种虚构概念，即认为沟通不良是冲突的原因。"如果我们相互能很好地交流，就能消除我们之间的差异。"这种说法并不是毫无道理的，因为我们每个人确实都要用一部分时间进行沟通，而且，与大量证据表明沟通过程的问题导致了合作延迟和误解产生。尽管如此，不良沟通并不是所有冲突的原因。

语义理解的困难、信息交流的不够充分以及沟通通道中的"噪音"等这些因素都构成了沟通障碍，并成为冲突的潜在条件。具体而言，研究表明，培训方面的不同、选择性知觉、缺乏有关他人的必要信息等这些方面会产生语意理解方面的困难。研究进一步指出，沟通过多和过少都会增加冲突的潜在可能性。当沟通达到一定程度时，效果是最佳的，继续增加沟通则会增加冲突潜在的可能性。另外，沟通

第九章 群体间的互动行为

通道也影响到冲突的产生。人们之间传递信息时会进行过滤，来自于正式的或已有的通道中的沟通偏差都提供了冲突产生的可能性。

(2) 结构。很多冲突事实上是结构造成的。"结构"一词包含了这样一些因素：群体规模、分配给群体成员的任务的专门化程度、管辖范围的清晰度、员工与目标之间的匹配性、领导风格、奖励系统、群体间相互依赖的程度。

研究表明群体规模和任务的专门化程度可以成为激发沟通的动力。群体规模越大，任务越专门化，就越可能出现冲突。另外，成员的任职期间和冲突成负相关。如果群体成员都十分年轻，并且群体成员的离职率又很高时，出现冲突的可能性最大。

由谁负责活动的模糊性程度越高，冲突出现的潜在可能性就越大。管辖范围的模糊性也增加了群体之间为控制资源和领域而产生冲突的可能性。

组织内不同群体有着不同目标。在实现群体目标的过程中，如果受到其他群体目标的阻碍，那么必定会引发冲突。

领导风格也起到一定影响，通过严密监督来控制员工行为的领导风格增加了冲突的潜在可能性，但有关这方面的证据并不多。研究表明，参与式的领导风格也会激发冲突，这是因为参与方式鼓励人们提出不同意见。研究还发现，如果一个人获得的利益是以另一个人丧失利益为代价，那么这种报酬系统也会产生冲突。最后，如果一个群体依赖于另一个群体（而不是二者相互独立）或群体之间的依赖关系表现为一方的利益是以另一方的牺牲为代价的，都会成为激发冲突的力量。

(3) 个人因素。最后一类潜在的冲突源是个人因素。包括个人价值观和个性特征，它们构成了一个人的风格，使它不同于其他人。

有研究表明某些人格类型（如十分专制教条的人、缺乏自尊的人）是冲突的潜在原因。但在社会冲突的研究中，有一个非常重要却又常常被人们忽视的因素：价值观的差异。价值观的差异能很好地解释很多问题，如偏见，个人对贡献与应得报酬之间不一致的评价，对一本书的评价等等。比如，你的上司会因为你是女性而认为你不适合某项工作；你很欣赏某本书，而你的同事却认为它是废纸一堆，这些都是价值观的判断。价值观的差异也是导致冲突的一个重要原因。

阶段二：认知和个性化。如果阶段一中提到的条件对某一方关心的事情有一定程度的消极影响，则潜在的对立或不一致在阶段二中就会显现出来。只有当一方或多方认识到冲突或感觉到冲突时，前面所说的条件才会导致冲突。

在冲突的定义中我们强调，必须要有知觉存在。也就是说，一方或多方必须意识到前面所说的条件的存在。然而，认识到的冲突（perceived）并不意味着它就个性化了。换句话说，A可能认识到B与A之间意见十分不一致——但这并不一定会让A感到紧张或焦虑，也因而不一定会影响到A对B的感情。而在情感上的冲突（felt conflict）中，当个体有了情感上的投入，双方都会体验到焦虑、紧张、挫折或敌对。

这里有两点需要记住：第一点，阶段二之所以重要是因为此时冲突问题变得明朗化了。在这一过程中，双方决定冲突将是什么性质，这一点非常重要。因为定义冲突的方式极大地影响到冲突的可能解决方法。比如，如果我把报酬上的不一致界定为这样一种情境，即如果增加了你的报酬，那么我所得到的报酬就会减少，那么，我当然不乐意妥协。但如果我把冲突界定为一种潜在的赢—赢情境（即报酬总额是可以提高的，因此你我都可以获得自己希望的加薪），则会增加折中方案的可能性。可见，冲突的界定非常重要，它勾勒出解决冲突的各种可能办法。第二点，情绪对知觉的影响有着重要作用。比如，研究发现消极情绪会导致过于简单地处理问题，降低了信任感，对对方的行为也会作出消极的解释。相反，积极情绪则增加了在问题的各项因素中发现潜在联系的可能性，以更开阔的眼光看待情境，所采取的解决办法也具有创新性。

阶段三：行为意向。行为意向（intentions）介于一个人的认知、情感和外显行为之间，它指的是从事某种特定行为的决策。

为什么要把行为意向作为独立阶段划分出来呢？你只有判断出一个人的行为意向之后，才能知道他会做出什么行为。很多冲突之所以不断升级，主要原因在于一方对另一方进行了错误归因。另外，行为意向与行为之间也存在着很多不同，因此一个人的行为并不能准确反映他的行为意向。

图9-2表明了处理冲突的主要行为意向。图中根据两个维度：其一是合作程度（一方愿意满足对方愿望的程度）；其二是肯定程度（一方愿意满足自己愿望的程度），确定出了5种处理冲突的行为意向：竞争（自我肯定但不合作）、协作（自我肯定能够且合作）、回避（不自我肯定且不合作）、迁就（不自我肯定但合作）、折中（合作性与自我肯定性均处于中等程度）。

（1）竞争。竞争（competing）指的是一个人在冲突中寻求自我利益的满足，而不考虑他人的影响。这方面的例子有：试图以牺牲他人的目标为代价而达到自己的目标；试图向别人证实自己的结论是正确的，而其他人的则是错误的；出现问题是试图让别人承担责任。

（2）协作。协作（collaborating）指的是冲突双方均希望满足两方利益，并寻求相互受益的结果。在协作中，双方的意图是坦率澄清差异并找到解决问题的办法，而不是迁就不同的观点。这方面的例子是：试图找到自己赢—对方也赢（win-win）的解决办法，使双方目标均得以实现；寻求综合双方见解的最终结论。

（3）回避。回避（avoiding）指的是一个人可能意识到冲突的存在，但希望逃避它或抑制它。这方面的例子有：试图忽略冲突，保持中立；回避其他人与自己不同的意见等。

第九章 群体间的互动行为

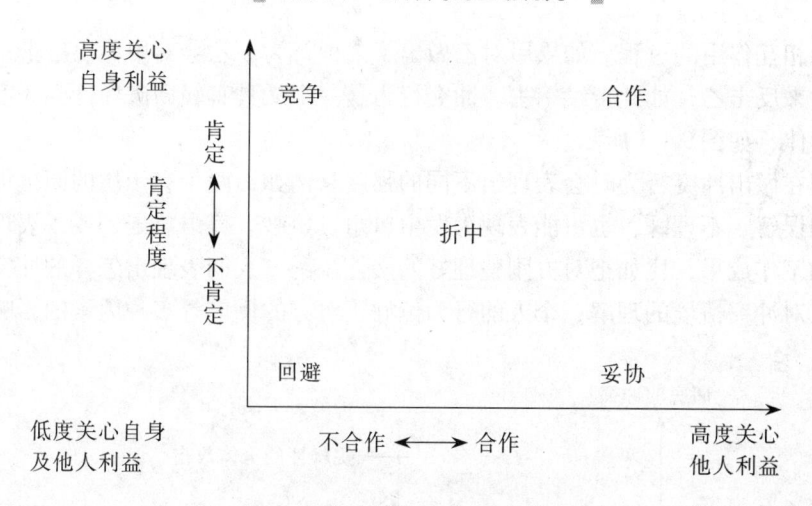

```
高度关心
自身利益
    ↑
  肯定      竞争            合作
  ↑
肯定程度            折中
  ↓
  不肯定
            回避            妥协
    
低度关心自身    不合作 ←→ 合作    高度关心
及他人利益                         他人利益
```

图 9-2 冲突的行为意向模型

（4）迁就。如果一方为了抚慰对方，则可能愿意把对方的利益放在自己的位置之上。换句话说，迁就（accommodating）指的是为了维持相互关系，一方愿意做出自我牺牲。这方面的例子有：愿意牺牲自己的目标使对方达到目标；尽管自己不同意，但还是支持他人的意见；原谅某人的违规行为并允许他继续这样做。

（5）折中。当冲突双方都放弃某些东西，而共同分享利益时，则会带来折中（compromising）的结果。在折中中没有明显的赢者或输者。他们愿意共同承担冲突问题，并接受一种双方都达不到彻底满足的解决方法。因而折中的明显特点是，双方都倾向于放弃一些东西。这方面的例子有：双方承认在某些看法上是共同的；对于违规问题承担部门责任。

行为意向为冲突情境中的各方提供了总体的行为指南，它界定了各方的目标。但人们的行为意向并不是固定不变的。在冲突过程中，由于重新认识或对对方行为的情绪性反应，它可能发生改变。不过，研究表明，人们在处理冲突时要采取何种方式总有一种基本的倾向。具体而言，在上述5种处理冲突的行为意向中，各人有各人的偏好，这种偏好是稳定而一致的，并且如果把个人的智力特点和个性特点结合起来，可以有效地预测到人们的行为意向。因此，更恰当地说，5种处理冲突的行为意向是相对稳定的，而不是一个人为了适应恰当的环境而进行的选择。也就是说，当面对冲突情境时，有些人希望不惜一切代价获胜、有些人希望发现一种最佳的解决方式、有些人希望逃避、有些人希望施惠于人，还有一些人则希望共同分担。

阶段四：行为。阶段三中的行为意向为后面所要采取的实际行动提供了基本的指南。在阶段四中，行为意向就转化成了明显可见的实际行动。冲突行为往往是一个动态的相互作用的过程。如果甲对乙做出了某种行为，乙会对甲做出反击，甲再继续反过来反击乙，如此持续下去。冲突行为是一个从具有轻微破坏性到高度破坏性的连续体，如图9-3所示。

人们在做出冲突行为时会表现出不同的强度。例如，两个有矛盾的同事可能表现为互相误解、不理睬，也可能表现为发生口角、争吵、言语攻击，或者表现为破坏对方的工作成果，比如把对方刚整理好的文件搞乱。人们表现出怎样的冲突行为受到个人对冲突情境的理解、个人的行为偏好、对方的反应等多种因素的影响。

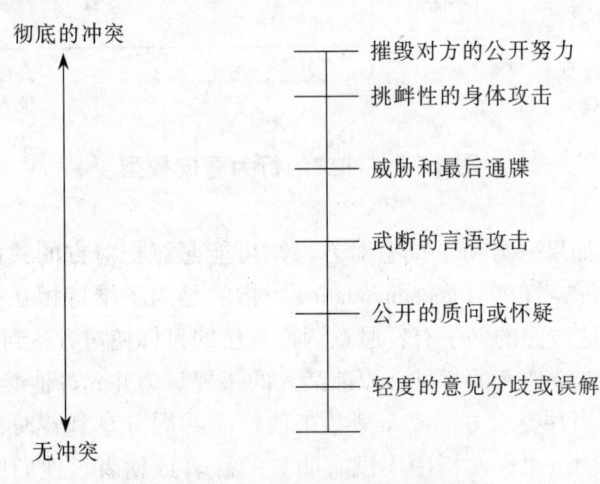

```
彻底的冲突 ↑  ─── 摧毁对方的公开努力
              ─── 挑衅性的身体攻击
              ─── 威胁和最后通牒
              ─── 武断的言语攻击
              ─── 公开的质问或怀疑
              ─── 轻度的意见分歧或误解
     无冲突 ↓
```

图9-3　冲突行为强度的连载体

阶段五：结果。冲突行为所导致的结果可能是功能正常的结果，即冲突提高了群体工作的绩效；也可能是功能失调的结果，即冲突降低了群体的工作绩效。

（四）冲突管理

冲突的存在可以给组织带来益处，但也有很多不良的影响。那么如何对冲突进行管理，发挥它对组织的有益作用，避免或消除它的不良影响，就是我们应该做的一件很关键的事情。

组织中常常会有各种各样不同的冲突。有些冲突是具有破坏性的，有些冲突是具有建设性的。同时冲突也会表现出不同的高低水平。在对冲突进行管理时，一方面要将那些冲突水平较高、呈破坏性的冲突有效地降低水平，并促使冲突向建设性冲突的方向发展；另一方面针对组织中冲突水平过低的状况，可以适当考虑激发一些建设性的冲突。

第九章 群体间的互动行为

1. 解决冲突的方法。常见的解决冲突的技术有：

（1）目标升级。提出一个共同的目标，该目标不经冲突双方的协作努力是不可能达到的。研究表明，合作不仅有利于组织绩效的提高，而且有助于提高员工的满意度、群体的凝聚力，还能提高创造力和适应性，最终实现组织的目标。设置共同的目标是激发合作、减少冲突的最佳方法。

（2）资源开发。如果冲突是由于资源缺乏造成的，那么对资源进行开发可以产生赢—赢解决方法。

（3）缓和。通过强调冲突双方的共同利益而减弱它们之间的差异性。

（4）折中。冲突双方各自放弃一些有价值的东西。

（5）官方命令。管理层运用正式权威解决冲突，然后向卷入冲突的各方传递它的希望。

（6）改变人的因素。运用行为改变技术（如人际关系训练），改变造成冲突的态度和行为。

（7）改变结构因素。通过工作再设计、工作调动、建立合作等方式改变正式的组织结构和冲突双方的相互作用模式。

（8）协商。协商是指冲突双方面对面地讨论存在着的分歧，通过坦率真诚的讨论来解决问题。通过互谅互让，找到冲突解决的理想方式。

（9）调解。调解是指第三方通过各种形式迫使冲突双方自愿达成协议。调解人通常没有正式权威，不能强迫冲突各方接受自己的意见。但是，调解人可以通过澄清问题、鼓励沟通、提出建议、融通关系等措施迫使冲突得以顺利解决。

（10）仲裁。仲裁是指拥有职权的人（通常是上司）在认真分析冲突的基础上提出双方都能接受的问题解决协议。仲裁的类型有：

①有约束力仲裁，是指双方同意接受的仲裁；

②自愿仲裁，是指双方保留执行自主权的仲裁；

③传统仲裁，是指仲裁者可以提出任何解决方案；

④最终提议仲裁，是指仲裁者只能在冲突双方提出的最后方案之间做出选择。

应当指出的是，仲裁可能会留下一些潜在问题。例如，冲突一方怀疑仲裁者存在偏见，冲突双方可能对仲裁持有异议等。这些都会影响仲裁的执行。

2. 冲突的策略。

（1）改变冲突观念和组织文化。要想激发冲突，首先要让人们对冲突有正确的认识，看到冲突的作用。这样就使得冲突在组织中有了合法的地位。管理者应该努力营造一种鼓励建设性冲突的组织文化，这种文化鼓励人们提出新的观点甚至是反对的意见，鼓励人们进行创造性的思维，同时用奖励的手段对这样的行为加以强化。

（2）引进异质的群体成员。有时，一个群体或组织中缺乏活力的状态是由于成员的同质性过高，大家具有高度一致的态度、观念、价值观，因此冲突水平过低。如果引进与原有成员的态度、观念、价值观不同的外来者，则可能会带来一些新的活力。因此，很多时候在一些团队的构成上往往要考虑成员具有不同的背景。

（3）引入竞争机制。在组织中建立竞争性的工资、奖金等报酬体系，使得组织成员之间有适当的竞争，这样有利于增强组织的生产力和创造力。

（4）委任比较民主的领导者。在有些情况下，组织或群体中的冲突水平过低，往往是由于领导者比较专制，容易引起群体思维，不同的见解得不到表达，而且人们也惧怕表达不同的见解。如果领导者比较民主，就能够鼓励人们提出不同的想法。

（5）组织的重新建构。在现有的组织结构中，已经形成了一些固有的规则和习惯，使得组织缺乏活力。如果通过调整工作群体，改变规章制度，提高相互依赖性，以及其他类似的结构变革，就可以打破现状，可能形成新的冲突。

（6）运用检查者的角色。如果认为有必要的话，可以在群体中指定一名或几名检查者，或者称作批评者、吹毛求疵者。这些人可以提出反对意见或者大家考虑不到的问题，利用意见冲突使大家的思维都活跃起来，增加创造性思维。

二、群体间关系

（一）群体间关系的概念

群体关系指的是群体与群体之间的关系。群体关系是群体行为研究的一个重要内容，它涉及群体间行为。群体间行为是指组织内部的两个或两个以上群体之间的相互作用。这些相互作用的群体可以同处一个部门，也可以分处不同部门。对于群体之间行为来说，最重要的是如何协调来提高其绩效，因为这些群体共处于同一组织内部，其相互作用的成效直接影响着组织的运行状况及其目标的实现。为此，第一，每个群体都必须知道自己应干什么，目标必须清楚；第二，相关的各个群体必须进行协作，因为每个群体都是生产过程中的一个重要环节（对企业来说）；第三，群体间的衔接必须有统一的仔细的规划，并付诸行动。

（二）群体间关系的依存模式

在同一个组织内部存在的群体之间必然存在相互依赖关系，这种相互依赖关系就是群体协调它们的各种活动以达到所希望能够达到的绩效水平的程度。群体之间

第九章 群体间的互动行为

的相互依赖性与相互依存方式有着密切关系。群体之间的依存模式可分为以下三种类型:

1. 合作或联营型相互依存关系。合作型相互依存关系(pooled interdependence)是指两个或两个以上群体在行为上各自独立,即它们之间在行为及行为结果上并不存在直接的输入、输出关系。如果说合作型关系也是一种相互依赖,那么这种相互依赖仅仅在它们共同为组织系统的总体目标做出贡献上体现出来。例如,一所医院的理疗科、药房和病历室几乎是相互没有关系,然而,如果它们其中的任何一个部门工作效率低下,那么就会导致医院整体目标中一个或更多的目标失败。在为共同目标贡献着一点上,三者处于并列型相互依赖关系之中。

2. 顺序型相互依存关系。顺序型相互依存关系(sequential interdependence)是指一个群体的输出项部分地或全部地构成了另一个群体的输入项,即后者在实现自身目标时依赖于前者的协作。比如一个生产企业中,原材料供应、生产加工、销售等群体之间就构成了单向型依赖关系,在这个序列中,后者的输入量受到前者的输出量制约,如果前者输出量不能满足后者的需求,则会妨碍后者完成工作目标。之所以说上述序列是单向依赖,是因为只有在总体目标中才能体现出它们之间关系的相互依赖(缺一不可)性质。如果仅就这些群体活动的具体关系来看,前者在实现自身目标方面并不需要直接从后者取得输入,而后者则不得不依赖于前者。

3. 互惠型依存关系。互惠型依存关系(reciprocal interdependence)是指两个或两个以上群体之间在行为及行为结果方面存在着对流交换式的输入、输出关系,即自己一方的输出部分地或全部地构成了对方的输入,同时对方的输出亦部分地或全部地构成自己一方的输入。比如一个企业中,产品开发部门和销售部门之间就存在这种双方依赖关系,产品开发部门销售部门提供试销产品,销售部门则将销售结果作为重要参数反馈给开发部门。

(三) 群体间行为的影响因素

群体间行为的成效取决于协调,而在制订和实施协调措施之前,必须先确认那些制约着协调过程的重要因素。这些因素有:目标、不确定性、可替代性、工作任务关系、资源共用性和彼此看法等,它们是影响群体之间的行为和工作成果的主要因素。如图9-4所示。

1. 目标。各群体的目标(goals)会对他们之间的行为与工作成果产生很大的影响。最理想的情况是,每个群体把他们的目标和整个组织的目标看做是个整体,并把他们的目标同其他群体的目标看做是互相一致和互相补充的。这样,我们就会看到各群体之间的互相通气和合作、相互关心、相互尊重，对对方所提出的要求能给予迅速解决，这是一种对各方都有利的情况，每个群体都能实现他们的目标。但是，各群体的目标并不是完全一致的和相互补充的主要有下列几种情况：

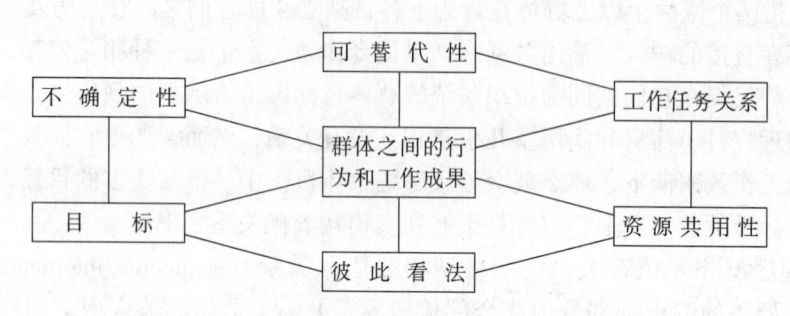

图 9-4　影响群体之间的行为成效的主要因素

（1）目标冲突。目标冲突的情况是一个群体的目标的实现会妨碍另一个或几个群体的目标的实现，或影响他们目标的实现程度。在一个组织内部的几个群体的目标根本不相容的情况是不大可能的。但一个群体目标的实现会使另一个群体直接受到损失的情况也确实存在。

（2）混合的目标冲突。各群体目标之间的冲突常常是混合的，也就是说，各群体在其目标的实现上，也并不是完全相冲突的。比如一个大公司的生产部门的目标同销售部门的目标，在某一点上可能不一致；但在其他点上又可能是一致的。比如，在引进新产品方面，生产部门认为在一年时间内引进三种新产品，可能得到的好处补偿不了工作效率上的损失。但如果引进这三种新产品是三年时间，而不是一年，那么就会使生产部门能够实现他们提高效率的目标，同时，也能使销售部门能够实现其负责改变客户需求的长期目标。

（3）群体之间的竞争。这种竞争是目标冲突的一种运用形式，研究成果表明，在两个互相作用的竞争的群体之间，会产生一些非常突出的变化：

①在竞争的条件下，每个群体可能变得更加团结。成员对本群体更加忠诚；成员之间的一些分歧会搁置一边，队伍紧密团结。

②在竞争群体之间可能会敌视对方，减少相互交往，削弱相互协作和互相帮助的精神。竞争使得每一个群体都会产生偏见，只看到群体的优点，而看不到自己的缺点；对于另一群体则只看到它的缺点，而看不到它的优点。

③在竞争中获胜的一方在一片欢庆胜利声中，可能会出现松劲情绪。

④在竞争中失败的一方可能会否认或歪曲失败的真正原因，甚至发生争吵或相互埋怨。结果内部关系紧张，合作减少，从而导致重新改组和其他变化。

第九章 群体间的互动行为

从以上的目标冲突分析中,我们看到这样两点:第一,两个相互作用的群体把他们的目标看做是一致的,还是看做相互冲突的,会在很大程度上影响着这两个群体之间的关系。第二,各群体之间的目标完全一致,不一定是最好的目标冲突也不一定就是坏事。问题的关键是看这种目标冲突到什么程度,产生了什么影响,有什么办法和措施能够创造性地调节他们。企业领导者的责任正是在于使目标的设计有利于引导出好的群体行为和工作成果;限制和消除那些不良的群体行为和工作成果。

2. 不确定性。不确定性(uncertainty)是指已了解到的情况和为正确决策还需要了解的情况之间的差距。为了做出正确的决策就必须有确切的情况,为此就应建立一些专门小组或指定一些专人去加强调查研究工作。情况了解得如何,直接影响着群体之间的行为工作成果。

情况了解得不够,这是一些群体常有的毛病。有这种毛病的群体要决策就容易造成失误,它对其他群体行为的影响力就小;相反,那些情况明确的群体具有较大的群体之间的权力,也就是说,它对其他群体行为的影响力就大。这是因为,这种群体可以减少别的群体的失误,并保证群体的决策正确,从而导致好的群体行为和取得理想的工作成果。

在群体之间的每一个群体的权力,可以作为影响另一个群体行为的基础,这种权力有三个重要方面,即分量、领域和范围。权力的分量是指一个群体能影响另一个群体行为的程度。权力的领域是指一个群体所能影响的群体数目。权力的范围是指一个群体所能决定的另一个群体行为或决议项目的范围。

从上述不确定性的分析中我们看到:作为企业领导者应当十分重视了解程度的影响作用,努力克服不确定性。并以此为基础认真考虑哪些群体或个人应该有权做出哪些影响其他群体或个人的决定;认识这些权力上的差别则是引起群体之间冲突的重要因素;在要求某些群体或个人解决难题时,还必须和他们的知识和专长相适应,等等。

3. 可替代性。可替代性(substitutionality)是指一个群体能从另一个或更多个群体中取得所必须的资源和服务的可能程度。这种可替代性和群体间的影响力是一个反比关系,也就是说,某个群体所必须的资源和服务越是不容易被代替,那么这个群体对它所供应的群体行为的影响力就越大,即群体间的权力越大;反之,可替代性越大,则群体间的权力越小,即对别的群体行为的影响能力越小。为了充分利用资源,应当大大地提倡各群体都应充分利用本组织内部的其他群体所提供的资源和服务。为了争取别的群体为本群体积极地提供资源和服务,一般都应给予对方群体一些额外的奖励。

4. 工作任务关系。工作任务关系(task relations),也就是同一组织中不同群体间相互依存度与可替代性有关，如果群体之间没有工作任务关系，可替代性的问题也就不存在了。一个组织内部的任何两个群体之间可能的工作任务关系有三种相互联系的基本类型：独立的、相互依存的和从属的。对应着的群体间相互依赖性的三种模式：合作型、顺序型和互惠型。

5. 资源的共用性。资源共用性（resource）是指两个或两个以上的群体，必须同时使用一个资源。比如，两个群体合用一个打字室打印文件。这两个或两个以上的群体合用一个共同的人力和物力的资源会在他们之间产生竞争或合作。企业领导者的责任在于鼓励群体之间在合用一个较缺乏的资源方面尽力合作，并尽可能减少和避免不必要的竞争以及破坏性的冲突。

6. 彼此看法。彼此看法（attitudinal sets）是两个或两个以上群体相互之间的思想和感情的表现。一个群体的成员对另一个群体持有的总看法，可能是他们彼此关系本质的起因，也可能是他们相互关系本质的结果。例如，两个群体相互信任，就可能更多地考虑对方的意见，如发生问题时更愿意主动承担责任，在做出对对方都有影响的决定前更愿意相互磋商。反之，如果两个群体之间互不信任，出了问题也必然是责怪对方，群体之间互相抱有看法往往还发展成为成见。"成见"是规范化了的直截了当的评价，它反映了群体之间现在或过去的关系，或这些关系给群体的总的印象。如果各群体把他们相互关系基本定型为合作的或冲突的两大类，就会有许多可能的态度表现和行为表现。如图9-5所示。

图9-5中总结了这些态度表现和行为表现的一部分。在极端的冲突中，两个群体可能互不信任和无反应，各自强调自己的利益，他们只有在需要的时候才打交道，拒绝相互影响或控制等等。在高度合作的关系中，双方相互信任、有反应、强调互利、容易并经常打交道、接受相互影响或控制等等。例如，两个群体合作特点多于冲突特点时，他们之间解决问题的效率可能高些，这对组织内部的群体之间的关系尤其是这样。然而，有些群体如贸易公司、工业群体、职业群体和政治群体的冲突性越强，就越可能达到他们的目标。所以我们必须谨慎，不能说只有一种最好的群体关系，好不好要看有关群体的目标和他们的观点而定。

总而言之，彼此看法的重要性不在于这个组织是怎样解决问题的，而在于它能够影响群体之间的行为和工作成果的本质。无论是合作的还是冲突的，都能对两个群体是否能够和愿意为达到组织的目标而一起工作产生很大的影响。两个群体是相互依存的，很可能冲突的相互看法会降低达到目标的程度，因为一个群体最终压倒另一个群体，需消耗很多的时间和精力。

研究群体间行为的最终目的是推动实现群体间行为的高绩效，因此仅仅了解制约因素以及由它规定的协调需求还不够，更重要的是掌握和运用各种协调手段来满足这些协调需求，以提高群体间行为成效。

第九章 群体间的互动行为

在合作的极端情况下	标尺	在竞争和冲突的极端情况下
信任	┠──┼──┼──┼──┨	不信任
灵活	┠──┼──┼──┼──┨	死板
坦率并可信	┠──┼──┼──┼──┨	不坦率也不可信
有反应	┠──┼──┼──┼──┨	无反应
相互照顾对方利益和目标	┠──┼──┼──┼──┨	只顾自己利益和目标
友好或中立	┠──┼──┼──┼──┨	挑衅性或敌视
现实的	┠──┼──┼──┼──┨	不现实的
交往多而必要	┠──┼──┼──┼──┨	交往少而极个别
相互倾听意见	┠──┼──┼──┼──┨	只顾自己
相互接受控制	┠──┼──┼──┼──┨	拒绝相互控制
愉快的	┠──┼──┼──┼──┨	痛苦的
乐观的	┠──┼──┼──┼──┨	悲观的
成就和隶属	┠──┼──┼──┼──┨	权力和高压
正视和妥协	┠──┼──┼──┼──┨	强迫和逃避
满意	┠──┼──┼──┼──┨	不满意

图 9-5　群体之间的总关系的一些态度表现和行为表现

（四）管理群体间关系的方法

在管理群体间关系方面，我们介绍最常使用的 7 种方法。如图 9-6 所示，根据付出代价的多少可以把这 7 种方法排列在一个连续体上。排在连续体越上端的方法功能性越强，下端的办法不能代替上端的办法。在大多数组织中，位置处于低端的简单方法常常和位置处于高端的复杂方法结合起来使用。比如，管理者在运用工作团队来调节群体间关系的同时，也可能会使用规则与程序。

1. 规则与程序。在管理群体间关系上，最为简单、花费也最低的办法是：事先构建一系列正规的规则与程序来具体说明群体成员之间应该怎样相互作用。比如，在大型组织中，标准的操作程序有可能具体说明了下面这种情况：任何部门需要补充雇员时，应该首先向人力资源部填写"新员工申请表"；人力资源部拿到申请表后，要根据规范过程来满足要求。

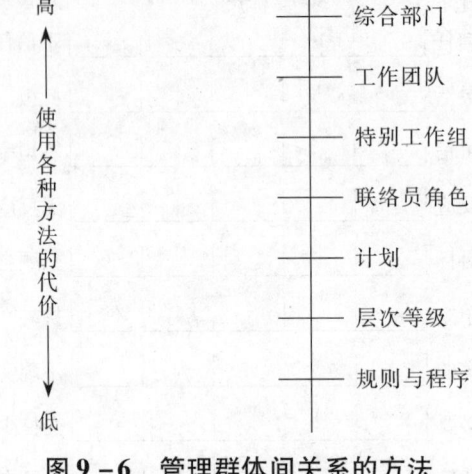

```
高
↑
使
用
各
种      ──┼── 综合部门
方
法      ──┼── 工作团队
的
代      ──┼── 特别工作组
价
        ──┼── 联络员角色

        ──┼── 计划

        ──┼── 层次等级

        ──┼── 规则与程序
↓
低
```

图 9-6　管理群体间关系的方法

　　要注意，这些规则与程序把部门或工作群体之间流动的信息和相互作用的需要减少到最低程度。这种做法的主要缺点是，只有当人们事先预期到群体间的活动，并充分认识到建构的规则和程序确实能处理他们的问题时，它才能工作良好。在动荡和变革条件下，仅仅有规则和程序并不能充分保证群体之间的有效协作。

　　2. 层次等级。在管理群体间关系时，如果程序和规则不足够充分，那么组织中层次等级的使用就会成为首选办法。这种方法指求助于组织中更高层次的主管解决问题，从而获得协作关系。在一所学院里，如果各系主任之间在讨论开设哪些新课方面意见不统一，他们可以带着问题去学校的教务主任那里获得解决办法。这种方法的最大局限在于，它增加了上级主管花费的时间。如果所有的问题都用这种方法解决，组织中的首席执行官无疑会限于解决群体间问题的汪洋大海之中，再没有时间处理其他事。

　　3. 计划。连续体中的第三个方法是运用计划促进协作。如果每个群体都有自己负责的具体目标，那么每个群体都会知道自己应该做什么。群体之间工作所产生的问题可以通过确定每个群体的目标和贡献得到解决。在一个组织中包括不同的工作部门：财务部门、销售部门、人力资源部门，等等，每个部门都有一系列的目标定义了自己的责任范围以及减少群体间冲突的条例。但是，当工作团队没有清晰界定的目标时，或群体之间密切联系在一起时，靠计划作为协作手段起不了什么作用。

　　4. 联络员角色。联络员是一个很特殊的角色，它是为了促进两个相互依赖的工作单元之间的沟通而专门设计的。比如，某个组织中财会人员与工程技术人员之间有很长的冲突的历史了，因此管理层聘用了一名既有 MBA 学历，又有几年公共

第九章　群体间的互动行为

会计经历的工程人员。这个人能够使用两个部门的语言，理解两个部门的问题。这名新的联络员角色被确定之后，过去由于财会部门与工程部门之间的冲突而造成的难以合作的局面有了很大改观，这种协作机制的最大局限性是，在处理相互作用群体之间的信息时，联络员的个人能力是有限的，尤其在大型群体中和相互作用相当频繁的群体中更是如此。

5. 特别工作组。特别工作组是一个临时性的群体，它由来自不同部门的代表组成，它的存在时间取决于问题得以解决的时间。一旦问题获得解决，特别工作组的成员又会返回各自的部门中。如果相互作用的群体数目不止两三个，那么特别工作组是一种协同活动的最佳手段。

6. 工作团队。当工作任务更加复杂时，在实施的过程中又会出现很多另外的问题。此时，前面的各种协作手段就显得力不从心了。如果在决策方面需要的时间很长，沟通的范围又很广时，高层管理者就不得不花费更多时间在工作现场，此时使用永久性的工作团队是最佳做法。它们常常是针对那些经常发生的问题设计的，团队成员既与他过去所在的功能部门保持联系，又与工作团队保持联系。当团队的任务完成时，每一个成员又可以用全部的时间处理他所在的职能部门的工作。

7. 综合部门。当群体间的关系过于复杂，以至于通过计划、特别工作组和工作团队等方式都无法协调时，组织就应该构建综合部门。它们是永久性的部门，成员正式由共同完成任务的两个或多个群体组成。这种永久性的群体维持起来代价很高，但是，当组织中很多群体的目标相互冲突时、非常规的问题很多时以及群体间的决策对组织的总体运行有着相当大的影响时，应该使用这种方法。如果组织要长期进行经费削减，使用这种方法管理群体间的冲突也是最佳的。当组织不得不削减规模时（目前很多企业都存在这种情况），如何分配越来越少的资源，在这种情况下综合部门的使用是管理群体间关系的有效手段。

本章小结

群体之间的行为是影响群体活动的重要因素。个体作为群体中的一员，其行为不仅受到该群体的影响，还要受到其他有关联群体的影响。研究群体间的互动行为的目的在于通过群体成员之间的行为关系来观察和判断群体内聚力的状况，并通过调整群体之间的行为关系，促进群体内聚力的提高，从而提高群体成员的群体意识，最终促使群体之间的行为更为合理，并且提高群体士气，达到更好的群体行为效率。本章重点讨论了影响群体之间行为的主要因素和协调机制、群体冲突和管理等问题。

冲突是指一方（包括个体、群体或组织）认识到另一方正在或将要采取阻碍、危害自己实现目标行动的过程。与传统的观念不同，现代观念认为冲突是不可以避免的，只要有人群的地方，就可能存在着冲突，因为它是利益分配不平衡的具体表现。但只要处理得当，不但不会导致组织的混乱和崩溃，甚至还会给组织带来好处。所以管理者的任务不是努力消灭冲突，而是在缓和与避免冲突发生的前提下，正确地、有效地对待已发生的冲突，使冲突的结果有利于绩效水平的提高。

群体间行为是指组织内部的两个或两个以上群体之间的相互作用。这些相互作用的群体可以同处一个部门，也可以分处不同部门。对于群体之间行为来说，最重要的是如何协调来提高其绩效，因为这些群体共处于同一组织内部，其相互作用的成效直接影响着组织的运行状况及其目标的实现。

▶ 思考题

1. 阐述冲突的含义与类型。
2. 传统意义上的冲突和现代意义上的冲突有何区别？
3. 结合具体事例，分析冲突的各个阶段。
4. 冲突有何作用？企业管理者如何对待冲突？
5. 群体间关系指的是什么？在同一组织中不同群体之间有哪些依存模式？
6. 通过哪些方法可以有效协调群体间行为？

▶ 案例应用

"空降兵"黄先生

1998年3月，黄先生被聘用至中美合资HSM制冷有限公司任信息中心经理，直属总经理/副总经理领导。这一级别中黄先生是惟一的向总经理或副总经理报告的经理。俗话说："外来的和尚好念经"，但也有人说："外来的和尚不容易被承认"。这也是为什么CEO可以跳来跳去，而中层管理人员中却鲜有聘来聘去的。然而黄先生在HSM正是中层管理人员。当时，HSM既非处在初建阶段，又非处在大改组大调整阶段，因此黄先生的到来属于典型的"空降部队"或"空降兵"。

受聘HSM对黄先生来说是一个挑战：HSM使用世界级的优秀ERP（制造资源计划）软件Bann，而该软件于1997年已实施完毕，那时黄先生对于ERP还可以说是门外汉；这里用的网络操作系统是WindowsNT，而此前黄先生根本没有接触

第九章 群体间的互动行为

过。但是，当时的副总经理，现在的总经理，即黄先生的顶头上司选黄先生来担任信息中心的经理，是有他的理由的，即黄先生的背景和基础比这里现有的成员都要好，黄先生有能力迅速地适应这里的环境并担负起领导他们的职责。他相信他的眼力，他对黄先生充满信心。

在黄先生到 HSM 以前，HSM 内部有不同意见，反对者是财务部长，美籍华裔，原来是由他引进和负责 Bann 系统的，后经公司高层研究决定，Bann 系统的负责权移交副总经理。但这个财务部长是董事会理事，是合资公司仅剩的两个美方人员之一（另一个是总经理）。他甚至召集财务部的几个操作员与当时的 Bann 系统管理员，还有黄先生，在黄先生还未正式上班时开会说：黄先生与当时的 Bann 系统管理员到底谁当经理都还不一定，这出乎黄先生的意料，因为黄先生应聘的就是计算机中心经理一职，而且是由哈斯曼替黄先生向原单位交进 1 万元才把黄先生"挖"走的。

财务部长还要求黄先生试用的 3 个月内要完成两件事情。后来得知，他认为这两件事情根本不可能完成，即使在公司的美国本部也没有做成，更不用说对于黄先生这个初次接触 Bann 系统、连培训都没有接受的人去做一个高级的管理者才可能去做的事。因此，他实际上是在刁难黄先生，与副总经理过不去。他所做的这些，副总经理当时根本不知道，因为他去了美国。黄先生初到 HSM 除去应对技术与新的管理课题的挑战外，还要处理好复杂的人际关系、上下级关系。

副总经理从美国回来后，黄先生立即进了 HSM 工作，第一天他就发备忘录说："我公司新聘任的计算机经理已经上任，在为期 3 个月的试用期中，他的主要任务是熟悉管理和熟悉 Bann 系统。"

在这 3 个月里，黄先生心里很清楚：要做出成绩，一是要大家承认，二是要在人际关系的战争中增加重重的砝码。这次人际关系和人际间的斗争凸显在黄先生的面前，黄先生不得不正视它、深刻认识它。人际关系是在任何企业环境里都有的，它本身不是贬义词，而是中性词。不管在国内还是国外，不同的人对一个人的看法一般是不同的。什么是正当的人际关系？只要在工作中以工作为重的人，以工作为核心而建立起来的人际关系我们就应该正视它。

黄先生的工作终于在试用期快结束的时候有了重大突破，但不是解决了财务部长留给黄先生的作业，而是解决了威胁整个公司应用 Bann 系统的几个问题，这些问题曾长期困扰 HSM。黄先生的另外一些事情也得到了广泛赞誉。至此，黄先生感到自己在 HSM 的这个岗位已初步站稳了脚，现在黄先生部下的那个系统管理员也不得不承认黄先生，开始向黄先生吐露心声，为他以前的过火行为赔礼道歉。

这 3 个月对黄先生而言确实是忍辱负重的时期。正如副总经理所说，人一辈子这样难过的时候，这是一种难得的锻炼。记得有一次，副总经理问黄先生和那个系统管理员相处如何，黄先生说："我和他没有矛盾。"——这个时候黄先生的心态是很好的，这说明一方面黄先生能包容他，另一方面黄先生能领导他；由于两个人不在同一档次，黄先生不用和他去挣饭碗而是要用他时，大矛盾也就无从产生了。

▶ 问题

1. 一般来说，"空降兵"易于与原有的老人产生冲突，请结合本案例，谈谈黄先生与新公司中原有人员产生冲突的原因是什么？黄先生又是如何化解的？
2. 冲突的产生对组织而言，未必是一件坏事。请你结合本案例进行分析。

第十章

建设性沟通与人际关系调整

❖ **本章学习目标**

阅读和学完本章后,你应该能够:
◇ 掌握沟通的概念,了解沟通的意义以及沟通中存在的障碍和改善沟通的技巧
◇ 了解人际关系的概念及其类型,掌握人际关系的影响因素和改善人际关系的方法

开篇案例

结果为什么大相径庭

随着大华公司业务的迅速发展,预算增加的幅度也比较大。于是公司开始实施一些新的成本控制措施。其中一项措施就是要求每个作为成本中心的部门都要填写一份新的月成本控制报告,这个报告是向会计中心提供信息和向各部门提供反馈信息而特别设计的。

这种报告已经使用了3个月。一些部门能够正确、完整地填写并且及时上交,他们能够使用这些信息,有效地控制成本开支;但另外一些部门却似乎对这种报告迷惑不解,不知道如何填写,当然也就无法使用这些数据来控制成本了。

于是会计中心的负责人李非决定选取一个正确填写的部门和一个不能正确填写的部门了解一些情况,看看结果为什么会大相径庭。他所选取的正确填写的部门是由雷雨管理的部门。通过与雷

> 雨和他的下属交谈后，李非发现雷雨的下属熟悉这种表格的填写并且愿意填写这个表格，他们也知道这个表格的目的和意义。因为雷雨曾经召开了一个会议与下属详细讨论了这个表格，并且在第一次填写时与每个下属单独交流了有关表格中的问题。而三次上交的报表都不及时正确的是李丽管理的部门。据了解，她并没有在部门内同下属讨论这份报表，只是将空白表格的样式发给大家并宣布每月要汇总到秘书那里交到会计中心。难怪她的下属并不理解为什么要填写这个表格，有的人认为这个表格增加了自己的工作量而拒绝填写，有的人不知道表格中有些内容该如何填写，因此只好按照自己的理解来填写了。

一、沟通的基本原理

（一）沟通的概念与作用

1. 沟通的概念。沟通就是信息交流，它可以是通讯工具之间的，如电报、电话等，这是通讯技术研究的问题；也可以发生在人与机器之间，如人机对话等，这是人工智能研究的范畴；还可以发生在人与人之间，这是社会心理学的研究对象。而在组织中发生的人与人、群体与群体之间的信息交流过程，或者组织与组织之间的信息交流过程，才是组织行为学研究的课题。因此在组织行为学中，沟通指人、群体、组织之间传达思想、交换情报、交流信息的过程，其中人际沟通是最基本的。因为群体、组织之间的沟通最终要通过人际沟通来实现。因此，以下我们所说的沟通即指人际沟通。

2. 沟通的作用。对一个组织来说，沟通的作用在于使组织中的每个成员都能够在适当的时候，将适当的信息，用适当的方法，传给适当的人，从而形成一个健全、迅速、有效的信息传递系统，以有利于组织目标的实现。具体说来可体现在三个方面：

（1）提供充分、准确的信息材料，是正确决策的前提和基础。正确决策是组织高效运作的关键，无论是"做正确的事"，还是"正确的做事"，都是决策要解

第十章　建设性沟通与人际关系调整

决的问题。在决策过程中，无论是问题的提出、原因的分析，还是各种方案的选择比较，都必须以所掌握的有关组织内部、外界环境的信息为依据。决策的失误往往是由于信息的不完备所导致。在组织的竞争中，先拥有信息就掌握了主动权；拥有比对手更完备的信息，就能获得竞争优势。"知己知彼，百战不殆"说明的就是信息的重要性。而要获得完备的信息，就必须保证沟通的有效性。

（2）沟通是统一思想、行动一致的工具。由于处境不同，利益和知识经验各异，因而组织成员对组织内的某些问题、某一决策或政策措施的认识和态度不可能整齐划一。这会影响人们的行为，进而影响组织活动的效果。分歧过大甚至会危及组织的存在，导致分解或解体。因此，为了使人们达成共识，理解并执行组织的决定，就必须通过充分、有效的沟通——交换意见、统一思想、明确任务并协作行动以完成组织目标。没有沟通就无法协调，更不可能收到组织活动的效果。

（3）沟通是组织成员之间、特别是领导者和被领导者之间确立良好人际关系的关键。一个组织内部的人际关系，主要取决于沟通的水平、态度和方式。我们所说的人际关系融洽，主要指彼此了解、配合默契，要通过有效的沟通才能达到。领导者深入基层，关心群众疾苦，虚心征求意见，就是沟通的一种方式。所以沟通是领导者的一项重要任务，是形成良好人际关系的关键。

（二）沟通的基本程序

沟通是发送和接收信息的过程。包含七个组成部分：沟通信息源（即发送者）；编码；信息；通道；解码；接受者；反馈（如图10-1所示）。沟通过程中，信息首先被转化为便于传递的信号形式——编码，然后通过媒介物（通道）传送给接受者，由接受者将收到的信号转译回来——解码，并做出反馈。这样信息的意义就由一方传给了另一方。具体讲，沟通由以下六个步骤组成：

第一步，创造有价值的信息。信息发送者有某种想法、看法准备传送出去，这种信息应是发送者认真思考的产物，是相对完整的信息。否则发送者发出的是无价值的信息，那么整个沟通过程就丧失了意义。

第二步，编码过程。信息发送者将要发送的信息通过某种方式表达出来。例如，通过语言、动作、行为等，力求准确的表达出来。这里的"编码"，意指用一种特定的方式表达信息。

第三步，选择信息传送渠道。选择什么渠道传递信息，一般取决于发送者对这种渠道的看法。

第四步，信息发送者通过某种渠道，使信息为别人所接受，或者说接受者通过某种渠道接受到信息。

第五步，信息接受者理解或阐释信息。有人将这一步骤称之为"解码"，就好像把电报传来的一组组数字再"翻译"成文字一样。实际上人们在交流某种信息时，接受者都在脑子里对信息有个理解的过程。不过有时因为时间非常短而不为人们所注意。同时必须看到，接受者能否正确地理解某种信息，不完全取决于接受者本人的情况，同时也取决于发送者的"编码"。

第六步，信息接受者对信息做出反应。信息接受者对所接受的信息加以理解或判断后，会采取不同的反应行为。这些反应对于信息发送者来说，属于信息的反馈；对于接受者来说，相当于他也发送了一个信息，新一轮信息沟通过程又开始了。这就是沟通的基本程序。

发送者 ⟶ 编码 ⟶ 通道 ⟶ 解码 ⟶ 接受者

图 10-1 信息沟通过程

（三）信息沟通的分类

信息沟通的形式或类型很多，可以按照不同的依据即不同的角度进行分类。下面介绍几种主要的分类方法：

1. 按信息沟通的渠道分类，可以分为正式沟通与非正式沟通。

（1）正式沟通及其网络。指的是通过组织明文规定的渠道进行信息的传递和交流。如组织与组织之间的公函来往。在组织中，上级的命令、指示按系统逐级向下传送；下级的情况逐级向上报告，以及组织内部规定的会议、汇报、请示、报告制度等。正式沟通的优点是，沟通效果好，有较强的约束力，易于保密，一般重要的信息通常都采用这种沟通方式。缺点是，因为依靠组织系统层层传递，因而沟通速度比较慢，而且显得刻板。

根据美国心理学家巴维拉斯（A. Bavelos）的研究，有五种不同的正式沟通网络，它们对信息沟通的效果有不同的影响。这五种沟通网络是：链式、轮式、环式、"Y"链式、全通道式。见图 10-2。

①链式沟通方式：速度最快，但沟通面狭窄，内容分散，不易形成共同的意见和良好、和谐的组织气氛，士气低，难以培养群体的凝聚力。

②轮式沟通方式：正确性高，速度快，有确定的领导人，但士气低，适应工作慢。

③圆式沟通方式：沟通各方地位平等，心情舒畅，便于鼓舞士气，但沟通精确性不够，且沟通速度慢，缺乏沟通中心，不利于信息集中。

第十章 建设性沟通与人际关系调整

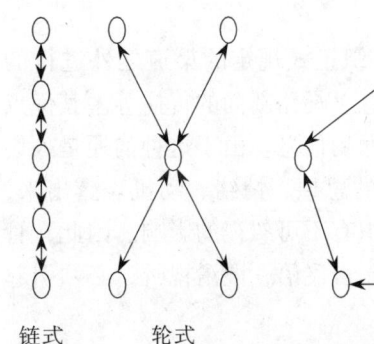

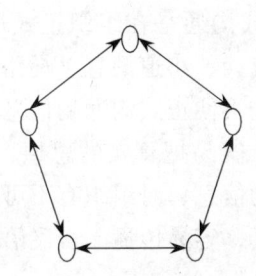

链式　　　轮式　　　　　圆式　　　　　　全通道式　　　"Y"链式

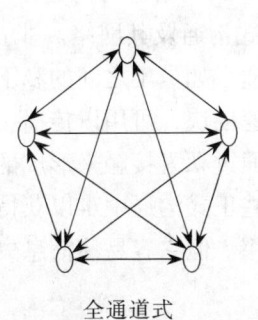

图 10-2　五种沟通网络

④全通道式沟通方式：表明团体的民主气氛很浓，人际关系融洽，能充分交流，通过协商解决问题。但速度慢，不易集中控制。

⑤"Y"链式沟通方式：兼有轮式和链式的优缺点，即沟通速度快，但由于信息通过"筛选"层，易导致信息失真，拉大上下级之间的距离，不利于提高士气。另外，易造成"秘书专政"，而主管人员变为傀儡。

这5种网络模式，主要是小型群体的沟通模式，是研究大型组织沟通问题的基础。如果把这5种模式放在组织的背景中考察，则图中的网络就可"翻译"成一定的组织权威系统。莱维特正是通过与5种网络对等的组织权威系统沟通效果和行为进行的试验，得到上述结论（如表10-1所示）。可以看出，不同的沟通网络形成不同的组织权威结构，如轮形代表集权、圆形代表分权、链形代表分层、Y形代表秘书受领导者的委托负责沟通，等等。

表 10-1　　　　　　　　　不同沟通网络对行为的影响

	集中性	解决问题速度	精确性	领导能力	士　气
链式	适中	快	高	适中	低
"Y"链式	较高	快	较高	高	较低
轮式	高	快	高	很高	低
环式	低	慢	低	低	高
全通道式	很低	快	适中	很低	很高

对不同的任务、不同的要求，应使用不同的沟通渠道网络。如果要求沟通的速度快且易于控制，则轮式网络比较适合；如果要解决复杂问题，需要较高的灵活性和士气，则圆式网络较好；如果组织规模庞大，则宜采用链式网络；如果主管事务

繁重，则采用Y式网络进行沟通。

（2）非正式沟通及其网络。非正式沟通是在组织正式规定的渠道之外进行的信息交流和传递。如员工之间的私下交谈、小道消息、马路新闻的传播等。其优点是沟通方便、速度快，可用以传播一些不便正式沟通的信息。由于这种沟通是人们在自然交往中通过私人接触来形成的，容易把真实的思想、情绪、动机表露出来，因而能提供一些正式沟通中难以获得的信息，对组织有不可忽视的影响。因此，管理者要善于利用。但它容易使信息失真，容易传播流言飞语，混淆视听，必须引起管理者注意。

一般说来，正式沟通代表组织，比较慎重。非正式沟通代表个人，灵活随便。但两者的界限不是绝对的，有时很难区分。例如两个干部研究工作，既可理解为正式沟通，也可理解为非正式沟通。

由于非正式沟通的信息传递大都是口头传播，故传播的速度快，也容易迅速消散。非正式沟通虽有随意性和不可靠性，但也有补充正式沟通的作用。改善非正式沟通的办法在于使正式沟通渠道畅通，用正式沟通驱除小道消息。

2. 按信息沟通的传送方向，可分为单向沟通与双向沟通。

（1）单向沟通。是指信息的发送者和接收者的位置不变的沟通方式，如做报告、演讲、上课等，一方只发送信息，另一方只接受信息。这种沟通方式的优点是信息传递速度快，并易于保持传送信息的权威性；但准确性较差，并且较难把握沟通的实际效果，有时还容易使接受者产生抗拒心理。当工作任务急需布置，工作性质简单，以及从事例行的工作时，多采用此种沟通方式。

（2）双向沟通。是指信息的发送者和接收者的位置不断变换的沟通方式。如讨论、协商、会谈、交谈等均属于此类沟通。信息发送者发出信息后，还要及时听取反馈意见，直到双方对信息有共同的了解。双向沟通的优点是，信息的传递有反馈，准确性较高。由于接受者有反馈意见的机会，使他有参与感，易保持良好的气氛和人际关系，有助于意见沟通和建立双方的感情。但是，由于信息的发送者随时可能遭到接受者的质询、批评或挑剔，因而对发送者的心理压力较大，要求也较高；同时，这种沟通方式比较费时，信息传递速度也较慢。

一般说来，在工作任务不紧迫，又需要准确地传送信息时，或在处理陌生、复杂的问题，要做出重要决策、决定，宜采用双向沟通方式。

3. 按信息沟通的媒介可分为口头沟通、书面沟通与非语言沟通。

（1）口头沟通。就是运用口头表达的方式来进行信息的传递和交流。这种沟通常见于会议、会谈、对话、演说、报告、电话联系、市场访问、街头宣传等。口头沟通的优点是，比较灵活，简便易行，速度快，有亲切感；双方可以自由交换意见，便于双向沟通；在交谈时借助手势、体态、表情来表达思想，有利于双方更好

第十章 建设性沟通与人际关系调整

地理解信息。缺点是,受空间限制,人数众多的大群体无法直接对话,口头沟通后保留的信息较少。

(2)书面沟通。是指用书面形式进行的信息传递和交流。例如,简报、文件、通讯、刊物、调查报告、书面通知等。书面沟通的优点是,信息可以长期保存,便于查看,反复核对,倘有疑问可据以查阅,可减少因一再传递、解释所造成的失真。缺点是,一旦以书面形式公开,不易随时修改,有时文字冗长不便于阅读,形成文字也较为费时。

(3)非语言沟通。指的是用语言以外的即非语言符号系统的进行信息沟通。如手势、表情动作、体态变化等非语言交往手段;目光接触系统(如眼神、眼色);辅助语言,如说话的语气、音调、节奏等;以及空间运用,如身体距离等。

4. 按信息沟通方向,可分为垂直、平行和斜向沟通。

(1)垂直沟通。从组织结构上讲,有向上沟通和向下沟通:

①下行沟通。指自上而下的沟通,即主管人员将指示传递给下属人员。卡兹(Daniel Katz)和卡恩(Robert L. Kaln)研究表明,下行沟通有五个目的和作用:为有关工作下达指标;了解工作任务和其他任务的关系;给下属人员提供有关资料;向下属人员反馈其工作绩效;对职工阐明其组织目标,增强其任务感和责任心。此外,这种沟通方式还可以协调组织各层次之间的活动,进而增大各层次之间的联系。

下行沟通也有许多不足之处,主要是:容易形成一种权力气氛,影响士气;对下属人员是一种负担;逐级传递信息有曲解、误解和搁置的现象。这些信息失真现象伴随沟通所涉及人数的增加而增加。补救的方法是辅以自下而上的沟通。

②上行沟通。指自下而上的沟通,即下属向上级反映情况、问题,提出要求和建议等。这种沟通是管理者从下属人员中得到信息的一条重要渠道。自下而上的沟通可以使上级及时得到所发出的命令、指示的反馈信息,掌握下级的执行情况,为上级修正指令和制定新的决策提供依据。自下而上的沟通也保证了下级能及时地反映自己的需求、愿望和态度,或提出合理化建议和批评。

不少管理者对这种沟通重视不够,即对来自下属人员的信息注意不够,对他们的要求了解不够,经常出现管理者的看法不符合下属人员思想实际的现象。

(2)平行沟通,也称横向沟通。指在组织结构中处于同一层次的个人和群体之间的沟通。

(3)斜向沟通。指组织内非属同一层次的个人和群体之间的沟通。具有职能职权的职能部门经常进行斜向沟通,斜向沟通主要是交流业务活动中的各种信息,以便进行指导和协调。

二、有效沟通的障碍及其改善

(一) 信息沟通的障碍

在信息沟通过程中，会受到各种因素的影响而使沟通受到干扰，遇到障碍。这些因素有个人的，也有组织的；有工具性的，也有文化的。我们可以从以下几个方面来了解沟通中存在的障碍，并加以改善。

1. 语义障碍。组织中的人与人之间的信息沟通主要是借助于语言进行，语言是思想的外壳，是表达思想的符号系统，是作为交流思想的工具，并不是思想本身，更不是客观事物本身。人们的语言修养不同，表达能力不同，对同一种思想、观念或事物，有人表达得很清楚，有的人却表达不清楚。这就使沟通容易产生语义上的障碍。

例如一词多义，理解的可变度可以很大，形成模棱两可、含糊不清的情况；由于语音复杂，口齿不清或使用对方不懂的方言土话、专业术语等，都会引起误解，影响沟通。

2. 知识经验水平的限制。当发送者把自己的观念编成信息码时，他只是在自己的知识和经验范围内进行编译；同样，接受者也只是在他们自己的知识和经验基础上进行解码，理解对方传送的信息的含义。因此，当发送者与接受者的知识水平、经验水平差距很大时，在发送者看来很简单的内容，而接受者却由于知识经验水平太低而理解不了。这是由于双方没有"共同经验区"。相反，如果交往双方彼此间有很大的共同经验区，则信息就可以很容易地被传送和接收。沟通双方共同的经验越多，共同经验越大，可能沟通的内容也就越多。

3. 心理因素的影响。心理因素如个人的兴趣、情绪、态度、个性、思想、价值观、利益等的差异，在一定情况下都会引起沟通障碍。

(1) 选择性知觉对信息沟通的影响。知觉的选择性，对人的认知有着深刻的影响。接受信息是知觉的一种形式，由于人们的知觉选择性，往往使人习惯于接受某一部分信息而排斥其他的信息。

在沟通过程中，接受者会根据自己的需要、动机、经验、背景及其他个人的特点有选择地去看或去听信息。解码的时候，接受者还会把自己的兴趣和期望带进信息之中。

(2) 情绪状态对信息沟通的影响。情绪会影响信息的沟通。接受者在接受信息时，有时会按照自己的需要对信息进行"过滤"。员工对某个上级怀有好感，对他的

第十章 建设性沟通与人际关系调整

指示、意见爱听,乐意接受;反之,对某个领导有反感,对他的指示、意见往往会打折扣,接受程度就差。接受者对发送者的信任感是十分重要的心理因素。交往双方如果都处于激动状态,就容易歪曲对方的信息,使信息无法沟通。即使是同一人,由于其接受信息时的情绪状态不同,也有可能对同一信息做出不同解释和行为反应。

（3）个性对信息沟通的影响。性格、气质、价值观等的差异时常会成为意见沟通的障碍。人们在沟通意见时,由于价值观的不同,往往会按照自己的观点对信息进行筛选,符合自己观点和需要的,很容易听进去,不符合自己观点和需要的,就不大容易听进去。尽量使信息适合自己的"胃口",或者从自己的需要出发猜测上级的意图,或者从上级的谈话中找"言外之意",从文件中找"弦外之音"。

个人品格的好坏,会影响沟通的效果。一个诚实、正直的人,发出的信息容易使人相信;反之,一个虚伪、狡诈的人,其发出的信息虽属真实,不一定能使人轻易相信。

同样,气质也是影响沟通的心理因素,有些人性情暴躁、容易动怒,有些人生性腼腆、不爱交际,都会影响信息的交流,在接受信息时,情绪急躁的人对信息的理解容易片面,情绪稳定的人能较好接收、理解信息。

4. 组织设计不合理。组织结构庞大、内部层次过多、条块分割、渠道单一等,都会导致信息失真、沟通缓慢等不良现象。在组织中,从最高层向下的传达,从最低层向上的汇报,是经常使用的沟通方式。在结构庞大的组织中,这些沟通要经过许多中间层次,每经过一个环节,都会有信息的"过滤"和"失真"。许多环节的积累,就会造成相当的信息损耗、丢失和错误。尼柯斯（R. G. Nichols）曾对100家工业企业做过调查（如表10-2所示）,发现逐级传递中,每经过一个中间环节就要丢失30%左右的信息。

表10-2　　　　　　　　　逐级传递的信息损失

层　次	收到信息百分比
董事会	100
副总裁	63
高级经理	56
工厂主管	40
总领班	30
职工	20

5. 社会角色地位的影响。人们的社会角色地位不同,有时也会影响人际之间的交往和沟通。一位班长常常和班组成员、车间主任进行交往和沟通,但不一定与厂长、经理进行直接交往和沟通,这是由于地位的差距而不能接触所造成的沟通障

碍。研究还表明，上级主管容易存在一种"心理巨大性"，而下级人员则容易产生一种"心理微小性"。"心理巨大性"易使上级满不在乎，"心理微小性"易使下级不敢畅所欲言，这些都会阻塞上下级之间的信息沟通。

6. 信息过量。信息并非越多越好，重要的是要有充分的有用的信息，优质的信息。信息过量会使人们应接不暇，极有可能形成沟通障碍。

7. 物理障碍。信息沟通的过程中还有可能遇到很多物理障碍的干扰。例如，在直接面对面的沟通中，人与人之间的距离过大，或使人听不清楚对方的声音，或看不清楚对方的表情、手势，影响沟通的效果。另外，当环境中存在较大的噪声干扰或者传递信息的载体本身存在问题，例如通讯信号受到干扰、通讯技术落后、通讯设备性能不佳等，都会造成信息丢失、失真，影响信息沟通的质量。

另外，有时在传递信息时，时机选择不妥也往往会造成沟通障碍。

（二）信息沟通的改善

要改善沟通的效果，除了从信息的发送、传递、接收、反馈等各个环节有效地克服沟通障碍外，还可以运用以下多种途径（参见表10-3）：

表10-3　　　　　　　　　　改进沟通的建议

改善沟通的有效办法是在沟通过程中不断检查信息的真实性。 为此应做到： （1）发送者 　•信息是传递给谁的？ 　•为什么要进行沟通？动机是什么？ 　•选择和明白需要沟通什么信息？ 　•使用接收者能够理解的语言。 　•选择不妨碍信息接收、理解和接受的地点（秘密地点，如家中或远处；公开地点，如工作地点或室外）。 （2）接收者 　•密切关注发送者。 　•积极倾听正在传递的信息。 　•如有必要，请求解释或重复。 　•与发送者保持联系。 （3）发送者和接收者 　•认识到误解是在所难免的，留意所有应该正确理解的次要刺激。 　•反复听，不厌其烦地听。 　•检验信息理解是否有误。 　•共享由信息产生的观点与情感。

第十章　建设性沟通与人际关系调整

1. 培养和提高敏感性。对于管理者来说，培养和提高自己对下属需要的敏感性是改善沟通的重要技术之一。这也就是要使管理者自己尽量地了解并掌握下属人员的心理和行为的实际情况。为了获得一种正确的信息，并使这个信息能如实上达，管理者本身必须做到不仅愿意听取下属给他的报喜，而且要倾听下属的报忧。只有这样其下属人员才可能做到既报喜又报忧，否则，必然是只报喜不报忧。

2. 提高信任度。沟通双方的信任程度，对改善沟通有重要的影响，如果接收方对发信者不信任，就会抵制其发出的信息；如果发信者对接收方不信任，也会不自觉地减少信息量，甚至拒绝沟通。对管理者来说，对沟通富有诚意，取得、保持并提高下属对自己的信任，对改善沟通尤其重要，失信于人，就会导致沟通失灵。

在自上而下的沟通中，上级必须诚心诚意地听取下属意见，才可能了解下属的真实想法，提高沟通效率。对管理者来说，要有民主作风，豁达大度，认真听取不同意见，深入实际和基层，和下属在感情上建立联系，这都是管理者应有的雅量。

3. 提倡平行沟通。平行沟通是在一个组织中处于同一层次的部门、单位、个人之间的相互沟通，它是减少部门矛盾和冲突的重要措施。有些领导为显示自己的重要性而忙于充当仲裁者的角色，这是极不明智的。领导的重要工作是协调，但是这种协调主要是目标、计划的协调，而不是日常活动的协调，日常的协调应尽量通过有效的平行沟通来实现。

4. 提倡直接沟通、双向沟通、口头沟通。美国曾有人做过调查，请经理们选择良好的沟通方式，结果55%的经理认为直接听口头汇报最好，37%的人喜欢下去检查，18%喜欢定期会议，25%喜欢下面写汇报。另外一项调查是问经理在传达重要政策时认为哪种沟通最有效，在调查的55人之中，选择召开会议作口头说明的有44人，亲自接见重要工作人员的有27人，在管理公报上宣布政策的16人，在内部备忘录上说明政策的有14人，通过电话系统说明政策仅有1人。这些都说明倾向于面对面的直接沟通、双向沟通和口头沟通者居多。

5. 运用通俗易懂的语言。发出的信息能否被接受者所理解，在很大程度上看发送者所使用的语言是否通俗易懂。鉴于接受者各不相同，所以发送者所使用的语言必须因人而异。总之，必须使用接受者最易懂的语言进行沟通。

6. 克服不良习惯。根据尼柯斯（Ralph G. Nichols）的研究表明，管理者把一天的70%时间用于信息沟通，其中9%的时间用于撰写，16%的时间用于阅读，30%的时间用于谈话，45%的时间用来听取别人谈话。但在听别人谈话时的效率往往不同，一般只有25%的效率。这对信息沟通来说是一种不良习惯，为了改善沟通，就必须克服这些不良习惯。

尼柯斯认为，这些不良习惯有下列10项：

（1）对谈话对方所谈的问题没有兴趣；

（2）被谈话对方的姿态所吸引，而忽略了对方所讲的内容；

（3）当听到与自己意见不同的地方，就过分激动，致使不愿再听下去，对其余的信息也都抹杀了；

（4）仅重视事实，而不肯注意原则和推论；

（5）过分重视条理，而对欠条理者的讲话重视不够；

（6）过多注意造作掩饰，而不重视真情实质；

（7）分心于别的事情，心不在焉；

（8）对较难的言词不求甚解；

（9）当对方的言词带有感情时，则听力分散；

（10）在听别人讲话时还思考别的问题，顾此失彼。

7. 良好沟通的10项建议。对于良好的沟通，国外许多组织行为学家曾提出过很多不同的准则，其中比较完整的是美国管理协会提出的一套建议——被称为"良好沟通的十戒"：

（1）沟通前先澄清概念。领导者或经理人员在沟通之前必须有系统的思考、分析，将需要沟通的信息、受讯人及可能受到此项沟通影响的人员可能做出的反应一起思考，务必先澄清概念，做到"心中有数"。

（2）检查沟通的真正目的。领导或经理人员，必须弄清作这项沟通的真正目的是什么？把沟通的目标确定了，则沟通的内容也就容易规划了。

（3）考虑沟通时的一切环境情况——包括沟通问题的背景、社会环境以及过去的沟通情况等等，以便使沟通的信息得以与环境情况相吻合。

（4）计划沟通内容时，应尽可能取得他人的意见——与他人商议，既可以获得更深入的见解，也易获得其他人的积极支持。

（5）沟通时应注意内容，同时也应注意语调——因为信息接受者不但受信息内容的影响，而且也受语调的影响，如语调的轻重缓急、抑扬顿挫，都应恰到好处。

（6）尽可能传送有利的信息——大凡一件事情，对人们有利者，最易记住。因此，经理人员如希望下属能记住他们的信息，则在传递表达信息时，应使信息尽可能适合对方的利益和需要。

（7）应有必要的反馈跟踪与催促——信息沟通后，必须同时设法取得反馈，以弄清下属是否确已了解，是否愿意遵行，是否已采取了相适应的行动，等等。

（8）沟通时不仅要着眼于现在，还应着眼于未来——大多数的沟通，都要求结合当前情况的需要，但是，沟通也不应忽视与长远目标相配合。例如，一项有关如何改进绩效与促进士气的沟通，固然是为了处理眼前的问题，但也同时应该是为了长远的组织变革。

(9) 言行一致。如果经理人员口头所说与实际所做的是两回事，那么，他自己就把自己的指令推翻了。

(10) 听取他人意见要专心，要成为一名"好听众"，只有这样才能真正明了对方的原意。

三、人际关系调整

（一）人际关系的概念及其类型

1. 人际关系的概念。人在社会生活中不可避免地要处于群体之中，必然发生与他人的相互作用，通过语言、思想、感情等各种联系方式，既影响对方，也受对方影响。这种在社会活动中形成的以情感为纽带的人与人之间相互交往与联系的关系，就称为人际关系。人际关系不仅仅局限于人们的社会角色所形成的关系，例如，上下级关系、师徒关系、合作伙伴关系等。一方面，人际关系要受到这种既定的社会角色关系的制约，例如，一个员工通常对上级主管人员表现出尊重与服从。另一方面，人际关系也受到人们的情感因素的影响，例如，一名员工服从上级主管的指挥，但他从情感上并不一定喜欢、接纳或者满意这位主管人员。人际关系主要是在人与人之间的沟通中表现出来的，是人际沟通的结果，同时也是影响沟通效果的主要因素。例如，组织中一个人与另一个人建立了密切而融洽的人际关系，那么他们在沟通某些事情时就比较容易；相反，如果关系比较僵，要解决一些问题时就不太容易沟通。

2. 人际关系的类型。美国心理学家舒尔茨（W. C. Schultz）认为，每个人都需要别人，都有人际关系的需求。这些需求可分为三类：包容的需求、控制的需求和感情的需求，包容的需求就是指希望与别人建立和维持关系的需求。具有较高包容需求的人表现为与别人交往、沟通、参与、融合、归属等行为。包容需求比较低的人则会表现得孤立、退缩、疏远、排斥。

控制的需求是指控制、支配、领导他人的需求。具有较高控制需求的人会运用权力、权威影响他人。控制需求低的人则容易抗拒权威或者追随他人。

情感的需求是指在感情上与他人建立并维持关系的需求。具有较高情感需求的人在人际交往中表现出热情、友善、同情、亲密、喜爱，而情感需求较低的人则容易表现出憎恶、冷淡、疏远。

根据交往需求中以哪一种需求为主，以及满足需求的行为倾向，将人际关系分为六种类型：

（1）主动包容型。主动与他人交往，希望与他人建立并维持相互容纳的和睦关系，他们的人际行为特征是待人宽容、忍让，主动大胆地交往、沟通、参与等。

（2）被动包容型。这种类型的人虽然希望与他人交往并保持和谐关系，但在行动上表现为只是被动的期待别人接纳自己，缺乏主动性。

（3）主动控制型。总想控制、支配别人，将自己摆在交际活动的中心或左右局势的位置。其人际行为特征是运用权力和权威，超越和领导别人。

（4）被动控制型。这种类型的人易追随他人，愿意受人支配，善于与他人携手合作。

（5）主动感情型。喜欢并主动与别人建立感情，主动与人表示亲密、友好，并乐于向别人表达自己的感情。

（6）被动感情型。这种类型的人虽希望与别人建立情谊，但在行动上只是期待他人对自己表示亲密，却不能主动大胆地吐露自己的感情。

（二）人际吸引

所谓人际吸引，就是指人与人之间的相互接纳和喜欢。为什么在人际交往中，有的人与人之间会相互吸引呢？为什么我们总是倾向于喜欢一些人，而不喜欢另外一些人呢？这个问题得到了很多学者的关注。很多在该领域的研究表明，人际吸引的因素主要有熟悉与邻近、相似与互补、吸引人的个人特征等方面。

1. 吸引人的个性特征。研究者们发现有些人更容易被别人喜欢，于是就试图寻找他们吸引人的个人特征。这些吸引人的个人特征主要包括外表、能力、个性特征等方面。

（1）外表。外貌在人际吸引中的作用是显而易见的。美貌、有魅力常常能使人获得更多的积极评价，使人得到喜欢和接纳。社会心理学家的研究还发现，外貌的魅力有一种明显的"辐射效应"，人们对高魅力者的评价带有明显的倾向性。例如，心理学家兰迪（D. Landy）等人的研究发现，由于辐射效应，人们对客观质量一样的文章，当被认为是外貌有魅力的作者所写时，会得到更高的评价。

外貌的辐射效应：社会心理学实验表明，外貌的魅力会引发明显的"辐射效应"（radiating effect）。心理学家兰迪（D. Landy）等人进行了一项研究。他们让男性被试者评价有关电视影响社会的短文。被试者被告知短文的作者都是女性。论文的客观质量有好坏两种。实验分为有魅力组、无魅力组和控制组。有魅力组接到的短文附有作者照片，照片为一个公认有魅力的女性。无魅力组所附的照片则是没有魅力的女性，控制组所读的短文没有附照片。结果表明，由于辐射效应的作用，同

第十章　建设性沟通与人际关系调整

样的文章，当被认为是有魅力的作者写的时候，得到的评价更高，文章本身质量并不好时尤其如此。

（2）能力。一般来说，在其他条件相当时，一个人越有能力就越受人喜欢。但是，能力与喜欢并不永远成正比。阿伦森（E. Aronson）等人的实验研究揭示了能力与吸引之间的关系。实验中让被试者听一组录音。录音带有四种，显示四种不同能力条件的人：①能力超凡的人；②能力超凡但是犯了错误的人；③能力平庸的人；④能力平庸而又犯了错误的人。结果发现，最受人喜欢的并不是能力非凡的超人，而是有着非凡能力但也犯了错误的人，对仅仅是具有非凡能力的人的喜欢处在第二位，第三位是能力一般的人，最不受喜欢的当然是能力平庸而又犯了错误的人。犯错误导致了人们对有能力的人的更加的喜欢，这叫做"犯错误效应"。这或许是人们感到犯了错误的有能力的人，比起那些十全十美的人更加亲切。

（3）个性特征。具有某些个性特征的人更容易受到别人的喜欢。安德森（H. Anderson）等人做的一个研究让被试者对555个描述个性特征的形容词按照喜好程度进行排序。结果发现，人们大都喜欢那些具有真诚、诚实、热情、友好等特征的人，而不喜欢那些具有古怪、不友好、自私、贪婪等特征的人。

2. 熟悉与邻近。熟悉是导致人际关系吸引的重要因素，对一个人越熟悉，那么在交往中对这个人的行为表现就越容易做出预测，因此当与一个熟悉的人交往的时候，我们就会清楚地预测他可能表现出的行为和对我们的行为会做出怎样的反应。不难发现，一些有多年交往的人会倾向于更加互相吸引。

邻近性也容易导致人际吸引。在一个组织中，职位邻近的人、在同一个部门的人更容易相互吸引。一方面，由于邻近就产生了较多交往的机会，因此容易熟悉起来；另一方面，邻近的同事之间会相互帮助和照顾，从而增进感情。

3. 相似。相同或相似的态度、价值观、兴趣、语言、种族、职业、学历等也是导致人际吸引的重要决定因素。著名社会心理学家纽科姆（T. Newcomb）曾以大学新生为对象进行过一项实验。实验为参加研究的大学新生免费提供普通学生公寓住房，交换条件是他们接受调查和参加研究工作必需的面谈（并非真实研究目的）。纽科姆根据测验和问卷获得的结果，分配一部分特征相似的人住在一起，而将另一部分特征相异的人安排在一起居住。此后，研究不再干扰这些被试者的正常生活，结果，一起居住的特征相似的学生倾向于彼此相互接受和喜欢，并成为好友。而一起居住但特征相异的学生虽然同样朝夕相处，还是倾向于难以相互喜欢并建立友谊。相似性提供了交往中共同的主题和交往的机会，同时在那里可以得到肯定和支持，因此人们喜欢与相似的人在一起。

表10-4　　　　　　　　　　影响人际吸引的个性特征

高度喜好的特征	中间特征	高度厌恶的特征
真诚	固执	古怪
诚实	刻板	不友好
理解	大胆	敌意
忠诚	谨慎	饶舌
真实	易激动	自私
可信	文静	粗鲁
智慧	冲动	自负
可依赖	好斗	贪婪
有思想	腼腆	不真诚
体贴	易动情	不善良
热情	羞怯	不可信
善良	天真	恶毒
友好	不明朗	虚假
快乐	好动	令人讨厌
不自私	空想	不老实
幽默	追求物欲	冷酷
负责	反叛	邪恶
开朗	孤独	装假
信任	依赖别人	说谎

4. 互补。和相似理论相反，温奇（Winch，1958）发现当双方的需要构成互补时，人际吸引会增加，互补常常发生在配偶之间，例如，一个依赖性强的女孩喜欢找一个独立、刚毅的男子。

（三）人际关系的改善

人际关系的优劣是影响群体行为的主要原因之一。管理者的目标，当然是建立和维持良好的人际关系，以促进效率的提高。一个组织中的人际关系很难说已经是尽善尽美的。所以，一般总有改善人际关系的任务。要改善人际关系，首先必须了解在人际交往过程中，建立和维持人际关系需要遵循的原则；然后了解和掌握改善人际关系的一些方法和技术。

1. 人际关系的基本原则。

（1）交互原则。所谓交互原则，就是指人们在人际交往中的喜欢与接纳是相

第十章 建设性沟通与人际关系调整

互的,即我们倾向于喜欢那些喜欢我们的人,倾向于不喜欢那些不喜欢我们的人。人们在社会生活中,都希望别人能够接纳自己、支持自己、喜欢自己,寻求自我价值被确认和安全感。

(2)得失原则。所谓得失原则,就是指人们最喜欢那些对自己的喜爱不断加深的人,最不喜欢那些对自己的喜爱不断减少的人。

(3)功利原则。所谓功利原则,就是指人们在人际交往中倾向于保持交换的对等性。也就是说,人们在交往中会对自己的价值进行衡量。如果某种人际关系对于自己来说是值得的,或者是得大于失的,那么人们就倾向于建立和维持这种人际关系;如果某种人际关系对自己来说是不值得的,或者是失大于得的,那么人们就倾向于疏远、逃避或终止这种人际关系。

(4)自我价值保护原则。自我价值就是个人对自身价值的意识和评判。人们为了确立和保持自我价值,有一种防止自我价值遭到否定的自我支持倾向,这就是自我价值保护。在人际关系中,人们喜欢接纳那些喜欢和支持自己的人,而排斥否定自己的人,原因就在于自我价值保护。

2. 改善人际关系的训练方法和技术。

(1)敏感性训练。敏感性训练是运用团体心理咨询的方法发展起来的训练技术,使人们得到自己在群体中的人际关系状况的反馈并提高人际敏感性。最常见的敏感性训练方法是T小组(Training Group)的方法。它的活动方式通常是由5~15人组成一个小组进行语言交流,其中有一名心理学家作为主持人。该训练为非指导性的方式。在小组中,小组成员要建立起真诚信任的气氛,鼓励成员做出自我暴露。在这个过程中,人们能够了解别人对自己言行的真实反映,提高自我意识水平,也可以学会如何对别人的情绪状态和行为进行理解和评价,从而学会在人际交往中做出恰如其分的反映。

(2)"A-B-X"模式。社会心理学家纽科姆(T. Newcomb)根据海德的平衡理论提出了人际关系改善的"A-B-X"模式。他认为,A与B之间是否形成协调的关系,与他们对X的态度是否一致有密切的关系。因此,改变他们对X的态度,使得他们对X有一致的态度,就会使人际关系群和谐。纽科姆认为,"A-B-X"系统中的紧张状态取决于下列因素:①A越喜欢B,则B对X的态度与自己越不符,关系就越紧张;②X对A越重要,则B对X的态度与自己越不符,关系就越紧张;③A与B和X发生相互作用的频率越高,则越紧张;④A与B对X的分歧越大,则越紧张;⑤A觉得自己的态度越正确,对自己越自信,则越紧张。他认为,消除紧张,达到协调可以有三种方法:①A改变自己对X的态度,使自己对X的态度与B对X的态度相接近;②B改变自己对X的态度,使自己对X的态度与A对X的态度相接近;③A改变自己对B的态度,从而使三者的关系达到协调。

(3) 角色扮演。角色扮演（Role Playing）是一种改善自己与既定角色的人际关系的训练技术。它通过让人们有机会充当或扮演某种角色，从而站在新的角度去体验和理解他人的情感，理解自己所做出的反应的适当性，因此增加扮演者的自我意识水平和移情能力，改变其不适当的行为方式，获得新的社交技能。角色扮演法能够直接帮助人们改善人际关系状况。

本章小结

本章分析了信息沟通在现代组织管理中的意义及信息沟通的一般模式，从沟通媒介、沟通的渠道和沟通的方向等方面，描述了信息沟通的不同方式，分析了五种代表性的正式沟通的网络，并评价其优点与不足，分析了信息沟通中存在的障碍并针对沟通的影响因素介绍了几种改善沟通的技巧和措施。本章还介绍了人际关系的概念及其类型，重点介绍了人际关系的基本原则以及改善人际关系的训练方法和技术。

对一个组织来说，沟通的作用在于使组织中的每个成员都能够在适当的时候，将适当的信息，用适当的方法，传给适当的人，从而形成一个健全、迅速、有效的信息传递系统，以有利于组织目标的实现。正式沟通有五种网络是：链式、轮式、环式、"Y"链式和全通道式，对沟通的影响也不同。

在社会活动中形成的以情感为纽带的人与人之间相互交往与联系的关系称为人际关系。改善人际关系的训练方法和技术有敏感性训练、"A－B－X"模式和角色扮演。

▶ 思考题

1. 沟通的基本程序是什么？
2. 沟通的分类和不同沟通类型的优点和缺点。
3. 信息沟通中5种沟通网络是什么？试述它们各自的优缺点。
4. 沟通过程中会遇到哪些障碍？
5. 论述有效沟通的措施。
6. 什么是人际关系？其类型有哪些？
7. 改善人际关系的技术有哪些？

第十章　建设性沟通与人际关系调整

▶ 案例应用

杨瑞的困惑

杨瑞是一个典型的北方姑娘,在她身上可以明显地感受到北方人的热情和直率,她喜欢坦诚,有什么说什么,总是愿意把自己的想法说出来和大家一起讨论,正是因为这个特点她在上学期间很受老师和同学的欢迎。今年,杨瑞从西安某大学的人力资源管理专业毕业,她认为,经过四年的学习自己不但掌握了扎实的人力资源管理专业知识而且具备了较强的人际沟通技能,因此她对自己的未来期望很高。为了实现自己的梦想,她毅然只身去广州求职。

经过将近一个月的反复投简历和面试,在权衡了多种因素的情况下,杨瑞最终选定了东莞市的一家研究生产食品添加剂的公司。她之所以选择这家公司是因为该公司规模适中、发展速度很快,最重要的是该公司的人力资源管理工作还处于尝试阶段,如果杨瑞加入,她将是人力资源部的第一个人,因此她认为自己施展能力的空间很大。

但是到公司实习一个星期后,杨瑞就陷入了困境中。

原来该公司是一个典型的小型家族企业,企业中的关键职位基本上都由老板的亲属担任,其中充满了各种裙带关系。尤其是老板安排了他的大儿子做杨瑞的临时上级,而这个人主要负责公司研发工作,根本没有管理理念更不用说人力资源管理理念,在他的眼里,只有技术最重要,公司只要能赚钱其他的一切都无所谓。但是杨瑞认为越是这样就越有自己发挥能力的空间,因此在到公司的第五天,杨瑞拿着自己的建议书走向了直接上级的办公室。

"王经理,我到公司已经快一个星期了,我有一些想法想和您谈谈,您有时间吗?"杨瑞走到经理办公桌前说。

"来来来,小杨,本来早就应该和你谈谈了,只是最近一直扎在实验室里就把这件事忘了。"

"王经理,对于一个企业尤其是处于上升阶段的企业来说,要持续企业的发展必须在管理上狠下工夫。我来公司已经快一个星期了,据我目前对公司的了解,我认为公司主要的问题在于职责界定不清;雇员的自主权力太小致使员工觉得公司对他们缺乏信任;员工薪酬结构和水平的制定随意性较强,缺乏科学合理的基础,因此薪酬的公平性和激励性都较低。"杨瑞按照自己事先所列的提纲开始逐条向王经理叙述。

王经理微微皱了一下眉头说:"你说的这些问题我们公司也确实存在,但是你必须承认一个事实——我们公司在赢利，这就说明我们公司目前实行的体制有它的合理性。"

"可是，眼前的发展并不等于将来也可以发展，许多家族企业都是败在管理上。"

"好了，那你有具体方案吗？"

"目前还没有，这些还只是我的一点想法而已，但是如果得到了您的支持，我想方案只是时间问题。"

"那你先回去做方案，把你的材料放这儿，我先看看然后给你答复。"说完王经理的注意力又回到了研究报告上。

杨瑞此时真切的感受到了不被认可的失落，她似乎已经预测到了自己第一次提建议的结局。

果然，杨瑞的建议书如石沉大海，王经理好像完全不记得建议书的事。杨瑞陷入了困惑之中，她不知道自己是应该继续和上级沟通还是干脆放弃这份工作，另找一个发展空间。

▶ **问题**

1. 杨瑞与王经理的沟通是否存在问题？为什么？
2. 如何有效解决杨瑞的困惑？
3. 本案例对企业管理的启示。

第十一章

高效团队建设与管理

❖ **本章学习目标**

阅读和学完本章后,你应该能够:
◇ 了解团队的含义以及团队与群体的区别
◇ 掌握团队的类型和高效团队的特征
◇ 运用团队建设方法创建高效工作团队

开篇案例

微软公司的人才

微软公司可以说是世界上最赚钱的公司,据说只有8个国家的国民生产总值超过微软公司,所以有人说,微软公司是世界第九大国。有人问比尔·盖茨,微软公司为什么发展速度那么快,成功的关键是什么,最重要的方法是什么,比尔·盖茨每次总是会说一句话:我又请了比我更棒、比我更优秀的人来加入到微软公司,我拥有一批高效的工作团队。

有一次,比尔·盖茨看中了一个非常优秀的技术开发人才,可是这位人才非常地不喜欢微软公司,不想加盟。比尔·盖茨就把这个人所在的公司买了下来,让他继续在自己的公司工作,当然也等于为微软公司工作。但是这个人脾气非常的古怪,不愿意离开他生活的那个小镇,比尔·盖茨就提出,技术工厂可以不建在总部,建到那个小镇里去。

> 这里涉及一个问题：你是一个人才级的人，不仅仅是一个人手，还是一个人物级的人物。一个优秀的团队的人员的构成必定非常优秀，如果把其中的人才进行置换，这个团队就会发生变化，所以一流的企业总是由一流的人才构成。一流的企业选择一流的人才。在工作当中，你有没有把自己变成一个优秀的人才，进而成为一个人物级的人物呢？一流的企业绝不接受第二流的工作表现，所以它对人才的选拔和考核非常重视。在一流的企业工作，各方面的要求会非常严格，不仅要求员工具备良好的心理素质，还要求具备外在多方面的能力。设想，如果一个成员的不良表现被企业接受了，就会有下一个人表现出同样的行为，如果企业又接受了，那这家企业的品质就会越来越下降，会由一流的企业变成二流的企业，进而变成三流的企业，甚至是不入流的企业。

一、对团队的认识

（一）工作团队的定义

工作团队是由一些知识技能互补、彼此承诺协作完成一项共同目标或一系列绩效目标的成员组成的特殊群体，每个成员都负有共同的责任。

该定义包括三层内容：

1. 成员们有着共同的目标。为完成共同目标，成员间彼此合作，这是构成和维持团队的基本条件。也正是这个（些）共同的目标，才确定了团队的性质。团队的目标赋予团队一种高于团队成员个人总和的认同感。

2. 成员之间相互依赖，彼此承诺。在团队中，成员相互影响，彼此意识到团队中的其他个体，并形成一种默契和关心。不论何时，遇到怎样的条件，他们都会相互配合，完成所需完成的各项工作。

3. 每个成员负有共同的责任。所有团队的成员都要共同分担他们在达到共同目标中的责任。当进入一个团队执行一个任务的时候，那就是对团队做出了承诺。相应的，团队也付出了它的信任。

（二）团队与群体的区别

工作团队不同于普通的群体，下面进行分析。

1. 普通群体的绩效仅仅依赖于每一个体成员的贡献；工作团队的绩效不仅依赖于个体的贡献，而且还依赖于集体的协作成果。

2. 对于普通群体来说，工作成果由个体自己负责，成员通常不对超出自己范围的结果负有责任；对于工作团队来说，工作成果既要由个体负责，又要共同负责。

3. 工作团队不仅要像普通群体那样具有共同的兴趣目标，而且还要有共同的承诺。

4. 普通群体一般由管理者严密监控；工作团队常常具有自主权。也可以说，团队是自我管理型的。它们可以自己设定阶段目标、完成时间和完成方法，不受到管理者的约束。因此，许多团队被描述成"自动"或"半自动"的性质。但这并不代表团队完全脱离了组织的管理和监控，事实上，它们还会受到上一级团队的指导和命令。团队和群体还存在其他一些方面的区别，比如技能上是相互补充的等等。

二、团队形式的发展

常见的工作团队有以下三种类型。

（一）问题解决型团队

问题解决团队（problem-solving teams）致力于解决责任范围内的某一特殊问题，成员的任务是提出解决方案，但采取行动的权利有限。问题解决团队最经常讨论的问题是质量或成本问题。成员通常是某一具体部门的员工，他们每周至少开一两次会，每次一小时左右。团队有权利执行自己的方案，但执行时不能有涉及其他部门的重大变化。在 20 世纪 80 年代，应用最广的一种问题解决型团队是质量圈。

（二）跨职能团队

跨职能团队（cross-functional teams）把各种工作领域具有不同知识、技能的员工组合起来识别和解决共同的问题。跨职能团队的成员通常来自几个部门，任务是解决需各个部门共同协作才能解决的问题。跨职能团队可能会设计与实施质量改进方案，开放新产品和技术，提高作业效率或把各个智能联系起来以增加产品创新，服务创新。一个典型的例子就是委员会。许多汽车制造商也主要依靠跨职能团队来完成复杂的项目，如丰田、本田、尼桑、宝马等。

跨职能团队是一种有效的方式，它能使组织内不同领域员工之间交换信息，激发出新的观点，解决面临的问题，协调复杂的项目。跨职能团队的管理在初期阶段往往要消耗大量时间，因为团队成员需要处理复杂多样的工作任务，并且团队成员之间要建立起真正的合作也需要一定的时间。

（三）自我管理型团队

自我管理型团队（self-managed teams）一般由日常一起工作，生产一种完整产品或提供一项完整服务的员工组成，特点是承担一系列以前自己上司所承担的管理任务包括：（1）制定工作计划日程；（2）实施工作轮换；（3）采购原材料；（4）决定团队领导者；（5）设置主要团队目标；（6）编制预算；（7）雇佣新成员；（8）评估成员工作绩效。自我管理型团队既能提高生产率，也可削减管理层次。

目前采用自我管理型团队的公司很多，如通用汽车公司、百事可乐公司、惠普公司，等等。现在，美国大约1/5的公司采用了这种团队形式。在这种团队中，员工的满意度会有所提高，但是，与传统的工作组织形式相比，自我管理型团队成员的缺勤率和流动率偏高。

三、高效团队的创建

（一）创建团队的步骤和方法

1. 创建团队的步骤。工作团队的创建（work teams creation）包括以下四个步骤（或阶段）。

（1）在团队正式形成之前，首先要确定是否有必要建立这个团队。是否为完成任务所必须，这要看任务的性质。应当明白，有些任务由个体独自完成效率可能更高。此外，本阶段还要明确团队的工作目标以及完成团队目标需要哪些必备的技能。此外还要确定团队的自主权程度。

第十一章 高效团队建设与管理

（2）创造工作条件。本阶段组织管理者应保证为团队提供完成任务所需要的各种资源，包括物质资源（如工具、设备、资金）、人力资源（如完成任务所需的适当的技能组合）、财务资源，等等。如果没有足够的相关资源，团队就不可能完成预期的目标。

（3）形成团队。本阶段的任务是让团队开始运作。此时，需做三件事：①管理者确立谁是团队成员，谁不是团队成员，任何人加入或退出团队都需要经过正规的渠道；②让成员理解和接受团队的使命与目标；③管理者公开宣布团队的职责与权利。这样既使团队成员能够正视自己的身份，也能使团队之外的组织成员理解团队的存在。

（4）提供持续的支持。团队开始运行后，尽管可以自我管理、自我指导，但也需要管理者不断提供必要的支持，以帮助团队克服困难，战胜危机，消除障碍。

2. 创建团队的方法。团队创建的方法有五种：人际交往法、角色界定法、价值观法、任务导向法和社会认同法。

人际交往法强调团队成员之间进行交往的方式，目的是确保团队成员以诚实的方式交往。角色界定法勾勒出了多种角色模式和群体过程，目的是使个人清醒地认识到员工个人所做贡献的类型。价值观法强调团队拥有价值观念的重要性，所有成员都应拥有这些价值观，在工作中，着力于培养共同的团队价值观，这样，就能以一贯的同样的方式指导每个团队成员的行为。社会认同法是通过有效的交流来提高团队的凝聚力，通过展示团队成就和职业化鼓励成员为自己的团队感到自豪。

（二）创建高效团队

虽然工作团队是一种较好的生产、作业形式，但要使工作团队持久、高效地运行却不容易。

1. 高效团队的特征。

（1）清晰具体的目标。高效的团队对于主要达到的目标有清楚的了解，并坚信这一目标包含着重大的意义和价值。他们还会把这一目标转变为具体的、可衡量的、现实可行的绩效目标。而且，这种目标的重要性还激励着团队成员把个人目标升华到群体目标中去。在有效的团队中，成员愿意为团队做出承诺，清楚地知道团队希望他们做什么工作，以及他们怎样共同工作最后完成任务。

（2）成员的能力。高效的团队是由一群有能力的成员组成，而这些成员通常由3种不同技能类型的人组成。①需要具有技术专长的成员；②需要具有解决问题和决策技能，能够发现问题，提出解决问题的建议，并权衡这些建议，然后做出有效选择的成员；③团队需要若干善于聆听、反馈、解决冲突及其他人际关系技能的成员。

如果一个团队不具备以上3类成员，就不可能充分发挥其绩效潜能。对具备不同技能的人进行合理搭配是极其重要的。一种类型的人过多，另两种类型的人自然就少，团队绩效就会降低。但在团队形成之初，并不需要以上3方面的成员全部具备。在必要时，一个或多个成员去学习团队所缺乏的某种技能，从而使团队充分发挥其潜能的事情并不少见。

(3) 相互的信任。成员之间相互信任是高效团队的一个显著特征，也就是说，每个成员对其他成员的性格和能力都深信不疑。但是我们在日常的人际关系中都能体会到，信任是相当脆弱的，它需要很长时间才能建立起来，却又很容易被破坏，破坏之后要恢复又很困难。另外，因为信任会带来信任，不信任会带来不信任，要维持一种信任关系就需要管理人员处处留意。组织文化和管理层的行为对形成相互信任的群体内氛围很有影响。如果组织崇尚开放、诚实、协作的办事原则，同时鼓励员工的参与和自主性，它就比较容易形成信任的环境。

(4) 共同的承诺。有效的团队具有一个大家共同追求的、有意义的目标，它能够为团队成员指引方向，提供推动力，让团队成员愿意为它贡献力量。团队成员对团队所表现出的这种高度的忠诚和奉献，我们称之为共同的承诺。

(5) 良好的沟通。这是高效团队一个必不可少的特点。群体成员通过畅通的渠道交换信息，包括各种语言信息和非语言信息。此外，管理层与团队成员之间健康的信息反馈也是良好沟通的重要特征，有助于管理者指导团队成员的行动，消除误解，并能迅速准确地了解一致的想法和情感。

(6) 适当的领导和结构。目标决定了团队最终要达到的结果。但高绩效团队还需要领导和结构来提供方向和解决问题。在团队中，对于谁做什么和保证所有的成员承担相同的工作负荷问题，团队成员必须取得一致意见。另外，团队需要决定的问题还有：如何安排工作日程，需要开发什么技能，如何解决冲突，如何做出和修改决策。决定成员具体的工作任务内容，并使工作任务适应团队成员个人的技能水平。所有这些，都需要团队的领导和团队结构发挥作用。

(7) 适当的绩效评估与奖酬体系。有了团队的使命和目标，团队的工作还不具备可操作的控制标准，因此必须将团队的整体目标细化，形成适当的绩效标准。合理的绩效标准必须是具体的、可衡量的、可实现的、结果导向的和有时限的。另外，还要设置合理的奖酬体系，将团队成员的报酬和团队绩效联系起来，以此来挖掘个体潜能、强化团队的奋进精神和承诺。

(8) 工作团队的规模。高效的工作团队规模一般比较小。如果团队成员多于12人，他们就很难顺利开展工作。他们在相互交流时会遇到许多障碍，也很难在讨论问题时达成一致。一般来说，如果团队成员很多，就难以形成凝聚力、忠诚感和相互信赖感，而这些却是高效团队不可缺少的。所以，管理人员要塑造富有成效的团

第十一章 高效团队建设与管理

队,就应该把团队成员人数控制在 12 人之内。如果一个自然工作单位本身较大,而你又希望达到团队的效果,那么可以考虑把工作群体分化成几个小的工作团队。

(9) 分配角色以及增强多样性。我们在前面讲过每个人的个性各有不同,如果员工的工作性质与其个性特点一致,其绩效水平容易提高。就工作团队内的位置分配而言,也是如此。团队有不同的需求,挑选团队成员时,应该以员工的的个性特点和个人偏好为基础。

管理人员有必要了解个体能够给团队带来贡献的个人优势,根据这一原则来选择团队成员,并使工作任务分配与团队成员偏好的风格相一致。通过把个人的偏好与团队的角色要求适当匹配,团队成员就可能和睦共处。开发这种框架的研究者认为,团队不成功的原因在于具有不同才能的人搭配不当,导致在某些领域投入过多,而在另一些领域投入不够。

2. 高效团队的管理对策。塑造高效团队应遵循以下原则:

(1) 团队成员多样化。高效团队应由具有各种不同技能、知识、经验、专长的成员组成。

(2) 保持最佳规模。成员过多会造成协调困难,成员太少会导致负担过重。一般而言,理想的人数为 10~12 人。

(3) 正确选拔成员。有些个体不喜欢团队工作,应避免把他们选入团队。同样重要的是,应根据技能来确定人选,同时注意技能互补。这里,技能不仅指作业技能,还包括人际交往技能。

(4) 对团队成员进行培训。为了团队有效运作,成员必须具备所有相关工作技能和人际技能。为此,应该重视培训工作。

(5) 澄清团队使命和目标。只有当团队成员明了团队的使命与目标,建立共同的信念和承诺,他们才能为之奋斗。所以,应强调团队目标。

(6) 把个体报酬与团队绩效相连。应当根据每位成员对群体成功的贡献来确定个体的报酬,否则他们不会关心团队的成败得失。

(7) 运用适当的绩效测量。必须开发一整套具体的方法与指标来测量团队的绩效,这些测量工具不仅应考虑团队工作的最终结果,还应注意团队完成任务的过程。

(8) 鼓励参与。团队成员参与决策的程度影响着他们对决策的承诺,为使决策得到顺利执行,必须允许成员参与各项决策。

(9) 提供支持。应让团队成员相信自己能够成功,为此,上级领导者要提供各种物质、精神支持。如果成员得不到支持与鼓励,他们就不可能全力以赴的工作。

(10) 重视沟通。为完成共同的目标与任务,团队成员必须及时沟通,相互合作,因此应当千方百计地促进沟通。

(11) 激发士气。当团队面临挑战时,成员会焕发斗志,取得优异成就。所以，当团队完成某项任务时，可为团队设置更具挑战性的目标。

（12）制定行为规则。有效的团队都有清晰明确的行为准则，告诉成员允许做什么，禁止做什么，因此必须是先制定详细、具体的行为规则。

（13）定期告知新信息。新鲜的信息可能代表着一种挑战，使团队保持创新状态。同时，常与外界交往，团队不会失去进取精神。

（14）承认与回报重大贡献。对于那些为团队成功做出重大贡献的成员，必须予以重奖。当然，奖励既可以是物质的，也可以是精神的。

● 本章小结 ●

本章分析了团队的基本概念，团队相对于群体的特殊性，以及团队的类型和团队成员角色，介绍了创建团队的步骤和方法，重点介绍了高效团队的特征和高效团队的管理对策。这些内容对于了解团队结构，提高团队的有效性，以及如何管理团队有很好的说明和指导作用。

工作团队是由一些知识技能互补、彼此承诺协作完成一项共同目标或一系列绩效目标的成员组成的特殊群体，每个成员都负有共同的责任。常见的工作团队有以下三种类型：问题解决型团队、跨职能团队和自我管理型团队。团队创建的方法有五种：人际交往法、角色界定法、价值观法、任务导向法和社会认同法。

▶ 思考题

1. 什么是工作团队？工作团队与群体的区别是什么？
2. 团队的类型有哪些？
3. 高效团队的特征是什么？
4. 团队创建的步骤是什么？
5. 如何塑造高效工作团队？

▶ 案例应用

宝钢构建"超级团队"

1978年12月，上海宝山钢铁总厂工程在吴淞口岸打下了第一桩。对这家投资300亿元，全面引进日、德等先进设备、管理方法的巨型钢铁企业的前景，当时并

第十一章　高效团队建设与管理

不是所有的人都一致看好。

好在20年后，宝钢以它的辉煌成就消除了人们当初的疑虑：1997年，宝钢完成销售收入280亿元，实现利税40亿元，全年产钢880万吨。宝钢产品在努力满足国内支柱产业和重点企业需求的同时，还远销世界五大洲27个国家和地区。有关专家认为，至20世纪末，随着宝钢、梅山集团的联合，宝钢已成为中国工业系统第一家跻身世界500强的企业。那时，人们更加怀念1979年邓小平说过的一句预言："历史将会证明，建设宝钢是正确的。"

宝钢的成功，说到底，是管理的成功。

新日本制铁株式会社（简称新日铁）是日本最具实力的现代化钢厂，它的管理特色为高度重视横向协调和意见交流，权力下放基层，以人为中心等，正体现着当时处于巅峰期的日本企业"团队"管理的主流价值。宝钢的组织体制一开始就以新日铁的组织管理方式为基础。

宝钢设备有大型化、连续化两大特点，因而也决定了基层规模庞大。为使基层管理重心接近生产现场，宝钢实行了"作业长制"。作业长是自己管辖范围内的绝对权威，是厂长派驻各基层的"封疆大臣"，是厂长权力的延伸和细化，所以人称"小厂长"。车间主任对这些"小厂长"只委托权力而不委托责任，从而使得作业长们可以放手管理。宝钢用了整整八年时间推进作业长制，目前实现率为100%。每年宝钢都要评选出"十佳作业长"，并把大多数为工人出身的作业长当干部来管理，享受副科级待遇。

宝钢是现代化程度很高的连续化生产单位，所以在基层生产中实行"工序服从"原则，既上道工序服务于下道工序，也服从于下道工序，一般工序服从核心工序，辅助作业服从主体作业，实现了不同作业长之间的横向指挥。同时，宝钢实行"专业搭接"制度，强调各部门之间要树立"主动协调、工作渗透、业务搭接"三大原则，并专门制定了系统考虑前后左右协作关系的专业搭接制度，既杜绝了扯皮推诿现象，又加强了不同部门之间的横向联系与协作。

宝钢受新日铁完善的员工培训制度启发，从筹建一开始就制定出"年年培训、人人培训、反复培训"的方针。宝钢有专门的教育培训中心，可容纳2 000人。宝钢工人上岗前的培训是相当严格的，要经过政治轮训、出国操作培训、模拟岗位练兵等10个步骤。对干部的培训也非常严格，培训内容非常现代化。

1984年7月，宝钢焦化厂到新日铁实习，发现了日本受我国"鞍钢宪法"中"两参一改三结合"启发而发展出来的自主管理活动，回国后加以推广，迅速在全厂蔚然成风。从此，宝钢的自主管理活动与全面质量管理小组活动（TQC）、创文明班组建设活动一起纳入群众性管理轨道。

宝钢的激励机制相当完善。如每两年评比选拔一次"宝钢科技精英"；鼓励工人创造先进操作法，先进操作法可用创造者姓名命名；鼓励职工终身服务于宝钢，授予工龄和连续工龄长的职工以"金牛""银牛"奖章，等等。根据不同层次，宝钢设置多种形式激励目标，引导职工艰苦努力，积极进取，并设法为他们提供实现目标的条件、环境以及成长发展的机会。如选送优秀中青年到国内外有关机构深造；给优秀见习生和优秀青年技术干部晋升工资；设立内部高级工程师和内部工程师，等等。

进入20世纪90年代以来，宝钢的经营方针由原先的"以产定销"逐步向"以销定产"的方向转化，宝钢国贸正是应这种转变孕育而生。与此同时，宝钢国贸体制下的一批新型贸易公司在商海搏击中已能自觉运用现代团队理论来武装、壮大自己，并通过团队实践，给宝钢的团队建设注入了新的生机与活力。

宝钢国贸一直指出，只有员工满意的公司才能赢得顾客的满意。为此，公司努力营造极具朝气又富有回报的成长环境。公司极力提倡平等精神，在公司圆桌式会议厅里，张贴着这样的会议准则："人人都作贡献，想法属于大家。"为激荡众智，公司成立了有12个青年人自发组织的"F1工作室"，这是一个利用业余时间搞系统开发的项目攻坚小组。之所以取名"F1"，是借喻国际最著名的一级方程汽车大赛名称，象征速度、强力、技巧、勇敢及永不停止的精神。同时借喻计算机键盘"F1"键的"帮助"功能，强调其成员间的互助共进——既有个人的突进，又有团体的携手共济，二者相得益彰。这正是宝钢商贸的年轻人对一个理想团队模式的理解。

▶ **问题**

1. 宝钢的团队管理思想来源于哪几个方面？
2. 它是如何将团队观念成功地运用于管理当中的（可从引进、确立、调整及完善等角度分析）？
3. 它的"团队管理"主要表现在哪些方面？有什么特点？

第十二章

组织结构设计

❖ 本章学习目标

阅读和学完本章后,你应该能够:
◇ 掌握组织的概念、特征与分类、管理幅度与管理层次的概念
◇ 了解有关的组织理论
◇ 认识主要的组织结构形式、各自的优缺点及其适应性
◇ 重点掌握组织结构设计的原则、程序、管理幅度的制约因素和集权与分权的影响因素等问题

> **开篇案例**
>
> 　　一家专门生产反光镜的小型制造厂,9年来一直重视组织结构设计和组织培育。在进行组织结构设计和组织培育过程中,劳动生产率指标由100上升到149,其中一半是由于重视组织结构设计和组织培育取得的。为社会带来了效益,为顾客提高了价廉物美的产品,为员工创造了良好的组织气氛,而整个企业也从提高效率中获得了好处。
>
> 　　另一家大型制造业工厂的管理部门决定在自己的生产班组中进行组织培育。在这之前,这个班组在质量和协作方面一直存在很多问题,培育计划由6部分组成,这项计划在实行5个月后,质量指标白班由71提高到92,夜班由69提高到89,这是一项有重要意义的改进。

一、组织理论的发展

（一）组织的概念

组织是具有特定目标、资源与结构，时刻与环境相互作用的开放的系统。它是一个人群结合体，作为人的集合，不是简单的毫无关联的个人的加总，它是人们为了实现一定目的，有意识地协同劳动而产生的群体。理解组织的概念，需要认识组织的特征。组织有以下特征：

1. 组织目标。每一个组织都有明确的目标，如企业要使盈利最大化，学校要培养社会所需要的人才，医院要提供优质的医疗服务。目标决定了任何一个组织作为社会组成部分存在的必要性与合理性，目标的作用是引导组织成员的行为，使大家协作一致，运用组织所拥有的各种资源，完成组织目标与战略。组织的目标有经营目标、全面绩效、市场目标、雇员发展目标、创新与变革和生产效率等目标。

2. 组织资源。组织要达到自己的目标，必须拥有自己的资源，如企业拥有人才、资金、机器、设备、品牌、技术等各种资源。一个组织需要把拥有的各种资源当作投入通过转化变成其他组织或个人所需要的各类资产，才能实现自己的目标，才能生存与发展。

3. 组织结构。组织是由人组成的系统，虽然每个组织人数的多寡各不相同，但都需要组织成员分工协作。组织需要科学地划分部门、划分层次，需要明确各部门、各层次的责任、义务、权利与利益，应根据每一个成员的能力安排工作，分配职务并落实每一个职位的责权利。组织还应该建立有效的沟通与协商机制，只有分工清晰、协作通畅，组织才能正常运转。

4. 组织互动。组织是一个开放系统，任何组织都离不开环境、离不开其他组织，都需要与环境进行物质、能量、信息的交换，都需要适应环境的变化。组织从环境中获得输入，经过一系列的转换，向环境输出。离开与其他组织或个人的相互作用，离开了对环境变化的适应，组织就会失去平衡，陷入困境。

（二）组织类型

组织就在我们的周围，并且在许多方面左右着我们的生活。组织的类型多种多样，主要有以下分类：

第十二章 组织结构设计

1. 根据目标的不同，可以将组织分为营利组织、非营利组织、公共组织。

（1）营利组织。所有以获利为主要目的的组织都是营利组织，如工厂、商店、银行、矿山等。营利组织是现代社会的基石，它们以产品和服务来满足其他组织和个人的需求，并以纳税的方式支持其他组织的正常运行。

（2）非营利组织。除公共组织外，一切不以盈利为主要目标的组织都是非营利组织，非营利组织既是营利组织的重要目标市场，也承担着许多重要的社会职能，为其他组织提供独特的服务。

（3）公共组织。以实现公共利益为目标的组织是公共组织，一般拥有公共权利或者经过公共权利的授予，负有公共责任，以提供公共服务，包括管理公共事物、提供公共产品为基本职能的组织。政府是典型的公共组织，以特定公共利益为目标，提供公共服务的非政府组织也是公共组织的重要组成部分。

2. 根据组织原则和方式不同，可以将组织分为正式组织与非正式组织。

（1）正式组织。是为了实现组织目标，经过人为地筹划和设计，并且具有明确而具体的规范、规则和制度的组织。正式组织有以下特点：专业分工、明确的科层、法定的权威、统一的规范、相对稳定。

（2）非正式组织。组织成员为了满足特定的需要而在其实际活动和共同相处的过程中，自发而自然形成的团体。

3. 根据社会功能不同，可以将组织分成生产组织、政治组织、整合组织和模型维持组织。生产组织是指从事物质生产的制造性组织和服务性组织，如工厂、饭店等。政治组织是指为了保证整个社会达到自己的目标而进行权力分配的组织，如政府部门等。整合组织是指协调各种冲突，引导人们向某特定目标发展的组织，如政党等。模型维持组织是指维持固定的形式，确保社会发展的组织，如学校、社团等。

4. 根据组织成员的受益程度，可以将组织分成互利组织、商业组织、服务组织和公益组织。互利组织是指对所有参加者都有好处的组织，如工会、俱乐部等。商业组织是指从事工商活动的组织，如公司、企业等。服务组织是指为某些社会人士直接服务的组织，如学校、医院、福利性机构等。公益组织是指为社会所有人服务的组织，如警察机构、行政机构、科研机构等。

5. 根据控制成员方式的不同，可以将组织分成强制性组织、功利性组织、规范性组织。强制性组织是指用高压、威胁、甚至暴力性等手段控制其成员行为的组织，如监狱、精神病医院等。功利性组织是用金钱或物质为媒介来控制下属成员行为的组织，如各类工商企业等。规范性组织是用在伦理道德或观念信仰等基础上形成的规范权利来控制成员行为的组织，如宗教团体等。

（三）组织理论的发展

1. 科层组织理论。被称为"组织理论之父"的韦伯（Max Weber，1864～1920）与泰勒、法约尔同为西方古典管理理论的三位先驱。韦伯的主要著作有《社会组织与经济组织理论》、《新教伦理与资本主义精神》、《一般经济史》等，其中官僚组织模式的理论（即行政组织理论），对后世产生了最为深远的影响。

韦伯认为，任何组织都必须以某种形式的权力作为基础，没有某种形式的权力，任何组织都不能达到自己的目标。人类社会存在三种为社会所接受的权力：传统权力（Traditional Authority），传统惯例或世袭得来；超凡权力（Charisma Authority），来源于别人的崇拜与追随；法定权力（Legal Authority），理性——法律规定的权力。对于传统权力，韦伯认为：人们对其服从是因为领袖人物占据着传统所支持的权力地位，同时，领袖人物也受着传统的制约。但是，人们对传统权力的服从并不是以与个人无关的秩序为依据，而是在习惯义务领域内的个人忠诚。领导人的作用似乎只为了维护传统，因而效率较低，不宜作为行政组织体系的基础。而超凡权力的合法性，完全依靠对于领袖人物的信仰，他必须以不断的奇迹和英雄之举赢得追随者，超凡权力过于带有感情色彩并且是非理性的，不是依据规章制度，而是依据神秘的启示。所以，超凡的权力形式也不宜作为行政组织体系的基础。

韦伯认为理想的官僚组织模式的特征是：

（1）组织中的人员应有固定和正式的职责并依法行使职权。组织是根据合法程序制定的，应有其明确目标，并靠着这一套完整的法规制度，组织与规范成员的行为，以期有效地追求与达到组织的目标。

（2）组织的结构是一层层控制的体系。在组织内，按照地位的高低规定成员间命令与服从的关系。

（3）人与工作的关系。成员间的关系只有对事的关系而无对人的关系。

（4）成员的选用与保障。每一职位根据其资格限制（资历或学历），按自由契约原则，经公开考试合格予以使用，务求人尽其才。

（5）专业分工与技术训练。对成员进行合理分工并明确每人的工作范围及权责，然后通过技术培训来提高工作效率。

（6）成员的工资及升迁。

2. 系统组织理论。巴纳德（Chester. Barnard，1886～1961）是西方现代管理理论中社会系统学派的创始人。巴纳德的许多重要著作中最有名的是1938年出版的《经理人员的职能》，被誉为美国现代管理科学的经典著作。

他认为，任何组织都包含三个要素：协作的意愿、共同的目标和信息联系。所

第十二章 组织结构设计

有的正式组织中都存在非正式组织,正式组织是保持秩序和一贯性所不可缺少的,而非正式组织是提供活力所必须的。两者是协作中相互作用、相互依存的两个方面。

一个协作系统是由相互协作的许多人组成的。个人可以对是否参与某一协作系统做出选择,这取决于个人的动机包括目标、愿望和推动力,组织则通过其影响和控制的职能来有意识地协调和改变个人的行为和动机。经理人员的作用就是在一个正式组织中充当系统运转的中心,并对组织成员的活动进行协调,指导组织的运转,实现组织的目标。经理人员的主要职能有三个方面:(1)提供信息交流的体系;(2)促成个人付出必要的努力;(3)规定组织的目标。经理人员作为企业组织的领导核心,必须具有权威。权威是存在于正式组织内部的一种"秩序",是个人服从于协作体系要求的愿望和能力。要建立和维护一种既能树立上级权威,又能争取广大"不关心区域"群众的客观权威,关键在于能否在组织内部建立起上情下达、下情上达的有效的信息交流沟通系统,这一系统既能保证上级及时掌握作为决策基础的准确信息,又能保证指令的顺利下达和执行。要维护这种权威,身处领导地位的人必须随时掌握准确的信息,做出正确的判断,同时还需要组织内部人员的合作态度。巴纳德对信息交流沟通系统的主要要素进行了探讨,他们对于大型组织建立权威至关重要。组织的有效性取决于个人接受命令的程度。巴纳德分析个人承认指令的权威性并乐于接受指令的四个条件是:

(1)他能够并真正理解指令;
(2)他相信指令与组织的宗旨是一致的;
(3)他认为指令与他的个人利益是不矛盾的;
(4)他在体力和精神上是胜任的。

3. 伙伴关系组织理论。费利特是美国的一位哲学家,她把管理看成是一种普遍的社会现象,在工业管理领域发展了建设性冲突和企业的结合统一等思想。认为如果工人和管理当局如果是合伙人的关系,那么工作质量和生产效率都会有所改善。进一步指出管理者和被管理者之间实际上不存在分界线的问题,组织的所有成员都在各级承担一定的责任而对整体做出贡献。除了把公司看成是一个统一体之外,还应该看到公司与环境之间的关系。

(1)权利与权威问题:在探讨工业管理时重新界定了权力与权威的概念。用"共享的权力"来代替"统治的权力",用"共同的行动"来代替同意和强制。这样,出色的管理过程就不存在发布和接受命令。

(2)组织的基本原则:通过直接接触达成协调;协调应在早期阶段进行;协调是涉及所有要素的交互关系;协调是一个连续的过程。

费利特理论的基本点在于"伙伴关系"这一概念。她主张,在一个民主的社会里,管理的基本任务是创造一种环境和形势,使人民自愿和主动地给予合作。

4. 权变组织理论。权变是指在一种环境下所适合的方式可能不适合于另一种环境，不存在一个普遍适用的、最好的方式，而只能"视情况而定"。该理论强调组织自身的设计是可变的，并不存在一种简单的普遍适用的组织设计，一切都依具体情况而定。例如，某些组织处在相对稳定的环境中，可以运用例行技术达到期望的效率。在这种情况下，采用官僚制的控制程序、功能性结构和正式沟通等方法是恰当的，而运用非例行技术的自由流动式的管理过程对于不确定的环境则更为恰当。有关研究表明，处于急剧变化环境中的企业组织结构和处于稳定环境中的组织机构不相同。如学校、医院面对一个相对稳定的环境，其组织结构较稳定；而企业的营销部门面对不确定性的环境，其结构就不易定型。市场需求不稳定，小批量、单件生产的产品，要对市场情况很快做出反映，就需要有机式的组织结构；而市场需求稳定，大批量生产的产品，可以采取定型的组织结构。同一组织内部各个部门的设计也不是千篇一律的，应根据具体环境进行设计。组织是手段而不是目的，在组织设计方面不存在惟一的结构与方法，正确的管理方法应该视组织的具体情况而定。

5. 学习型组织理论。20世纪80年代以来，随着信息革命、知识经济时代进程的加快，企业面临着前所未有的竞争环境的变化，传统的组织模式和管理理念已越来越不适应环境。企业组织如何适应新的知识经济环境，增强自身的竞争能力，延长组织寿命，成为世界企业界和理论界关注的焦点。在这样的大背景下，以美国麻省理工学院教授彼得·圣吉为代表的西方学者，吸收东西方管理文化的精髓，提出了以"五项修炼"为基础的学习型组织理念。

学习型组织理论认为，在新的经济背景下，企业要持续发展，必须增强企业的整体能力，提高整体素质；也就是说，企业的发展不能再只靠像福特、斯隆、沃森那样伟大的领导者一夫当关、运筹帷幄、指挥全局，未来真正出色的企业将是能够设法使各阶层人员全心投入并有能力不断学习的组织——学习型组织。

所谓学习型组织，是指通过培养弥漫于整个组织的学习气氛，充分发挥员工的创造性思维能力而建立起来的一种有机的、高度柔性的、扁平的、符合人性的、能持续发展的组织。这种组织具有持续学习的能力，具有高于个人绩效总和的综合绩效。

学习型组织具有下面的几个特征：

（1）共同愿景。
（2）系统思考。
（3）团体学习。
（4）改变心智模式。
（5）自我超越。

二、组织设计的维度

(一) 组织设计的原则

组织设计是管理者为实现组织目标而对组织活动和组织结构进行设计的活动，是在特定环境中，把组织的任务与组织的职能、职权和规范进行有效地结构性配合的过程，组织设计的直接结果是形成一种关系网络。组织设计的基本原则是：

1. 目标任务原则。指组织结构的设计和组织形式的选择必须有利于组织战略和组织目标的实现，组织设计的全部工作必须以此为出发点和归宿点。这就要求在组织设计中要以事为中心，因事设机构、设职务，做到人与事高度配合，避免出现因人设事、因人设职的现象。

2. 分工协作与精干高效原则。按照提高管理专业化程度和工作效率的要求，在组织结构设计中把组织的目标分解成各级、各部门以至各个人的目标和任务，使组织的各个层次、各个部门、每个人都了解自己在实现组织目标中应承担的工作职责和职权。同时，无论设计何种组织结构形式，都必须将精干高效放在首要地位，力求减少管理层次，精简管理机构和人员，充分发挥组织成员的积极性，提高管理效率，更好地实现组织的目标。

3. 权责一致原则。权力是责任的基础，有了权力才可能负起责任；责任是权力的约束，有了责任，在运用权力时就必须考虑可能产生的后果，不至于滥用权力。职权和职责必须相结合，要求在组织结构设计中，既要明确规定每一管理层次和各个部门的职责范围，又要赋予完成其职责所必需的管理权限。

4. 统一指挥原则。组织的各级机构以及个人必须服从一个上级的命令和指挥，只有这样，才能保证命令和指挥的统一，避免多头领导和多头指挥。

5. 集权与分权结合原则。为了保证有效的管理，必须实行集权与分权相结合的领导体制，以加强组织的灵活性和适应性。

6. 管理幅度与管理层次结合原则。管理人员有效地监督、指挥其直接下属的人数是有限的，每一个主管人员都应根据管理的职责和职权来慎重地确定自己的管理幅度。

7. 稳定性与适应性结合原则。指组织结构及其形式既要有相对的稳定性，不能轻易变动，又必须随组织内外部条件的变化，根据长远目标适时做出相应的调整。

（二）组织设计的程序

组织设计是一个动态的工作过程，包含了众多的工作内容。科学的进行组织设计，要根据组织设计的内在规律性有步骤地进行，才能取得良好效果。组织设计的基本程序是：

1. 确定组织设计的原则。根据企业的目标和特点，确定组织设计的方针、原则和主要参数。

2. 因素分析。组织内部资源和外部环境影响着组织结构，在进行组织设计时应考虑组织环境、组织战略、技术手段、组织资源和组织所处的发展阶段等几个主要因素。

3. 职能设计。确定管理职能及其结构，层层分解到各项管理业务和工作中，进行管理业务的总设计。

4. 组织结构框架设计。设计各个管理层次、部门、岗位及其责任、权力，具体表现为确定企业的组织系统图。

5. 组织运行保障设计。包括人员培训和配备；设计管理规范和制度，如管理工作程序、管理工作标准、管理工作方法、绩效考核制度、工资奖励制度等。

6. 反馈和修正：将运行过程中的信息反馈回去，定期或不定期的对上述各项设计进行必要的修正。

（三）管理幅度与管理层次设计

1. 管理幅度。管理幅度也称管理跨度，是指一名领导者直接领导的下级人员的人数，或者是指主管人员有效地监督、管理其直接下属的人数。例如，经理直接领导多少名副经理和科长，副经理直接领导多少名科长和车间主任等。上级直接领导的下级人数多，称之为管理幅度大或跨度大；反之，则称之为管理幅度小或跨度小。

影响管理幅度的因素主要有：

（1）工作性质。包括上下级管理工作的复杂性、变化性和下级工作人员工作的相似性。如果上下级管理工作复杂多变，就需要经常接触，从而耗费较大的精力，管理幅度自然就少一些；简单重复性的工作和较为稳定的、变化不大的工作，管理幅度则可大一些。如果下属人员的工作越相似，那就越便于主管人员进行管理，扩大管理幅度则是可行的。

（2）主管人员及下属的能力与素质状况。主管人员能力强，则管理宽度可增

第十二章 组织结构设计

大。如果下级人员的素质也很好，能够准确地理解上级的意图，自觉、主动、独立地完成自己的任务，无须上级花费很多时间进行指导和监督，这就能进一步加大上级领导的管理幅度。

（3）计划的明确性。如果计划详细具体，切实可行，下级人员就容易了解自己的具体目标和工作任务，管理幅度就可能大一些。

（4）组织沟通的效率和效果。若沟通渠道畅通，信息传递迅速准确，控制技术比较有效，制度健全，管理幅度就可以大一些。

（5）组织环境和组织自身变化的速度。若环境和组织自身比较稳定，管理幅度就可以大一些。

2. 管理层次。随着生产的发展、科技的进步和经济的增长，组织的规模越来越大，管理者与被管理者的关系随之复杂化。主管人员为有效地领导下属，必须考虑能有效地管理直接下属的人数问题。当直接管理的下属人数超过某个限度时，就必须增加一个管理层次，通过委派工作给下一级主管人员而减轻上层主管人员的负担。这样，就形成了有层次的组织结构，管理层次就是一个组织所设立的行政等级的数目。

（1）管理层次的划分。组织中管理层次的多少，应根据组织规模的大小而定。一般地，管理层次分为上、中、下三层，每个层次都应有明确的分工。上层也称最高经营管理层或战略决策层，其主要职能是从整体利益出发，对组织实行统一指挥和综合管理，并制定组织目标和大政方针。中层也称为经营管理层，其主要职能是为达到组织总的目标，为各职能部门制定具体的管理目标，拟定和选择计划的实施方案、步骤和程序，评价生产经营成果和制定纠正偏离目标的措施等。下层也称为执行管理层或操作层，其主要职能是按照规定的计划和程序，协调基层组织的各项工作和实施计划。

（2）管理层次的确定。管理层次的多少与管理幅度密切相关，管理层次、管理幅度与组织规模存在相互制约的关系：组织规模＝管理幅度×管理层次。

当组织规模一定时，管理幅度与管理层次成反比关系，管理幅度越宽，层次越少，组织结构的形式呈扁平化；管理幅度越窄，管理层次越多，组织结构呈高层型。

（3）高层组织结构。是指管理层次较多，管理幅度较窄的结构。

高层结构优点是：主管人员的管理幅度较小，能够有充分的时间和精力，对下属进行面对面地、深入具体地领导；由于主管人员的管理幅度较小，避免了职务不清和多头指挥；主管人员和人数较少的下属所组成的集体规模较小，易于协调；高层结构在合理的界限内，能迅速有效地解决问题，保证领导的有效性。

高层结构由于层次较多，也存在下列缺点：由于层次较多，需要配备较多的管理人员，造成管理费用大；信息的上传下达要经过多个层次，速度慢，并容易发生失真与误解；最高管理层与基层人员及活动相隔多个层次，容易滋生官僚主义现象。

（4）扁平组织结构。管理层次较少，而管理幅度较大。扁平结构由于管理层次较少，同高层结构比较起来，信息传递速度快、失真少；管理费用省；便于高层领导了解基层情况；主管人员领导较多的下属，工作负担重，因而更乐于让下级享有更充分的职权，激发下级的干劲。扁平结构也存在缺点，主要是：领导人员的管理幅度大，负荷重；对领导人员的素质要求高；主管人员与下属结成较大的集体，固然有利于承担复杂工作，但同时，随着集体规模的扩大，协调变得更加困难。

（四）职能设计

1. 职能设计的过程。

（1）进行职能分析。根据组织的环境和条件，从内容、性质、相互关系和分工等多方面，具体地分析企业的整个管理系统或者个别子系统的全部职能，就建立和健全企业职能结构提出具体方案。通过职能分析，确定企业的基本职能、关键职能与特殊职能。

（2）进行职能整理。在调查了解企业现有的全部管理业务活动和分工的基础上，通过分析归纳，搞清其职能结构的现状，发现问题，提出具体改进方案。

（3）进行职能分解。将企业的每一个职能细分为可操作的各项具体的管理业务活动，即为职能分解。通过职能分解，企业的全部职能才能转换为管理人员的具体工作内容，最终得以落实。在职能分解的基础上，将那些相关的业务活动归类，设计各种职务、岗位和部门，明确它们各自的职责。

2. 职能分类。

（1）按管理范围和权限分类，可分为经营职能和生产管理职能。经营职能属于协调企业内部生产技术经济活动与外部环境的关系，是外向的、决策性的职能。生产管理职能则是局限于企业内部，是内向的、执行性的职能。

（2）按层次划分，可分为高层、中层、基层三个层次的职能。

（3）按专业分工，可分为生产管理、技术管理、供销管理、人力资源管理、财务管理等，每一类还可再细分。

（4）按工作性质分，有专业性、综合性和服务性三类职能。专业职能担负生产经营活动某一方面的管理业务，如供应、运输、设备、动力、安全、基建等管理业务。综合职能则贯穿于企业生产经营活动全过程，如计划、技术、质量、财务等工作。

（5）按重要性分，有关键职能和次要职能之分。关键职能是对实现组织战略起关键作用的职能。

（6）按有无直接指挥关系分，可分为直线职能和参谋职能。直线职能承担着直接指挥组织日常生产活动的职责，从企业的高层到基层最低的一级管理人员，形成垂直的、逐级指挥的直线系统。参谋职能承担着综合管理和专业管理工作，对上级直线人员发挥参谋作用，对下级直线部门和直线人员起指导、服务和监督作用，无权直接下达命令、进行指挥。

（五）部门设计

1. 部门设计的方法。部门是指组织中主管人员为完成规定的任务有权管辖的一个特殊的领域。组织部门设计采用的方法有：

（1）按职能划分。这是最普遍采用的划分部门的方法。它遵循专业化的原则，以工作或任务的性质为基础划分部门，并按这些工作或任务在组织中的重要程度，分为主要职能部门和次要职能部门。按职能划分部门的优点是：遵循专业化原则，能充分发挥专业职能，有利于目标的实现。

（2）按产品或服务划分。即按组织向社会提供的产品或服务来划分部门。优点是：有利于发挥个人的技能和专业知识，有利于部门内的协调，有利于产品的增长和发展。

（3）按地区划分。即按地理位置来划分部门，目的是调动地方、区域的积极性，谋求取得地方化经营的某种经济效果。

（4）按服务对象划分。即按组织服务的对象类型来划分部门。

2. 部门设计的原则。

（1）精简原则。组织结构要求精简，部门必须力求最少，但这是以有效地实现目标为前提的。

（2）弹性原则。组织中的部门应随业务的需要而增减，可设立临时部门或工作组来解决临时出现的问题。

（3）效率原则。必要的职能均应确保目标的实现，组织的主要职能都必须有相应的部门。当某一职能与两个以上的部门有关系时，应明确规定每一部门的责任。

（4）制衡原则。如检查部门与业务部门分设，考核部门的人员不应隶属于受其评价的部门等。

（六）集权与分权的设计

集权意味着权力集中到较高的管理层次，分权则表示权力分散到整个组织中，不过，集权与分权都是相对概念，并不是绝对的。集权与分权的程度可根据各管理层次所拥有的决策权的情况来衡量。

按照集权与分权的程度不同,可形成两种领导方式:集权制与分权制。集权制是指管理权限较多地集中在组织高层,特点是:经营决策权较多的集中于上层主管,中下层只有日常业务的决策权;对下级的控制较多,下级的决策前后都要经过上级的审核;统一经营,统一核算。分权是把管理权限适当分散在组织中下层,特点是:中下层有较多的决策权;上级的控制较少,往往以完成规定的目标为限。

组织到底是采用集权还是分权要视具体情况而定,影响集权或分权的因素是:

1. 决策的代价。决策代价的大小是影响集权与分权的主要因素,重大的决策一般集权。

2. 政策的一致性要求。组织内部执行同一政策,集权的程度较高。

3. 组织规模。规模大宜于分权,规模小宜于集权。

4. 组织成长方式。组织由从小到大发展而来,集权程度较高;组织由联合或合并而来,分权程度较高。

5. 公司文化与管理哲学。

6. 管理人员的数量与管理水平。如主管人员数量充足,管理能力较强,则可较多的分权;反之趋向于集权。

7. 控制技术。如各种控制技术较高则可以适当分权。

8. 组织的动态特性。组织处于迅速的发展中,要求分权。组织较完善或比较稳定的时候则要求集权。外部环境因素稳定可考虑分权,环境因素动荡则要求集权。

三、组织结构的设计

(一)直线式组织结构

组织结构是组织设计的结果和具体体现。组织结构决定了正式的职位关系,确定了部门的组成,决定了如何设计一套有效的管理系统,来保证部门间的有效沟通、合作与整合,一个理想的组织结构应该鼓励其成员在组织需要的时候提供横向信息、进行横向协调。

直线式组织结构是最早、最简单的一种组织结构形式(见图12-1)。它的特点是:没有职能部门,组织中各种职务按垂直系统直线排列,各级主管人员对所属下级拥有直接的一切职权,组织中每一个人只能向一个直接上级报告。

第十二章 组织结构设计

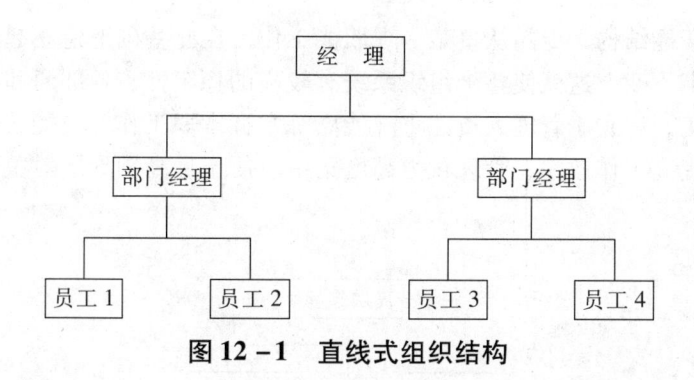

图 12-1 直线式组织结构

直线式组织的优点是结构比较简单，权力集中，责任分明，命令统一，联系简捷，做出决定可能比较容易和迅速。其缺点是在组织规模较大的情况下，所有的管理职能都集中由一人承担，往往由于个人的知识及能力有限而感到难以应付，可能会发生较多失误。直线式组织结构只适用于那些没有必要按职能实行专业化管理的小型组织，或者是现场的作业管理。

（二）直线职能式组织结构

直线职能式组织结构最早是由成立于1892年的通用电气公司发展起来的，由铁路公司发展的高层管理方式和家族式企业发展的中层管理方法综合而成。直线职能式组织结构是以权力集中于高层为特征的组织结构（图12-2）。到1917年时，直线职能式组织结构在美国制造业占据统治地位，当时236家公司中有80%以上采用这种结构。它的基本特征在于，将企业的生产经营活动按照功能划分为若干个职能部门，如生产、销售、开发等，每一个部门又是一个垂直管理系统，由企业高层领导直接进行管理，所以直线职能式组织结构又叫"功能型垂直结构"。生产过程的主要决定，必须有高层主管和职能部门的同时介入才能做出。各级管理机构和人员实行高度的专业化分工，各自履行一定的管理职能。因此，每一个职能部门所开展的业务活动将为整个组织服务。实行直线—参谋制，整个管理系统划分为两大类机构和人员：一类是直线指挥机构和人员，对其直属下级有发号施令的权力；另一类是参谋机构和人员，其职责是为同级直线指挥人员出谋划策，对下级单位不能发号施令，而是起业务上的指导、监督和服务的作用。

直线职能式组织结构的优点是，由于是垂直领导，有利于企业集中有限的资源，按总体设想，投资到最有效的项目上去。同时这种结构还有利于产供销各个环节之间的紧密协调，这一点对于纵向一体化的产品相关度很高的企业来说，尤其重要。由于按职能划分部门，其职责容易明确规定；每一个管理人员都固定的归属于一个职能结构,专门从事某一项职能工作,在此基础上建立起来的部门间联系能够长期不变,这就使整个组织系统有较高的稳定性;各部门和各类人员实行专业化分工,有利于管理人员注重并能熟练掌握本职工作的技能,有利于强化专业管理,提高工作效率;管理权力高度集中,便于最高领导层对整个企业实施严格的控制。

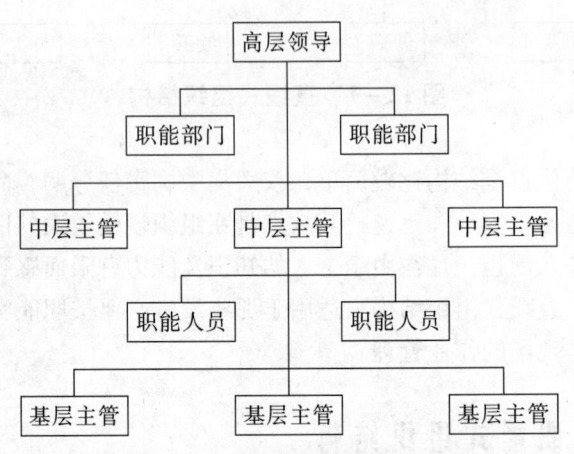

图 12-2 直线职能式组织结构

但是,企业发展到现代阶段,规模扩大,直线职能式组织结构越来越不适应企业的发展和市场竞争的需要,它的缺陷也逐渐暴露出来。高层领导者陷入日常经营活动,过多地涉入原本应是中层管理者的业务工作,疏于企业长远的发展战略;同时,由于行政结构越来越庞大,各部门之间的协调也越来越难,导致体制僵化,管理成本上升。

(三) 事业部组织结构

事业部组织结构最早起源于美国的通用汽车公司,20世纪20年代初,通用汽车公司合并收买了许多小公司,企业规模急剧扩大,产品种类和经营项目增多,而内部管理却十分混乱。当时担任通用汽车公司常务副总经理的P.斯隆参考杜邦化学公司的经验,以事业部制的形式于1924年完成了对原有组织的改组,使通用汽车公司的整顿和发展获得了很大的成功,成为实行事业部制的典型,因而事业部制又称"斯隆模型"。按照企业所经营的事业,包括按产品、按地区、按顾客(市场)等来划分部门,设立若干事业部。事业部是在企业统一领导下,拥有自己的产品和独立的市场,拥有一定的经营自主权,实行独立经营、独立核算的部

第十二章 组织结构设计

门,既是受公司控制的利润中心,具有利润生产和管理的职能,又是产品责任单位或市场责任单位,对产品设计、生产制造及销售活动负有统一领导的职能(见图12-3)。

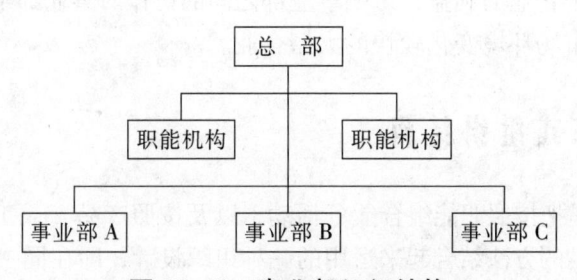

图12-3 事业部组织结构

1. 事业部组织结构的特点。

(1) 按业务活动成立专业化部门,即事业部。如产品品种较多,每种产品都能形成各自市场的大企业,即可按产品设置若干事业部,凡与该产品有关的设计、生产、技术、销售、服务等业务活动,均组织在这个产品事业部之中,由该事业部总管;在销售地区广、工厂分散的情况下,企业可按地区划分事业部;如果顾客和市场不同,还可按顾客(市场)成立事业部。

(2) 在纵向关系上,按照"集中政策,分散经营"的原则,处理企业高层领导与事业部之间的关系。实行事业部制,企业最高领导层摆脱了日常的行政事务,集中力量研究和制定企业发展战略,管理权限下放到各事业部,使他们能够依据企业的政策和制度,自主经营,充分发挥各自的积极性和主动性。

(3) 在横向关系方面,事业部为利润中心,实行独立核算。这就是说,实行事业部制,则意味着把市场机制引入企业内部。

(4) 企业高层和事业部内部,仍然按照职能制结构进行组织设计。

2. 事业部组织结构的优点。

(1) 有利于最高领导层摆脱日常行政事务,成为坚强有力的决策机构,激励各事业部的积极性和创造性,从而提高企业的整体效益。

(2) 每个事业部都有自己的产品和市场,能够规划其未来发展,也能灵活自主地适应市场出现的新情况,有高度的稳定性和良好的适应性。

(3) 有利于培养管理人才,为企业的发展储备干部。

(4) 事业部作为利润中心,便于建立衡量事业部及其经理工作效率的标准,进行严格的考核,各事业部之间可以有比较、有竞争,由此增强企业活力,促进企业的发展。

(5) 按产品划分事业部,便于组织专业化生产,形成经济规模。

3. 事业部组织结构的缺点。各个事业部都需要设置一套齐备的职能机构,因而用人较多,管理费用较高;各事业部自主经营、独立核算,考虑问题往往从本部门出发,忽视整个企业的利益,影响事业部之间的协作。事业部结构主要适用于品种多样化,而且市场环境变化较快的大型企业。

(四) 矩阵式组织结构

矩阵式结构是把按照职能组合业务活动,以及按照产品(或工程项目、规划项目)组合业务活动的方法结合起来运用的一种组织设计,即在同一组织内部,既设置具有纵向报告关系的若干职能部门,又建立具有横向报告关系的若干产品部门(或项目小组),从而形成纵向和横向管理系统相结合组织结构形式(见图12-4)。

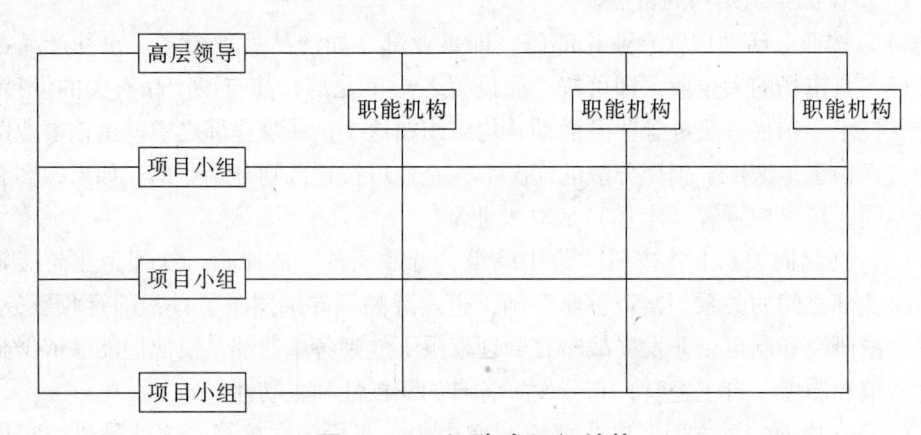

图 12-4 矩阵式组织结构

企业作为商品生产者和经营者,为谋求盈利和发展,必须关心业务活动的最终成果,满足市场和用户的需要。为了确保取得这样的成果,就要明确与该成果有关的人员或部门的责任。在这种情况下,固然可采取按产品(或项目)成立部门的办法来达到目的。但是,由于种种原因,将完成产品(或项目)所需的各种资源集中起来的做法可能行不通。例如,产品的生产规模不大,为此而配备的各种专业人员和设备的负荷不足,利用率低;产品研制过程中往往临时需要一些人员、设备和部门,他们不能固定在一个产品部门之内;因环境多变,该项目的生产可能是短期的,完成之后要再上别的项目。这就决定了一些企业不可能对每一种产品(或项目)都单独而固定的配备人员与设备,然而又要求有人对产品(或项目)的开发和利润负起明确的责任,矩阵结构应运而生。

第十二章 组织结构设计

1. 矩阵结构的特点。

（1）双重领导。参加项目的有关人员，在执行日常工作任务方面，接受原部门的垂直领导；在执行具体规划任务方面，接受产品经理的领导。

（2）组织内部有两个层次的协调。为了完成某一特定任务，首先由产品经理（或项目经理）和职能部门经理之间，以及项目小组内部各成员之间进行直接接触，达到彼此协调和配合的目的。只有在这个层次的协调无法解决分歧意见时，才需要上级主管人员进行高层次的协调。

（3）产品部门（或项目小组）所形成的横向联系灵活多样。在时间上，产品经理（或项目经理）可以是临时的，即任务完成以后就撤销，根据新的任务另行组织新的部门（或小组）；有的也可以长期不变。

2. 矩阵结构的优点。

（1）有利于加强各职能部门之间的协作配合。通过具有横向报告关系的管理系统，把各职能部门的有关人员联系起来，便于沟通讯息；有关职能人员参加了项目小组以后，承担着共同的任务和目标，整体观念得到加强。

（2）有利于顺利完成规划项目，提高企业的适应性。

（3）由于矩阵结构内部都有两个层次的协调，这样就能够减轻上级主管人员的负担，有利于高层管理集中精力制定战略目标、决策和规划，以及对执行情况的监督。

（4）有利于职能部门与产品部门相互制约，保证企业整体目标的实现。

3. 矩阵结构的缺点。

（1）组织的稳定性较差。按产品或项目成立的组织，其成员经常变动，人事关系不稳定。同时，小组成员来自职能部门，任务完成后仍要回去，容易产生临时观点。

（2）双重领导的存在，容易产生责任不清、多头指挥的混乱现象。矩阵结构适合应用于因技术发展迅速和产品品种较多而具有创新性强、管理复杂特点的企业。如军工工业、航天工业（飞机、导弹）公司采用这种组织结构形式，具有突出的优越性。一般工业企业中的科研、新产品试制和规划工作，也可运用这种形式。为了避免或减轻矩阵结构存在的弊病，组织设计应创造必要的条件，最主要的是必须明确地、合理地规定职能部门主管人员和产品（或项目）经理的职责和权力。

（五）网络组织结构

网络组织结构是一种以契约为基础的动态联结体，通常有一个核心组织负责统筹协调与其他组织间的关系和活动。网络组织的核心可视需要而与任何其他组织产生联结或中断关系,因此它是一种几乎没有边界的组织形式。

网络组织与其他组织结构不同,它必须与其他组织合作才有存在的价值,这种依赖自我管理的组织形式极大地提高了组织的弹性和对外界的反应能力。由于网络组织具有极端分散和动态的性质,因而必须借助现代信息技术手段作为沟通的桥梁。信息技术的应用使组织突破以往地域性的界限与公文旅行的限制,已从过去公文处理的功能转变为策略的通讯工具,因而信息网络的建立已成为网络组织的必备条件。

网络组织虽然可以提高组织的效率和适应能力,但也带来许多冲击,管理层首当其冲,从垂直的上下结构改为平行的职位分配。在传统的组织中权力来自管理层和所掌握的信息,而网络组织则以任务为结合,靠的是成员的专业能力;由于信息透明流通,不需通过层级传递,所以等级会逐渐淡化,中层主管会慢慢消失,领导者的角色将从发号施令转变为后勤支援,负责协调,使每一个"分子"的作用和能力得以发挥。

四、虚拟企业组织结构

(一)虚拟企业的含义

1991年,美国艾科卡(Iacocca)研究所学者普瑞斯、戈德曼和内格尔为国会提交了一份题为《21世纪制造企业研究:一个工业主导的观点》的研究报告,在报告中富有创造性地提出了"虚拟企业"的概念,即在企业之间以市场为导向建立动态联盟,以便能够充分利用整个社会的制造资源,在激烈的竞争中取胜。1992年,William Davidow 和 Michael S. Malone 给出了虚拟企业的定义:"虚拟企业是由一些独立的厂商、顾客甚至同行的竞争对手,通过信息技术连成临时的网络组织,以达到共享技术、分摊费用以及满足市场需求的目的。"

(二)虚拟企业的组织结构

虚拟企业是由几个有共同目标和合作协议的企业组成,成员之间可以是合作伙伴,也可以是竞争对手。这就改变了过去企业之间完全你死我活的输赢(Win-Los)关系,而形成一种共赢(Win-Win)的关系。虚拟企业通过集成各成员的核心能力和资源,在管理、技术、资源等方面拥有得天独厚的竞争优势,通过分享市

第十二章 组织结构设计

场机会和顾客,实现共赢的目标,以便在瞬息万变、竞争激烈的市场环境中有更大的获胜机会。国内学者则认为,虚拟企业是指两个或多个拥有核心能力的企业或项目组,依托信息网络资源,以业务包干形式独立完成策略联盟的某一子任务块,通过共享彼此的核心能力,使共同利益目标得以实现的统一体。在企业运作中通过策略联盟和业务外包两种形式达到彼此核心能力的共享。这里的核心能力是一种竞争能力,是知识经济下企业具有的与众不同和难以模仿的能力,是企业在生产、技术、管理、销售、服务、商标和专利等技能或资产的有机融合。

(三)虚拟企业组织结构的主要特点

1. 企业组织界限模糊。对于虚拟企业而言,外部协调和外部治理要比内部协调重要得多,这直接影响到了企业治理结构的安排,向以企业内部资源配置效率为核心的传统治理结构安排提出了挑战。虚拟企业不是法律意义上的完整的经济实体,不具备独立的法人资格。一些具有不同资源及优势的企业为了共同的利益或目标走到一起联盟,组成虚拟企业,这些企业可能是供应商,可能是顾客,也可能是同行业中的竞争对手。这种新型的企业组织模式打破了传统的企业组织界限,使企业界限变得模糊。

2. 扁平化的组织结构。组织构建中一种可靠的结构应是具有最少的层次,即拥有一个尽可能平面的组织。信息技术的迅猛发展使社会各层面的活动量显著增加,知识流大大加速。时间的压力要求组织做出快速反应和决策以保持企业的竞争力。传统的等级制严重地阻碍了这种反应和决策。传统企业大多采用工业经济时代等级森严的金字塔式的纵向管理模式,这使得企业的管理链条过长,缺乏随条件变化而变化的柔性与灵捷性,导致企业面对市场的反应如恐龙般迟钝。虚拟企业则不同,虚拟企业通过社会化协作和契约关系,使得企业的管理组织扁平化、信息化,削减了中间层次,使决策层贴近执行层。

正是企业计算机技术及互联网技术的应用,使企业内外的信息传递更为方便、直接,原有组织内大量中间层面得以删除,管理层次的减少有助于增强组织的反应能力。企业的所有部门及人员更直接地面对市场,减少了决策与行动之间的延迟,加快对市场和竞争动态变化的反应,从而使组织能力变得柔性化,反应更加灵敏。企业的组织结构是"橄榄型"或"哑铃型",组织的构成单位就从职能部门转化成以任务为导向、充分发挥个人能动性和多方面才能的过程小组,使企业的所有目标都直接或间接地通过团队来完成。组织的边界不断被扩大,组织更多的不是表现为一种有形的障碍,其界限越来越趋向于无形。企业再也不会用许多界限将人员、任务、工艺及地点分开,而是将精力集中于如何影响这些界限,以尽快地将信息、人才、奖励及行动落实到最需要的地方。"无边界化"并不是说企业就不需要边界了，而是不需要僵硬的边界，是使企业具有可渗透性和灵活性的边界，以柔性组织结构模式替代刚性模式，以可持续变化的结构代替原先那种相对固定的组织结构。

3. 动态联盟。实体企业组织结构复杂，具有很大的刚性。当企业中某部门已没有存在的必要时，就面临着艰巨的组织结构变革，如人员变动、职位调整等。虚拟企业的组织结构并不是一成不变的，是个动态的联合体，可能是临时性的，也可能是长期性的，其范围和规模可根据需要进行调整，一个成员单位可以同时或先后加入数家虚拟企业。

本章小结

组织是具有特定目标、资源与结构，时刻与环境相互作用的开放的系统。组织有组织目标、组织资源、组织结构和组织互动等特征，组织可以分为若干类型。主要的组织理论是科层组织理论、系统组织理论、伙伴关系组织理论、权变组织理论和学习型组织理论。

组织设计是管理者为实现组织目标而对组织活动和组织结构进行设计的活动，是在特定环境中，把组织的任务与组织的职能、职权和规范进行有效地结构性配合的过程。组织设计的基本原则是：目标任务原则、分工协作与精干高效原则、权责一致原则、统一指挥原则、集权与分权结合原则、管理幅度与管理层次结合原则、稳定性与适应性结合原则。组织设计的程序是确定组织设计的原则、因素分析、职能设计、组织结构框架设计、组织运行保障设计、反馈和修正。

管理幅度和管理层次的确定受到许多因素的制约，正确地处理集权与分权的关系对于提高组织的有效性十分重要。企业可以采用的组织结构形式主要有直线式、直线职能式、事业部式、矩阵式、网络式和虚拟结构等。

▶ 思考题

1. 如何理解组织的概念？组织的类型有哪些？
2. 简述巴纳德的系统组织理论的主要内容。
3. 谈谈你对学习型组织理论的认识。
4. 组织设计应遵循什么原则？如何进行组织的设计？
5. 影响集权与分权的因素是什么？

第十二章 组织结构设计

6. 如何设计管理的幅度？
7. 比较直线式、直线职能式、事业部和矩阵式组织结构的不同。

▶ **案例应用**

IBM 的矩阵式组织结构

IBM 是一个大型的公司，很自然地要划分部门。单一地按照区域地域、业务职能、客户群落、产品或产品系列等来划分部门，在企业里是非常普遍的现象，从前的 IBM 也不例外。"近七八年以来，IBM 才真正做到了矩阵组织。"这也就是说，IBM 公司把多种划分部门的方式有机地结合起来，其组织结构形成了立体网络——多维矩阵。IBM 既按地域分区，如亚太区、中国区、华南区等，又按产品体系划分事业部，如 PC、服务器、软件等事业部；既按照银行、电信、中小企业等行业划分，也有销售、渠道、支持等不同的职能划分，等等。所有这些纵横交错的部门划分有机地结合成为一体。对于这个矩阵中的某一位员工比如王经理而言，他就既是 IBM 大中华区的一员，又是 IBM 公司 AS/400 产品体系中的一员，当然还可以按照另外的标准把他划分在其他的部门里。

矩阵式组织结构的好处，非常明显的一点就是，矩阵组织能够弥补对企业进行单一划分带来的不足，把各种企业划分的好处充分发挥出来。显然，如果不对企业进行地域上的细分，比如说只有大中华而没有华南、华东、香港、台湾，就无法针对各地区市场的特点把工作深入下去。而如果只进行地域上的划分，对某一种产品比如 AS/400 而言，就不会有一个人能够非常了解这个产品在各地表现出来的特点，因为每个地区都会只看重该地区整盘的生意。再比如按照行业划分，就会专门有人来研究各个行业客户对 IBM 产品的需求，从而更加有效地把握住各种产品的重点市场。

"如果没有这样的矩阵结构，我们要想在某个特定市场推广产品，就会变得非常困难。"比如说在中国市场推广 AS/400 这个产品吧，由于矩阵式组织结构的存在，我们有华南、华东等各大区的队伍，有金融、电信、中小企业等行业队伍，有市场推广、技术支持等各职能部门的队伍，以及专门的 AS/400 产品的队伍，大家相互协调、配合，就很容易打开局面。

AS/400 的客户主要在银行业、保险业，而不像美国主要是在零售业和流通业；在亚太区，AS/400 的产品还需要朝低端走，不能只走高端；中国市场上需要 AS/400 的价位、配置以及每个月需要的数量等，只有产品经理，才能做到门儿清。从产品这条线来看，需要跟美国工厂订货，保证货源供应。从产品销售的角度看，

AS/400的产品部门需要各相关地区的职能部门协助，做好促销的活动；然后需要各大区、各行业销售力量把产品销售出去。

任何事情都有它的"两面性"。矩阵组织在增强企业产品或项目推广能力、市场渗透能力的同时，也存在它固有的弊端。显然，在矩阵组织当中，每个人都有不止一个老板，上上下下需要更多的沟通协调，所以，IBM的经理开会的时间，沟通的时间，肯定比许多小企业要长，也可能使得决策的过程放慢。另外，每一位员工都由不同的老板来评估他的业绩，不再是哪一个人说了算，评估的结果也会更加全面。

在外界看来，IBM这架巨大的战车是稳步前进的，变化非常缓慢。对于基层的员工，对于比较高层的经理，这两头的变化相对比较小，比较稳定。比如说一名普通员工进入IBM，做销售，差不多四五年时间都不会变化，然后，可能有机会升任一线经理。但是，在IBM矩阵内部的变化还是很快的。中间层的经理人员差不多一两年就要变化工作，或者变化老板，变化下属，这样就促使整个组织不断地创新，不断地向前发展。矩阵组织结构是有机的，既能够保证稳定地发展，又能保证组织内部的变化和创新。所以，IBM公司常常流传着一句话：换了谁也无所谓。

▶ **问题**

1. 结合案例，谈谈你对矩阵式组织结构的看法。
2. 你所在的单位采用的是什么形式的组织结构？这种组织结构的优缺点是什么？组织结构设计应注意什么问题？

第十三章

组织变革与发展的新趋势

❖ **本章学习目标**

阅读和学完本章后,你应该能够:
◇ 认识组织变革的概念、组织变革的原因和组织变革的程序
◇ 了解组织发展的周期和趋势
◇ 掌握组织变革的主要模式与方法
◇ 重点掌握组织变革的阻力和克服组织变革阻力的措施

开篇案例

失败的组织变革

从前,一家美国汽车公司和一家日本汽车公司决定在一条河上进行划船比赛。双方都苦练了很长时间,做好了准备。比赛结果,日本队以1英里的优势赢了。美国队成立了一个特别工作组分析失败的原因,工作组研究的结论是:日本队有8人划船,一人掌舵,而美国队则恰好相反。为了防止再次输给日本队,美国队重新进行组织设计,设立4个掌舵经理,3个区域掌舵经理,1个调配掌舵经理,并为那个单独划船的人制定了激励机制。这次比赛,日本队赢了2英里,划船人被解雇,船也被公司卖掉了。这个具有讽刺意味的故事说明,受传统观念和做法制约的组织变革不会有好的结果。

一、组织变革的原因与程序

（一）组织变革的概念

组织变革是指组织根据外部环境变化和内部情况的变化，适时地调整和发展自己，以便更好地实现组织战略和目标。组织变革应具有：足够的稳定性，以利于达到组织目前的目标；足够的持续性，以保证组织在目标或方法方面进行有秩序的变革；足够的适应性，以便组织能对外部的机会和要求以及内部的变化做出合适的反应；足够的革新性，使组织在条件适宜时能主动地进行变革。组织变革要达成的目标是：建立起完善而有效的组织结构；优化组织管理功能；建立和谐的组织气氛；提高组织的效能。

（二）组织变革的原因

组织变革之所以发生，是多种因素相互作用的结果。但是最基本的原因可以归结为两方面，即内部环境和外部环境的变化。

1. 组织变革的外部环境。外部环境的不确定性对组织产生很大的影响，这种不确定性主要有两个方面：一是环境的复杂性，环境由很多的变量构成；另一个是环境的变化性，其变化影响组织的生存与发展。外部环境包括，经济、政治、法律、科技、文化教育、自然和人口等大的环境和行业竞争者、顾客与市场、社区等相对较小的环境。

经济环境是指构成组织生存和发展的社会经济状况和国家经济政策，包括经济发展水平、结构、变动趋势等多方面的内容。企业的经济环境主要由社会经济结构、经济发展水平、经济体制和宏观经济政策等要素构成。

文化教育环境包括一个国家或地区的人们共享的价值观、文化发展水平、教育程度、风俗习惯、宗教信仰等各个方面。

自然与人口因素包括自然资源的构成与分布、资源的存量与可利用程度和获取的难易程度；人口的数量与构成，人口与劳动力资源的素质状况等。

科技环境指的是组织所处的社会环境中的科技要素及与该要素直接相关的各种社会现象的集合，包括社会科技水平、社会科技力量、国家科技体制、国家科技政策和科技立法等若干方面。其中，科技水平是构成科技环境的首要因素，它包括科

第十三章　组织变革与发展的新趋势

技研究的领域、科技研究成果门类分布及先进程度和科技成果的推广和应用三个方面。

行业竞争环境分为：应分析行业内企业的经营状况，包括经营思想、经营战略、产品特色、技术水平、竞争能力及市场占有率等因素。

市场环境是指市场的竞争程度，若供大于求，则企业间的竞争激烈；若供小于求，则各企业产品都可以找到合适的市场，价格相对稳定，新企业会大量涌入本行业，应对市场的需求分布状态、产品需求变动进行分析。

外部环境对组织主要有两种输入：资源和压力；组织对外部环境有两种输出：功能和污染。外部环境的输入直接塑造组织，这种输入的变化直接引发组织变革。对企业组织而言，环境对其资源输入主要包括人力资源、资本和自然资源；环境对其压力输入主要来自要素市场和商品（服务）市场上的竞争。如果企业所处的环境中资源丰富，或者是资本充裕，或者是劳动力资源丰富，那么企业就应当选择资源密集型的，或是资本密集型的，或是劳动力密集型的组织模式。当环境发生变化时，企业就需要相应地变革组织模式。同时，环境的压力也影响着企业组织模式的选择。如果在要素市场上存在着激烈的竞争，那么企业的组织结构必须比竞争者具有更高的要素利用效率。如果在产品（服务）市场上竞争激烈，那么企业必须具备能够生产出更加符合市场需求的产品的组织结构。

从系统科学的角度来讲，企业的输出同样对环境有塑造作用。当企业的输出对环境产生影响时，环境的变化进而会对企业产生新的输入，从而引发企业组织变革。企业的主要功能是向市场提供产品和服务，如果企业为市场提供了优质的产品和服务，企业市场占有率提高，那么就能够增强竞争优势，减轻竞争压力。如果企业是政府的税收大户，那么就能够从政府那里得到更多的支持和优惠。如果企业能够持续给企业所有者带来较高的投资回报率，那么就更容易吸引更多的资本。企业的功能输出有利于改善经营环境，进而减轻组织外部压力，促进企业组织的健康发展。相反，企业的污染输出则会恶化自身的经营环境，恶化了的环境会对企业产生新的压力，从而要求变革组织。

2. 组织变革的内部环境。组织成员的工作态度、工作期望、个人价值观等方面的变化，如果与组织目标、组织结构、权力系统不相适应时，组织就需要变革。它们之间不相适应或相互矛盾主要有以下表现：

（1）组织成员要求在工作中有个人发展的机会，但组织仍然倾向于简单化、专制化的管理方式，从而限制了成员的发展。

（2）组织成员希望彼此以平等的态度相待，但组织成员有强烈的不公平感。

（3）组织成员的工作热情逐渐转向以工作本身所产生的内在利益和责任心为基础，但组织却只靠惩罚手段推动工作。

(4) 组织成员希望从工作中获得满足感，满足成长发展的要求，而组织只强调任务，不注重丰富工作内容等。

总之，无论是环境变化、组织运作效能的降低，还是组织成员的心理、行为的变化，都会导致组织系统的失衡，从而在组织内部产生要求变革的推动力量。

3. 组织变革的征兆。一个组织在什么条件或症候之下，就要实行变革呢？管理心理学家西斯克认为，一般说来，有下列四个征兆时，组织就到了非改革不可的时候了：

（1）决策失灵。组织的决策太慢，无法把握良好的机会，效率低或经常决策失误。

（2）信息沟通不畅。组织内部的意见沟通渠道被阻塞，正常的信息传递不灵或失真，沟通不良，进而造成人事纠纷等许多严重后果。

（3）组织效率低。组织的主要职能无效率，如不能完成生产任务，生产成本过高，产品质量不高，销售前景不良，财务状况恶化，人力素质太差，人际关系紧张，员工的积极性不高与工作绩效下降等。

（4）创新不足。组织的产品、机构、管理与人员缺乏创新精神，组织的发展与成长停止等。一旦出现上述情况，必须进行诊断，找出问题的症结，进行组织变革。

美国利特尔咨询公司的格莱彻尔提出了组织变革的公式：

$$C = (a \times b \times d) > K$$

上述公式中的 C 为变革；a 为变革成员对现状不满意的程度；b 为变革把握的大小；d 为变革起步的措施；K 为变革所付出的代价。只有当员工对现状不满程度高，变革的把握大，起步措施得力，所付出的代价较小时，才能实施组织的变革。

（三）组织变革的程序

1. 确定问题。组织是一个开放的社会技术系统，组织当局应研究和分析造成组织缺乏活力或效率的原因，看它是暂时的，还是长期的。可以通过分析组织的内外部环境因素，运用社会调查的方法，确定组织所面对的主要问题。在确定问题阶段，不仅要对正在发生的环境变化做出正确的评估，而且更要重视环境变化对组织未来发展的影响。

2. 组织诊断。确定了组织所面对的主要问题后，组织可以借助于许多工具和方法，对组织状况进行诊断。组织诊断的内容一般包括以下三个大的方面：

（1）组织水平的诊断。对整个组织或大型组织的分部进行诊断，分析组织战略、组织结构、组织制度规范和组织效率等若干内容。

第十三章　组织变革与发展的新趋势

（2）群体水平诊断。分析群体效率、目标、职责、群体的组成和功能、群体间的合作等内容。

（3）个体水平诊断。分析员工个人的工作效率、工作满意度和员工职业发展等方面。

组织诊断常用的方法有：

（1）系统地收集现成的资料。主要有：

①职位说明书。它包含企业各种管理职位的名称、工作性质、各项职权和责任、工作环境与条件、薪酬等级以及该职位同其他有关职位的关系等。

②组织结构图。用图形来描述组织的各个管理层次、部门或管理职位，以及它们之间的相互关系。一般都用金字塔式的系统图，每一管理部门或管理职位用一个长方形（或图形）来表示，格子之间用实线联结的一般表示直线领导关系，用虚线联结的表示职能与参谋的关系。

③组织手册。通常是职位说明书与组织结构图的综合。职位说明书侧重说明每一职位拥有的职责和权力，而组织系统图则侧重说明各个职位之间的相互关系（垂直的和水平的），并概要地表明组织结构的全貌。把这两者结合起来，能较好地反映组织机构的现状。有的组织手册还包含对组织目标、方针以及共同价值观的说明。

④管理业务流程图。这是用图解方法来表示某一管理子系统的业务工作流程，包含程序、岗位、信息传递方式、岗位职责、管理工作标准等。

（2）组织问卷调查。问卷调查方法属于抽样调查，一般是总人数的5%～20%。组织问卷的主要对象是管理人员，问卷要注明填表人所在单位、职务、性别、年龄、文化程度等。问卷调查方法通过用较短时间和比较科学的方法，了解问题和意见以及管理人员的思想状况，只要条件允许，应当尽可能地进行。问卷的内容不是千篇一律的，要根据企业的具体情况及组织诊断的目标而定。

（3）面谈与小型座谈会。通过问卷调查所获得的资料，往往还停留在表面，还需进一步面谈。进行面谈，应事先拟好座谈提纲，发给调查对象，做好准备，面谈的内容应根据组织诊断的目标制定。

3. 制定并执行组织变革方案。在组织诊断的基础上，设计组织变革的具体行动方案和计划。在制定变革方案时，应充分地让组织成员参与到计划的讨论和决策过程中来，从而使组织变革计划成为全体成员的计划，而不是少数领导人的计划。当组织变革计划制定以后，可以先在部分单位试行，以检验计划的可行性，然后根据试行的情况对计划进行调整修改，取得经验后在整个组织范围内推行，并在执行中不断加以改进。

4. 评估组织变革的效果。组织变革的成败取决于变革的效果。在组织变革过程中，对变革的效果要及时进行跟踪和反馈，并对变革效果进行准确的评估，根据评估结果调整变革计划。为了获得准确的反馈信息，对外要进行定期的市场调查、社会心理调查和民意测验；对内要进行员工态度、士气、满意度调查以及工作绩效的评价。

二、组织变革的模式选择

（一）组织变革的模式

1. 三阶段变革模式。美国学者勒温于20世纪40年代末提出了三阶段的组织变革模式（图13-1），是组织变革模式中最具影响的一个。勒温认为组织变革应包括解冻、变革、再冻结三个阶段：

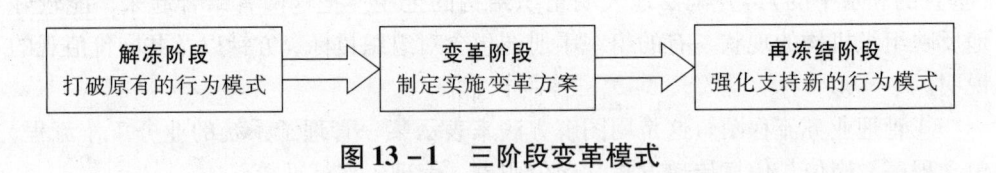

解冻阶段	→	变革阶段	→	再冻结阶段
打破原有的行为模式		制定实施变革方案		强化支持新的行为模式

图 13-1　三阶段变革模式

第一阶段，解冻。这一阶段的焦点在于创设变革的动机，鼓励员工改变原有的行为模式和工作态度，采取新的适应组织战略发展的行为与态度。为了做到这一点，一方面，需要对旧的行为与态度加以否定；另一方面，要使组织成员认识到变革的紧迫性。可以采用比较评估的办法，把本单位的总体情况、经营指标和业绩水平与其他优秀单位或竞争对手加以比较，找出差距和解冻的依据，帮助员工"解冻"现有态度和行为，迫切要求变革，愿意接受新的工作模式。此外，应注意创造一种开放的氛围和心理上的安全感，减少变革的心理障碍，提高变革成功的信心。

第二阶段，变革。变革是一个学习过程，需要给组织成员提供新信息、新行为模式和新的视角，指明变革方向，实施变革，进而形成新的行为和态度。应该注意为新的工作态度和行为树立榜样，采用角色模范、导师指导、专家演讲、群体培训等多种途径。勒温认为，变革是个认知过程，它由获得新的概念和信息得以完成。在这一阶段，认同起着重要的作用。我们知道，学习一种新的观念或确立一种新的态度的最有效的方法之一就是看看其他人是怎么做的，并且把他们作为自己的榜样，这就是认同。

第十三章 组织变革与发展的新趋势

第三阶段，再冻结。在再冻结阶段，利用必要的强化手段使新的态度与行为固定下来，使组织变革处于稳定状态。为了确保组织变革的稳定性，需要注意使组织成员有机会尝试和检验新的态度与行为，并及时给予正面的强化；同时，加强群体变革行为的稳定性，促使形成稳定持久的群体行为规范。为了确保变革效果的稳定性，要使组织成员有机会检验与他有关系的其他人是否接受和肯定新的态度与行为。由于群体在强化一个人的态度和行为方面的作用是很大的，勒温认为变革计划也应包括那些组织成员所在的群体，群体成员彼此强化新的态度和行为，可以使个人的态度和行为保持得更持久。他特别重视组织变革过程中的人的心理机制，认为组织成员态度发展的一般过程及模式，反映着组织变革的基本过程。

2. 组织变革过程模式。美国学者卡斯特提出了组织变革过程的六个步骤：

（1）审视状态。对组织内外环境现状进行回顾、反省、评价、研究。

（2）觉察问题。识别组织中存在的问题，确定组织变革的需要。

（3）寻找差距。找出现状与所希望状态之间的差距，分析所存在的问题。

（4）设计方法。提出和评定多种组织变革的方案，经过讨论，选择理想的变革方案。

（5）实行变革。根据所选方法及行动方案，实施变革行动。

（6）反馈效果。评价效果，实行反馈。若有问题，再次循环此过程。

夏恩认为组织变革是一个适应循环的过程，一般分为六个步骤：

（1）洞察内部环境及外部环境中产生的变化；

（2）向组织的有关单位，提供有关变化的确切情报资料；

（3）根据输入的情报资料改变组织内部的生产过程；

（4）减少或控制组织变革产生的不良副作用；

（5）输出变革产生的新产品和新成果等；

（6）经过反馈，更进一步观察内部环境和外部环境的一致程度，评定变革的结果。

夏恩和卡斯特所提出的组织变革的程序比较相似，所不同的是，夏恩比较重视管理信息的传递过程，并指出解决每个过程出现困难的方法。

权力分享制组织变革模式由六个阶段组成，其逻辑循序是：

（1）压力和觉醒阶段。由最高管理部门用明白无误的信号，指出某些地方的毛病和注意事项，从而对下级施加压力，敲响警钟，激起改革。

（2）干预和重定方针阶段。由最高管理部门直接介入，或委派局外人介入的方式，向现状挑战，冲破传统束缚，调整组织结构与管理制度。

（3）调查分析和识别阶段。整个组织自上而下一起调查分析和确定问题。

（4）干预和承诺阶段。局外人积极鼓励管理部门和非管理部门的人员发挥想象力，对所诊断的问题提出新的解决方案。

（5）实验和探索阶段。解决方案一开始不宜全面铺开，应在整个组织的各种不同部门进行小规模的试点，以检验方案的可靠性。

（6）增援和接受阶段。从实验性改革中获得成功的经验，在整个组织中推广变革经验。组织变革的研究和实验表明，缺乏领导的分权制策略，会使组织变革陷入混乱的无政府状态；完全由最上层独断的、强行的推行改革，会受到下级集团和成员的抵制，甚至有触犯众怒的危险。而权力分享制把对变革的抵制压缩到最低限度，是比较有成效的组织变革模式。

3. 激进式变革与渐进式变革模式。激进式变革能够以较快的速度达到目的，因为这种变革模式对组织进行的调整是大幅度的、全面的，所以变革过程就会较快，但是激进变革可能导致组织的平稳性差，严重的时候会导致组织崩溃，这就是为什么许多企业的组织变革反而加速了企业灭亡的原因。与之相反，渐进式变革依靠持续地、小幅度变革来达到目的，但波动次数多，变革持续的时间长，这样有利于维持组织的稳定性。两种模式各有利弊，应当根据组织的承受能力来选择组织变革模式。

激进式变革的一个典型实践是"全员下岗、竞争上岗"。改革开放以来，为适应市场经济的要求，许多国内企业进行了大量的管理创新和组织创新。为了克服传统体制的束缚，一些企业采取全员下岗，继而再竞争上岗的变革方式。这种方式有些极端，但其中体现了深刻的系统思维。稳定性对于组织至关重要，但是当组织领导缺乏超前意识、员工安于现状而陷入超稳定结构时，就需要进行激进变革。在组织内外部环境发生重大变化时，也有必要采取激进式组织变革以适应环境的变化。

渐进式变革则是通过局部的修补和调整来实现。美国一家飞机制造公司原有产品仅包括四种类型的直升机，产品间的差异化程度大，标准化程度低。在激烈的市场竞争条件下，这种生产方式不利于实现规模经济。为了赢得竞争优势，该公司决定变革组织模式。首先，由原来各种机型的设计人员共同设计一种基本机型，使之能够与各种附件灵活组合，以满足不同客户的需求，然后将各分厂拥有批量生产经验的员工集中起来从事基本机型的生产。通过内部调整，既有利于实现大批量生产，也能够满足市场的多样化需求。这种方式的变革对组织产生的震动较小，而且可以经常性地、局部地进行调整，直至达到目的。这种变革方式的不利之处在于容易产生路径依赖，导致组织长期不能摆脱旧机制的束缚。

（二）组织变革的方法

1. 敏感性训练。也叫T小组计划，是开发最早的组织变革的方法之一。这种

第十三章 组织变革与发展的新趋势

训练主要是通过群体相互作用的体验，达到对自己、对他人、对群体以及组织的理解，学会洞察并掌握如何处理这些社会关系的技能。因此，敏感性训练也叫做人际关系训练。

敏感性训练的内容包括个人、团队、组织三个方面，它不同于一般性知识和理论的训练，它是一种社会敏感性与对人际关系的行为性训练，它有三个显著的特征：强调此时此地；强调过程，敏感训练注重"怎么样"，而不看重"是什么"；强调真实的对人关系。人们可以自由地参加敏感性训练，但每次参加的人数一般不超过15人，3天～2周为一个培训期，采用自由讨论的方式，使成员相互启发，促进成员的相互了解。

麻省理工学院的组织心理学家夏恩把敏感性训练的整个过程分为三个阶段：

（1）旧态度解冻阶段。这一阶段发生在训练的最初几天，使人的旧观念渐渐消失。

（2）加强敏感性阶段。这一阶段发生在旧态度改变阶段，通过受训者的相互作用、自由讨论，逐步建立一种新的团队相互关系。

（3）新态度和行为方式的巩固阶段。

2. 过程咨询。过程咨询是用一系列的咨询活动，帮助变革人员认识、了解和处理周围环境中所发生的问题的一种有效方法，其基本假设认为，过程方面的顾问能够有效地帮助诊断和解决现代组织所面临的重要问题。过程咨询所实施的范围可以包括沟通、群体成员的角色、群体决策、群体规范与发展以及领导与群众之间的问题，过程咨询包括以下几个步骤：

（1）最初接触。委托人与顾问交换意见，介绍正常程序不能解决的问题；

（2）确定关系。订立正式合同，以及就有希望的结果和期望达成一致的意见；

（3）选择背景和方法；

（4）收集资料，进行诊断。顾问通过问卷、观察和交谈等进行调查，做出初步诊断；

（5）进行咨询干预。包括制定程序、反馈，以及调整组织结构等方式；

（6）结束咨询。在达到预定目的的基础上，结束过程咨询，并商定今后需要时再进行咨询。实践表明，过程咨询有两个主要的优点：可以解决现代组织面临的重要的人际问题；可以帮助组织自己解决存在的问题。

过程咨询的应用范围是：存在问题，但客户不知道如何解决；客户不知道需要哪种具体的咨询；客户愿意一起诊断问题；客户被有机会和专家一起工作所激励；客户知道干预措施将会付诸实施；客户有能力学习如何解决问题等。

3. 方格训练。方格训练是从行为科学家布莱克和莫顿倡导的管理方格理论发展而来的，管理方格中的9-9位置表明企业的领导者和管理者对职工和生产的关心都达到最高。因此，9-9型的管理方式就为他们提供了改进的方向，也是方格训练的一项目标。方格训练包括六个阶段：

（1）实验室讨论会式的训练。组织各级管理人员分组举行为期一周的研讨会，其任务是：以管理方格图为武器，系统理解组织原有制度、习惯和行为动态；训练协同工作的意识和技能；对正确和错误的事件做出评价标准；培养开诚相见气氛，使参加者敢于接触重大问题，发表创造性建议。

（2）小组发展阶段。同一部门的成员在一起，讨论打算如何达到方格中的位置，把上一阶段学到的知识运用于实际情况。

（3）小组间关系的建设和开发。本阶段活动中心是明确分析小组间存在的矛盾，加强合作，要求做到：每一领导人员懂得管理行为的理论，动员所属人员为实现组织共同目标而努力；每一个管理人员研究和加强监督能力以提高经营效率；分析和评价小组的集体意识和合作情况，并排除影响组织效能的障碍；小组间的横向合作与协调关系得到分析评价和加强。

（4）订立组织目标。要讨论和制定组织的重要目标，增强参加者的义务感。

（5）执行目标。参加者设法完成所订立的目标，并一起讨论主要的问题。

（6）稳定效果。对思想和行为方面的训练结果做出评价。

上述六个阶段所需时间，按不同情况而异，有的可以几个月，有的需要进行3~5年。国外的实际研究表明，这种训练对于促进人的行为改变和提高组织效率有显著作用，并得到广泛的应用。

4. 团队建设。团队建设是依靠成员自己（或加上外来咨询人员帮助）的一种计划性的提高群体效能的活动。团队既是指班组，也包括具体的部门或群体。这种形式即可应用于群体内部，也可应用于相互依赖的一些群体之间。团队建设的目的是以群体成员的相互作用来协调群体的步伐，提高群体的工作效率。就其目的来说，团队建设包括四个方面：分析问题；完成工作任务；协调群体内部关系；改进群体和组织的活动过程。团队建设一般包括三个过程：

（1）解冻。让团队成员发现问题，意识到改革的需要，发扬开诚布公、互相信任的精神；

（2）采取行动。基本上使用调查反馈方法，收集资料，集体分析情况，共同找出问题，采取行动计划；

（3）再冻结。贯彻执行计划后，集体总评价，将改革后的成果加以巩固、稳定。

团队建设因内容和要求的不同，可以采取以下不同形式：

（1）分析讨论会。对团队工作绩效开展公开讨论，通过相互提供情况，倾谈意见，揭露工作绩效的障碍。在此基础上明确问题所在，然后制定解决问题的行动计划。

第十三章 组织变革与发展的新趋势

（2）团队建设会议。这是帮助同一工作小组的成员认清问题和解决问题的形式，问题可能属于工作性质或属于成员之间的矛盾。此活动通常需要一位外来咨询人员参与，他通过与成员接触、问卷调查并参加必要的小组会等方式，收集资料经过分析归纳，反馈给有关成员，同时运用其专业知识，阐明问题，引导小组开展讨论，得出解决问题的措施。

（3）角色分析和团队建设。这是明确小组成员的职责和别人对他所承担角色的期望所采取的活动形式。许多组织中由于对承担角色的职责不清，常阻碍小组工作开展，从而增加成员的精神负担。活动采取小组会形式，首先要求每一成员写明他自己心目中的主要职责、他在小组中的地位以及他对小组所作的贡献，然后对此开展讨论；其次再讨论每人对别人所承担角色的期望，在取得一致意见的基础上，绘制每个成员所承担的职责和别人期望的图表。

5. 工作设计。工作设计是对工作进行周密的、有目的的计划和安排，并考虑到员工具体的素质、能力，以及本单位的管理方式、劳动条件、工作环境、政策机制等因素而进行的。工作设计的具体方法有：

（1）工作丰富化。工作丰富化是指通过工作设计，增加技能多样化、任务完整性、突出工作意义和自主权等因素，丰富工作内容，激励员工的积极性。

（2）工作扩大化。工作扩大化是指在横向水平上增加工作任务的数目或变化性，使工作多样化，但工作的难度和复杂程度并不增加。

（3）工作轮换。工作轮换是让员工在能力要求相似的工作之间不断调换，以减少工作的枯燥单调感。现在有些企业从长期培养员工的角度出发，在录用新员工后的一至两年内会让员工在公司主要的部门都工作一段时间，这种方法能非常有效地提高员工的能力。

6. 技术结构的变革。技术结构的变革有两层意思：一是直接工作技术的改变，即由引进一种机器或引进一种人—机系统所引起的变革。直接工作技术的改变包括新机器、新设备、新工艺、新技术的引进和使用；挖掘潜力，进行技术改造；提高和改进产品质量；控制技术和生产进度等。二是改革管理技术，包括采用现代化的信息收集和处理系统；现代化的监控处理系统；现代化的办公系统及文件（文字）处理系统；工程管理或程序管理的方法等。技术变革包括以下几个方面：设备的更新；工艺程序的改变；操作程序的改变；情报系统的改变；自动化等。

技术结构的变革既是组织变革的一项内容，又是推进其他组织因素合理化的强力杠杆，对组织结构和行为有深远的影响。采用新技术对组织变革的作用是：劳动分工和工作内容发生重大变化；员工之间社会关系的变化；改善工作条件；需要不同的监督技能；职业类型的变化；普遍的提高薪酬等。

7. 组织结构的变革。从组织结构入手进行变革就是从一个单位内部的部分或整个组织结构来进行改革，组织结构变革涉及：分权程度的变革；管理跨度的变革；协作方式的变革；工作进度的变革等。整个组织规划的变革包括行政与系统组织规划更动，简单式、机械式、专业式、部门化的变革，矩阵组织结构的变革，以及报酬制度、工作评价制度的变革等。

三、组织变革的阻力与对策

（一）组织变革的阻力

1. 员工个人方面的因素。

（1）组织变革威胁到个人既得的利益。在变革中，一部分员工的地位会降低、收入或其他个人利益也会发生变化。自然，这部分员工更可能抵制变革。

（2）组织变革导致个人对未来产生不安全感和恐惧感。组织变革是改变企业现状，以达到预期的未来状态的过程，这就意味着组织变革本身充满不确定性。人们一旦处在不确定的环境中，会对未来产生不安全感和恐惧感，进而产生抵制变革的情绪与行为。

（3）组织变革与个人的习惯、价值观发生冲突时，也会引起员工对组织变革的抵制。个人的习惯、价值观是长期积累与相对稳定的心理结构，改变起来相对困难。研究表明，一个人的思维习惯越是固定成熟，越是不能发现与其价值观念不一致的新问题，对变化的反应越是迟滞、麻木，思维方式僵化的人不易发现和接受新事物，对变革持消极抵抗态度。同时，一个人长期在一个团体中工作，在相互之间的感情、作风、习惯等方面形成一定的一致性和适应性，这种状态包含许多非理性的成分在内，当新事物与这部分人的情感方面的习惯不吻合时，就会遇到强有力的抵抗。因此，一旦组织变革冲击到个人习惯和价值观，抵制变革的阻力便会随之产生，此种冲突通常在不同企业文化的公司合并过程中尤其常见。

（4）员工对变革的目的认识不足。组织的管理层总是一厢情愿地认为，变革是管理者的事，只要管理层（主要是高层管理者）清楚变革的目的、意义，将任务分配给下属，便足矣。其实，员工如果不清楚变革的目的与意义，他们很快便失去参与变革的热情。如果组织中的部分高层管理者都不清楚变革的意义所在，那情况自然会更糟。

（5）个人能力或资源不足。变革往往伴随着新业务流程、新技术、新工作方法的导入，对员工个人现有技术能力提出挑战。当员工能力不足以完成工作任务

第十三章 组织变革与发展的新趋势

时,阻力便随之产生。

(6) 个性因素。研究已经显示,倾向于安稳,不愿意冒险的员工更倾向于抱怨组织变革。

2. 组织方面的因素。

(1) 体制惯性。指在组织运行过程中整体意义上形成的稳定成熟的或固定僵化的体系和程序。体制惯性存在于两个层次:一是业务活动层次,组织在以往的探索、尝试过程中,形成了一套相对固定、成熟的操作规程,各部分、各环节之间,有了密切协调的配合关系,已形成了一套成熟的业务操作规范。二是管理体系层次,如管理结构体系、计划与控制体系、制度体系,建立起来经过一段时间稳定下来以后,都有不易改变、自身维持原习惯做法的倾向。

(2) 不注重组织文化的重塑。组织文化对员工行为的影响已经被证实,但相当一部分组织在变革过程中还是未能充分发挥组织文化的作用。在变革过程中,注重组织文化的重塑,变革的阻力会少很多。

(3) 管理者不积极参与。管理层对组织变革的积极参与是组织变革成功的关键,但管理者可能不重视组织变革,认为组织不需要变革,或者本身观念陈旧,不愿意轻易改革,或者对组织变革的前景没有信心时,会有意无意地阻碍变革。如果管理者对变革的积极性不高,变革的结果也就可以预见。

(4) 缺乏与变革相适应的组织结构或管理制度。当组织结构、相应的管理制度不能配合变革所需时,也不利于变革的推进。组织流程再造、管理信息系统引入需要组织结构的变化配合,人力资源管理政策也应做相应的调整。

3. 群体方面的因素。组织变革的阻力还会来自群体方面,研究表明,对组织变革形成阻力的群体因素主要有群体规范和群体内聚力等。群体规范具有层次性,边缘规范比较容易改变,而核心规范由于包含着群体的认同,难以变化。同样,内聚力很高的群体也往往不容易接受组织变革。勒温的研究表明,当推动群体变革的动力和抑制群体变革的阻力之间的平衡被打破时,也就形成了组织变革,不平衡状况"解冻"了原有模式,群体在新的、与以前不同的平衡水平上重新"冻结"。

(二) 克服组织变革阻力的对策

1. 转变员工的观念,增强变革的意识。一个组织的变革,只有在得到大多数员工赞同和支持的情况下才能进行,否则会招致变革的失败。因此,为了确保组织变革顺利进行并取得预期的效果,必须尽可能广泛地吸引组织成员积极投身变革,说服动员尽可能多的人参与变革活动,化解变革的阻力,为此要注意:

(1) 积极营造变革迫近的气氛,使组织成员感到有一种非改不可的压力和紧迫感。通过各种手段告诉员工改革迫在眉睫，使他们有充分的心理准备。解释为什么需要变革，让员工知道改革的重要性，改革对个人和组织会产生什么样的影响，告诉他们改革能给他们带来的好处，以及组织采取什么样的方式弥补其损失。

（2）鼓励组织成员参与制定变革规划和实施变革。无论在什么时候，管理层都应要求员工积极参与到改革中来，员工由此会产生主人翁责任感和对变革的控制感，他们会更加积极地投身到变革中去。

（3）警惕抵制变革的信号出现。抵制变革的信号出现时，意味着变革中有些事情做错了，应该花时间仔细研究产生抵制情绪的原因，进而采取恰当的解决方法。

（4）注重改变员工的态度。员工固有的思维方式、态度是阻力产生的源泉之一，管理者应利用多种方法和渠道更新自己和员工的态度。

（5）避免让员工感到惊讶。在组织变革过程中，一定要小心地安排好各项准备工作，避免员工在变革过程中感到莫名其妙。比如，导入新的管理系统前，充分了解已有方法存在哪些问题，员工对此有什么样的建议，新的系统能带来哪些帮助等。

2. 领导者应全身心投入到组织变革中。组织变革过程中会遇到无数的阻力，因此组织中需要有一批人尤其是高层领导者坚定地拥护和支持组织变革。支持组织变革的领导者权力越大，组织变革成功的可能性也就越大，因为只有高层领导才最清楚变革的重要性和必要性。组织应成立变革领导小组，高层领导制定变革的计划，并管理整个变革过程。高层领导不能仅仅是确定组织变革将要达到的目标，为了实现组织变革的目标，他们还应该规划并管理变革的过程，只有这样，才能使变革目标和变革过程协调统一，更好地实现变革目标。当然，除了高层领导要全身心投入到变革中去，各部门管理者也必须理解他们在组织变革中的角色，他们在变革中应起到管理和激励变革的作用。为了确保各级管理者理解自己在变革中的领导角色，应该提供一些针对性的培训课程。组织变革要成功，必须保证各领导层在思想上要支持变革，更要在行动上与组织变革保持一致。

3. 进行有效的沟通。在组织变革过程中，沟通是相当重要的，具有几方面的作用：首先，高层领导需要通过沟通将组织的愿景和战略传达给各级员工；其次，沟通有助于管理层和员工了解组织变革的进展，以及还有哪些工作没有完成；再次，利用多种沟通途径，管理层将重要的信息传达给员工，员工也可向其他员工提供帮助或者寻找帮助。管理层和员工之间注重沟通，会让员工感受到领导层的关注，让有关人员充分了解变革的目的、内容、执行方式与可能的结果，尽可能消除不必要的误解，降低员工对变革的抵制。同时，在变革过程中，应当及时评估变革的进展和当前的状态，并把评估的结果及时反馈给有关部门和员工。

4. 通过授权和培训的方法使员工积极参与到变革中来。在组织变革中，应通过授权的方式，赋予员工更多权力和责任。比如，业务流程再造中，只有在流程专

第十三章 组织变革与发展的新趋势

家的指导下,员工参与改造流程,方能获得成功。因此,应赋予员工改变流程的责任和权力,流程改造如果失败,他们应该负相应的责任,一旦改造成功,员工也应得到相应的奖励。同时,还应注重对员工的培训。通过培训,加深员工对变革重要性的认识,以帮助他们理解为什么要进行组织变革,在哪些方面应该变革;培训可以帮助员工掌握组织变革所需的技能。如果授予员工更多的权力和责任,但却没有教会他们实施变革的技能,最终可能会导致南辕北辙。

5. 发展和完善组织文化。组织文化是一个组织在长期发展过程中逐渐形成的所有员工共同的价值观。组织文化能指导员工的行为,对员工观念和行为会产生深远影响。因此,组织变革中文化的改变是变革成功的关键。组织文化的变化能促进员工接受组织变革,因而为了有效地实施组织变革,必须采取有效措施改变现有的组织文化。成功地改变组织文化可以采取以下措施:正式的教育和培训;正式的和非正式的沟通;组织制度和激励制度的改变,等等。

6. 辩证地对待变革的阻力。领导者往往看到抵制变革的负面影响,如减缓变革的进度,员工对组织的抱怨影响到组织的声誉等。但是变革的阻力也并非一无是处,抵制变革有助于平衡鼓励变革和寻求稳定之间的内外部力量。在变革中,既要避免变革过头,也应确保过分强调稳定而导致变革停滞不前,抵制变革可以引导管理者找到变革与稳定之间最佳平衡的方法。很多时候,管理者在做决策时并非相当理性,他们提出的改革可能存在先天缺陷,如果得不到他人的建议,很可能无法提出多种解决方案,给组织带来潜在的威胁。在变革中,员工抵制变革所带来的不稳定性,也正是由于这个原因,变革阻力能吸引管理层更多地关注变革所带来的潜在危险。

四、组织发展的趋势

(一)组织发展的概念

组织发展是根据组织内外环境的变化,为了提高组织效能,达到组织的目标,运用行为科学的知识,有计划的变革和更新组织的过程。组织发展是在组织理论的指导下,着重改善和更新人的行为、人际关系、组织文化、组织结构及组织管理方式,从而提高组织的效率。组织发展一般包括以下三个大的方面:
1. 技术或工作系统的发展,包括工作流程、技术程度、工作角色分配等;
2. 管理或行政系统的发展,包括组织结构、政策、程序、规章、奖励制度、决策方法等；

3. 人文系统的发展，包括文化、价值、规范、成员的动机、态度、领导方式等。

运用行为科学、管理心理学的基本理论及其他管理知识，对上述三个因素进行系统改革是组织发展的本质。组织发展与人的发展紧密联系在一起，离开人的发展，组织发展就是一句空话。

（二）组织发展的周期

组织发展的周期是一个组织的产生、成长和最终衰落的过程。组织结构、领导体制及管理制度的形成，在组织发展的各个阶段上具有相当可预测的形态，各阶段实际上是一个连续自然的过程。

1. 创业阶段。当一个组织产生时，其重点是生产产品和在市场中求得生存。组织的创立者将所有的精力都投入到生产和市场的技术活动中，组织是非规范化和非官僚制的，工作时间较长，控制也是由企业主个人监督。创业阶段的危机是：随着组织开始成长，雇员数量增加会带来许多问题。在危机出现时，组织必须适时地调整结构以适应不断成长的需要，这时更需要强有力的领导。

2. 集体化阶段。如果领导危机得到解决，组织获得有力的领导并开始提出明确的目标和方向，部门也随着权力层级、工作分派及劳动分工而建立，每个成员都感到自己是集体的一部分，尽管规范制度已开始出现，但沟通与控制基本上是非规范性的。该阶段的危机是：低层级的雇员逐渐发现它们自己受到"自上而下"的领导体制的强大约束，低层级的管理者开始在他们的作用范围内获得自信并希望有更大的自主权，高层管理者希望使组织的所有组成部分都协调和联系在一起。

3. 规范化阶段。在组织的规范化阶段，规章、程序和控制系统建立起来，并得到有效的运用。在组织的发展中，制度和规程的繁衍可能开始束缚中层管理者，组织可能产生官僚主义倾向，创新精神受到抑制。

4. 精细化阶段。官僚习气危机的解决，来自合作与团队工作的新意识。为实现合作，通常需要公司跨部门形成团队，组织也可以被细分为多重部门以控制小公司的哲学观。当组织达到成熟以后，它可能进入暂时的衰退期，每10~20年就会产生更新的需要，高层管理者在该阶段也常被更换。

（三）组织发展的趋势

1. 扁平化趋势。所谓扁平化，就是减少中间层次，增大管理幅度，促进信息的传递与沟通。组织结构由高耸转向扁平，是组织发展的趋势之一。随着经济全球

第十三章 组织变革与发展的新趋势

化进程的加快和市场竞争的加剧，高耸组织结构的弊端日益显露：由于管理层次多，必然导致机构臃肿、人员膨胀；人员膨胀必然造成管理成本上升；人浮于事，又必然要带来扯皮现象增多和管理效率低下；管理层次多，势必造成信息传递不畅；权力集中在上层，下属自主性小，参与决策的程度低，创造潜能难以释放等。扁平化组织结构由于管理层次减少，管理人员也相应的减少，降低管理费用，同时还有助于实现工作的内容丰富化；管理跨度加大，迫使组织实行授权管理；削减中间层次，缩短了上下层的距离，既可以提高信息传递的速度，又可以提高领导决策的效率，还可以促进上下级之间的沟通；更重要的是层次减少，加大了员工的工作责任，增大了工作的挑战性，迫使员工自我加压，促使人才快速成长。

2. 弹性化趋势。所谓弹性化，就是说组织为了实现某一目标而把在不同领域工作的具有不同知识和技能的人，集中于一个特定的动态团体之中，共同完成某个项目。这种动态团队组织结构灵活便捷，富有弹性。在信息时代，传统的刚性管理已经不能适应组织发展的要求，弹性组织便应运而生。现在国外一些企业已经不再按专业设置科室，而是改为按任务设置科室，除办公室、人力资源部等常设机构外，其他非常设机构一律随着任务的变化而变化。

3. 虚拟化趋势。在知识经济时代，大量的劳动力将游离于固定的组织系统之外，分散劳动、家庭作业等将会成为新的工作方式，虚拟组织将会大量出现。电脑软件及其网络技术的蓬勃发展，将加快这一时代的到来，过去人们大为不解的"皮包公司"将司空见惯。据了解，美国、加拿大等国的大型跨国公司的科技人员目前在家办公的人数已达40%以上。组织形式将由以往庞大合理化的外壳逐渐虚拟，流动办公、家庭作业必将受到广泛青睐。随着组织结构的虚拟和家庭作业人数的增多，如何利用网络技术来实施管理将成为组织领导者需要认真解决的新课题。

4. 网络化趋势。组织结构的网络化主要体现在：一是集团化。随着经济全球化进程的加快，企业集团大量涌现，使众多企业之间的联系日益紧密起来，构成了企业组织形式的网络化。二是经营方式连锁化。很多企业通过发展连锁经营和商务代理等业务，形成了一个庞大的销售网络体系，使得企业的营销组织正在实现网络化。三是内部组织网状化。由于组织构架日趋扁平，管理跨度加大，横向的联络也在不断增多，内部组织机构网络化正在形成。

本章小结

任何组织都处在一个不断发展变化的环境之中，组织要生存要发展，就必须不断变革和发展自己。组织变革是指组织根据外部环境变化和内部情况的变化，适时地调整和发展自己，以便更好地实现组织战略和目标。组织变革之所以发生，是多种因素相互作用的结果。但是最基本的原因可以归结为两方面，即内部环境和外部环境的变化。组织变革的基本程序是，确定问题、组织诊断、制定并执行组织变革方案、评估组织变革的效果。组织变革的模式是，三阶段变革模式、组织变革过程模式、激进式变革与渐进式变革模式等。组织变革的方法主要有敏感性训练、过程咨询、方格训练、团队建设、工作设计、技术结构的变革、组织结构的变革。

组织变革的阻力主要来自于员工个人方面、组织方面和群体方面，应采取有效措施克服组织变革的阻力。组织发展是根据组织内外环境的变化，为了提高组织效能，达到组织的目标，运用行为科学的知识，有计划地变革和更新组织的过程，其周期是创业阶段、集体化阶段、规范化阶段和精细化阶段，组织发展有扁平化、弹性化、虚拟化和网络化趋势。

▶ 思考题

1. 什么是组织变革？组织变革的原因是什么？
2. 简述组织变革模式的主要内容。
3. 如何理解组织变革的三阶段模式？
4. 试述组织变革的阻力和克服变革阻力的措施。
5. 简述组织变革的主要方法。
6. 简述组织发展的周期。
7. 组织发展的趋势是什么？

▶ 案例应用

晋泰木业有限公司的组织变革

晋泰木业有限公司是一家主营家具生产与销售的公司。目前公司已经拥有自己的产品开发队伍，公司总人数约1 600人，在行业内有相当的知名度和竞争优势。随着公司的迅猛发展和公司机构的日益庞大，组织运作职能不清、运作效率低下、运作流程不畅、工作重叠反复、薪酬分配不公、绩效考核形式化、人际关系复杂化等一系列组织机构庞大"综合症"在晋泰木业内部日渐突出，直接导致了人力资源成本的急剧增长。2003年，人力资源成本占销售额比例超过20%，而年度经营业绩和利润却没有同步上升。为了保持企业长期持久的发展，有效控制企业内耗，晋泰木业高层决定进行组织机构的变革。

第十三章　组织变革与发展的新趋势

组织变革的过程是：

1. 对管理现状进行综合性调查。为了解和掌握晋泰木业实际情况，找到解决问题的关键切入点，首先对管理现状进行一次综合性调查。调查采用了访谈和问卷两种形式，对晋泰木业上至高层，下至职能部门基层人员进行了一系列调查。通过调查，发现晋泰木业的所有矛盾焦点集中在三厂，三厂也理所当然成为此次改革的核心点和重心。

2. 对组织架构进行重新规划。晋泰木业管理现状的根本原因在于"元老级"人员的居功自傲，利益斗争，导致三厂同职能部门之间互不配合，各自为政。为了壮大自己的实力，又出现任人唯亲，因人设岗，造成了机构混乱的现象。为了彻底改变现状，对组织架构进行了重新规划，并对岗位设置和岗位职责做了明确细致的划分，严格做到依据岗位配置人员。

3. 改革薪酬分配机制。为了改变薪酬体制分配不均的现状，根据晋泰木业的实际情况，对晋泰木业的薪酬理念、职能工资基础、职能工资体系等要素重新进行了合理的规划，使薪酬体系更加透明，更加具有竞争力，更能充分体现每一位员工的价值。

4. 完善绩效管理体系。为了改变绩效管理形式化的现状，对晋泰木业绩效管理体系进行了分析和改进，使之更加切合晋泰木业公司整体战略规划，考核关键点更加利于量化，真正做到执行公正，过程公开，评价公平，实施公道。

5. 构建良好的企业文化。由于长时间的机构混乱、薪酬分配不公，加上长期不良企业文化的沉淀，晋泰人员普遍缺乏对企业的认同感。针对员工需求对员工进行培训，帮助员工发展个人职业规划，加强员工的归属感和认同感。

组织变革的成效是：组织架构和岗位设置得到了规划，岗位职责更加明确，有效降低了企业内耗；真正建立起了公平的薪酬体制和绩效考核制度；改善了公司企业文化，加强了员工的认同。2004年晋泰木业的人力资源成本所占比例由原来2003年的20%以上下降到了15%以下，企业利润得到了大幅提升（本案例来自于萃科企划案例）。

▶ 问题

1. 晋泰木业有限公司组织变革的过程是什么？
2. 结合案例，联系工作实际和有关理论知识，谈谈你对组织变革和发展的看法。

第十四章

组织文化的建设与传播

❖ 本章学习目标

阅读和学完本章后,你应该能够:
◇ 掌握组织文化的概念、类型与作用
◇ 了解组织文化的主要理论,特别是 Z 理论和 7S 理论
◇ 重点掌握组织文化的影响因素和组织文化的形成过程
◇ 了解组织文化传播方式,懂得领导者在组织文化建设过程中发挥着关键性作用

开篇案例

"蓝色盾牌"徽章——组织文化的作用

新联想在并购后,很快就使原来亏损的 IBM PC 业务实现盈利。公司为了稳定队伍、留住人才,新联想在并购开始阶段采取双运营中心制,业务分为联想国际和联想中国两块,原 IBM 全球 PC 业务并入联想国际,组织架构和薪酬待遇保持不变,但仍有人离开。不错,IBM 的待遇是一流的,但留住人心不能仅靠待遇。接触过 IBM 员工的人都知道:身为 IBM 人本身,就是一种光荣,这是在一个伟大公司参与伟大事业的光荣。所以在 IBM,经常能见到在这里工作了十几、二十年的员工;倘若到了 25 年,就将成为"Quarter Century Club"(四分之一世纪俱乐部)的成员,名片上就会比一般员工多出一个"蓝色盾牌"徽章。这个徽章,是许

第十四章 组织文化的建设与传播

多 IBM 人的荣耀，或者梦想。可随着联想的收购，对于原 IBM PC 业务的员工来说，这种梦想必须改变。突然的变化，心理的落差，有人选择离开是再正常不过的事。据说自从被联想收购后，原 IBM PC 大中华业务团队有超过三成的员工选择了离开，其中有多位二线高管，当然更多的人选择了留下。

一、组织文化的作用

（一）组织文化的概念

1. 文化的概念。人类学家从多方面给文化下了一百多条定义，归结起来，文化有广义和狭义之分。广义的文化是人类社会实践过程中所创造的物质财富和精神财富的综合；狭义的文化是指社会的知识和意识形态，以及与之相适应的制度和组织机构。一方面文化是前人创造的成果，另一方面又是后人进一步创造两种财富的基础。而作为基础，后人的行为强烈地受到文化的制约。

文化具有以下几个方面的特点：

（1）民族性。任何一种文化都带有本民族的特点，深深打上民族心理、民族精神、民族语言和民族生活方式的印记。

（2）时代性。不同时代有不同的文化特征和表现形式，体现着时代特征和精神风貌。

（3）历史继承性。文化是一种历史现象，它为社会成员所共享并传承下去，每一代社会成员都受到上代流传的文化的影响，又影响下一代，是一个不断继承与创新的过程。

（4）阶级性。文化体现了不同阶级的利益要求，显示出不同阶级的特色，代表着不同阶级的地位和生活方式。

2. 组织文化的概念。组织文化是组织在长期实践过程中形成的并为组织成员普遍认可和遵守的行为准则和价值规范。组织文化是文化的一种表现形态，反映和代表了组织成员的整体精神、共同的价值标准、合乎时代的伦理和追求发展的文化素质。

组织文化既有共性，又有个性特色。从共性看，主要有以下特点：

（1）民族性。组织文化包容于民族文化之中，建立在民族文化基础之上。

（2）整体性。组织文化是组织所有成员在长期发展过程中，共同形成的价值观，渗透到组织活动的每一种行为，具有整体功能。

（3）个体性。组织文化有鲜明的个性，不同的组织具有不同的文化，组织文化总是在特定的环境中生长，在特定的范围内发挥作用。

（4）连续性。组织文化与组织的长期发展历史相联系，是一个不断适应环境、挑战未来的历史继承与创新的过程。

（5）创新性。组织文化总是在适应环境的过程中不断创新，惟有创新，组织文化才得以生存和延续下来。

分析组织文化的个性特色，可以从以下 7 个方面考察和评价组织文化的内在特征和文化状态：

（1）组织是鼓励创新、冒险还是赞赏安分守己。

（2）组织期望员工把工作做得仔细到何种程度。

（3）组织是看重结果还是强调实现结果的手段和过程。

（4）组织是关心人还是关心工作。

（5）组织是强调集体、团队的作用还是突出个人的活动。

（6）组织内部成员是积极进取、竞争还是一团和气。

（7）组织注重维持现状还是成长发展。

（二）组织文化的构成

1. 组织的价值观或组织精神。相对于制度文化和物质文化来说，组织的价值观或组织精神在整个组织文化系统中，处于核心的地位，是组织宗旨、价值准则、管理信条的集中体现，它构成组织文化的基石。

在组织长期的发展过程中，逐渐提炼出带有经典意义的指导组织运作的哲学思想，成为领导者倡导并以决策和组织实施等手段所强化的主导意识，集中反映了组织领导者的事业追求、主攻方向以及调动员工积极性的基本指导思想。一个组织的发展需要全体员工具有强烈的向心力，将各方面的力量集中到组织目标上去，组织精神恰好能发挥这方面的作用。人是生产力中最活跃的因素，也是管理活动中最难把握的因素。现代管理学特别强调人的因素和人本管理，其最终目标就是试图寻找一种先进的、具有代表性的共同理想，将全体员工团结在组织精神的旗帜下，最大限度地发挥人的主观能动性。组织精神渗透于组织管理活动的各个环节，给人以理想、以信念，给人以鼓励、以荣誉，也给人以约束。组织精神一旦形成群体心理定

第十四章　组织文化的建设与传播

式,既可通过明确的意识支配行为,也可通过潜意识产生行为,会大大提高员工主动承担责任和修正个人行为的自觉性。

兰德公司的专家们花了20年时间,跟踪了500家世界大公司,研究发现,其中100年不衰的企业的一个共同特点是:他们不再以追求利润为惟一的目标,有超越利润的社会目标。具体地说,他们遵循以下两条原则:第一,人的价值高于物的价值。卓越的企业总是把人的价值放在首位,物是第二位的。第二,共同价值高于个人价值,共同的协作高于独立单干,集体高于个人。卓越的企业所倡导的团体精神、团队文化,其本意就是倡导一种共同价值高于个人价值的企业价值观。1998年诺贝尔经济学奖得主阿马蒂亚·森说:一个基于个人利益增进而缺乏合作价值观的社会,在文化意义上是没有吸引力的,这样的社会在经济上也是缺乏效率的,以各种形式出现的狭隘的个人利益增进,不会对我们的福利增加产生好处。他的话实际上论证了个人价值和共同价值之间的关系,共同价值是个体价值的得以实现的保证。

2. 制度文化。制度文化是组织文化的中间层,把组织精神与物质文化连接起来,使组织文化制度化和规范化。制度文化是组织为实现自身目标对员工的行为给予一定限制的文化,它具有共性和强有力的行为规范的要求。制度文化的规范性是一种来自员工自身以外的,带有强制性的约束,它规范着组织中的每一个人,组织的规章制度、管理体制、考核奖惩制度都是制度文化的内容。

制度文化是人与物、人与组织运行制度的结合部分,它既是人的意识与观念形态的反映,又是由一定物的形式所构成。同时,制度文化的中介性,还表现在它是精神和物质的中介。制度文化既是适应物质文化的固定形式,又是塑造精神文化的主要机制和载体。正是由于制度文化的这种中介功能,它对组织文化的建设具有重要作用。

制度文化是组织文化的重要组成部分,制度文化是一定精神文化的产物,它必须适应精神文化的要求。制度文化又是精神文化的基础和载体,并对精神文化起反作用。组织制度的建立,又影响人们选择新的价值观念,成为新的精神文化的基础。组织文化总是沿着精神文化——制度文化——新的精神文化的轨迹不断发展、丰富和提高。制度文化作为组织文化中人与物,人与制度的中介和结合,是一种约束组织和员工行为的规范性文化,它使组织在复杂多变、竞争激烈的环境中处于良好的状态,从而保证组织目标的实现。

3. 物质文化。每个企业都有各具特色的企业精神,它往往以简洁而富有哲理的语言形式加以概括,通过厂歌、厂规、厂徽等形式形象地表达出来。物质文化是组织文化的外围层,是呈物质形态的产品设计、产品和服务质量、厂容厂貌、员工服饰、厂歌、厂徽等,是组织文化外在形象的具体体现。

（三）组织文化的作用

1. 导向作用。组织文化的导向作用，是指组织文化把组织整体及组织员工个人的价值取向及行为取向引导到组织所确定的目标上来。组织文化就是在组织具体的历史环境及条件下将人们的事业心和成功欲化成具体的奋斗目标、信条和行为准则，形成组织员工的精神支柱和精神动力，为组织的共同奋斗目标而努力，因此优秀的组织文化建立的实质就是建立内部的动力机制。这一动力机制的建立，使广大员工了解了组织正在为崇高的目标而努力，不但可以产生具有创造性的策略，而且可以使员工勇于为实现组织目标而做出个人牺牲。组织文化在统一员工的行动方向、深化大家对于共同利益和目标的认识的同时，也能够将整个组织引向某个特别的领域或阶层，使整个组织朝一个特定的方向发展。

2. 规范作用。组织文化是用一种无形的思想上的约束为量，形成一种软规范，制约员工的行为，以此来弥补规章制度的不足，并诱导多数员工认同和自觉遵守规章制度。优良的组织文化通过建立共同的价值体系，形成统一的思想，使信念在员工的心理深层形成一种定式，进而创造出一种响应机制，只要外部诱导信号发生，即可得到积极的响应，并迅速转化为预期的行为。它通过协调和自我控制来实现，可以减弱硬约束对员工心理的冲撞，缓解自治心理与被治现实形成的冲突，削弱由其引起的一种心理抵抗力，从而使组织上下达成统一、和谐和默契。

3. 凝聚作用。组织文化是一种极强的凝聚力量。组织文化是组织全体员工共同创造的群体意识，是一种黏合剂，把各个方面、各个层次的人都团结在组织文化的周围，对组织产生一种凝聚力及向心力，使员工个人的思想感情和命运与组织的安危紧密联系起来，对组织产生归属感和认同感，使他们感到个人的工作、学习、生活等任何事情都离不开组织这个集体，将组织视为自己的家园，认识到组织利益是大家共存共荣的根本利益，从而以组织的生存和发展为己任，愿意与组织同甘苦、共命运。如果说薪酬和福利形成了凝聚员工的物质纽带的话，那么组织文化则形成凝聚员工的感情纽带和思想纽带。

4. 激励作用。组织文化强调以人为中心的管理方法，其核心是要创造出共同的价值观念。优秀的组织文化就是要创造一种人人受重视、受尊重的文化氛围，这种良好的文化氛围，往往能产生一种激励机制，这种环境和机制可以使每个成员所做出的贡献都会及时得到其他员工及领导的赞赏和奖励，由此激励员工为实现自我价值和组织发展而勇于献身、不断进取。这种环境和机制胜过任何行政指挥和命令，它可以使组织行政指挥及命令成为一个组织过程，将被动行为转化为自觉行为，把外部动力转化为内部动力。

5. 创新作用。建立具有鲜明特色的组织文化，是组织创新的一个重要方面，是激发员工创新精神的源泉和动力。建设良好的、积极的、富有个性和特色的组织文化，是组织独特风格和特色的主要方面，是激励员工创造性、积极性的巨大动力，是组织在激烈的市场竞争中立于不败之地的重要保证。

6. 辐射作用。组织文化的建立，组织形象的树立，除对本组织产生很大影响外，还会对社会公众、对本地区乃至国内外组织产生一定的影响，在提高组织知名度的同时，构成社会文化的一部分，因此组织文化具有巨大的辐射作用。例如，可口可乐、麦当劳已成为美国生活方式和美国文化的一部分。

（四）组织文化的类型

1. 学院式文化、俱乐部文化、棒球队文化和堡垒文化。

（1）学院式文化。对于那些想做好份内工作就能得到稳步提升的人来说，具有学院式组织文化的公司是最好的选择。这类公司喜欢招聘刚从学校毕业的大学生或研究生，对他们进行适当的培训，然后分配到各职能部门去工作。例如，美国的国际商用机器公司（IBM）、可口可乐公司、通用汽车公司就属于这类公司。

（2）俱乐部文化。这类组织提倡员工的忠诚感和归属感，认为年龄、资历和经验十分重要，与学院文化相比，这种组织的管理人员大多为知识渊博的通才。

（3）棒球队文化。这类组织文化提倡冒险和创新，具有冒险和创新精神的人最适合于在该类公司工作，组织会给予成员充分的自由，并按他们的成绩提供优厚的报酬。这类公司有会计师事务所、律师事务所、顾问公司、广告代理人等。

（4）堡垒文化。棒球队文化鼓励创新和冒险，而堡垒文化首先要维持生存。上述三种文化在遇到不景气或萧条的经济环境时，往往都会转化为堡垒文化，在这种情况下，组织的主要宗旨是维持生存、保护现有的资产，对员工提供的保障很少，堡垒文化适合于大型零售商店、旅馆业等。

2. 创业文化、使命文化、家族文化和官僚文化。

（1）创业文化。这类文化鼓励和提倡有助于提高组织适应环境变化的规范与信息，特点是注重创新和冒险。

（2）使命文化。这类文化强调组织远景的开发，鼓励员工努力实现与远景相匹配的具体成就，如市场份额、利润增长等，并承诺提供相应的报酬。

（3）家族文化。这种文化注重组织成员对工作的投入，对决策的参与，以增强员工对组织的归属感。

（4）官僚文化。这种文化主张通过规章制度来约束员工的行为，强调员工各负其责，服从指挥。

3. 群体文化、发展文化、等级文化与理性文化。

（1）群体文化。强调组织成员彼此的信任与合作，鼓励员工参与管理。

（2）发展文化。强调工作的重要意义，用理想、发展与成长等鼓励员工。

（3）等级文化。强调上下级的不同权力与地位，要求员工遵从准则与规章。

（4）理性文化。强调组织的生产率，告知员工只有绩效高才能报酬优厚。

4. 主导文化与分支文化。

主导文化是组织的大多数成员共同具有的核心价值观，它体现出该组织的个性。

分支文化是大型组织中由于部门的不同或地理区域的划分而形成的各种不同文化。

一个组织的主导文化和分支文化并不是彼此分开的，某一部门的分支文化应是组织共同具有的核心价值观与本部门特有价值观的有机结合。例如，某公司的采购部门由于其工作部门的特殊性而可以具有该部门员工的特殊信念、思想和观点，但它们不能脱离整个公司的核心价值观。这就是说，主导文化要渗透于分支文化之中并起指导作用。如果一个组织没有主导文化，仅存在许多分支文化，这样的组织就会是一盘散沙，最终会无法适应外界的变化而解体。在一个大型组织中，只有主导文化与分支文化有机的结合，才能对组织成员的行为起到引导、凝聚和激励的作用。

5. 强势文化与弱势文化。强势文化是指在组织中占据主导地位、具有强烈影响力的文化。弱势文化是指在组织中没有什么影响力的文化。强势文化的核心价值观被组织成员广为接受，组织成员会对这种价值观产生强烈的认同，因此强势文化具有很强的行为控制力，会强烈影响组织成员的行为。例如，一家商店的强势文化是强调为客户服务，这种观念已深入员工心中，在这种情况下，商店员工都知道，自己的行为在其他方面没有太多的约束，但面对客户时必须严肃、认真、负责。这表明"为客户服务"这一强势文化直接影响着员工的行为。由于组织成员对强势文化中的价值观具有高度的认同，会产生高度的凝聚力、对组织形成忠诚感和归属感，因此也会降低组织成员的离职意向。此外，强势文化在某些情况下可以代替正式的规章制度，对人的行为起控制和调节作用。在任何组织中，都必须制定一定的规章制度，用于规范人们的行为，保证人们行为的一致性。如果这样，强势文化与正式的规章制度实际上起到了殊途同归的作用。

二、发展中的组织文化理论

（一）卓越组织文化论

麦肯锡咨询公司的专家在《追求卓越》一书中系统地总结了优秀公司的八种

第十四章 组织文化的建设与传播

文化特征：

1. 贵在行动。出色的公司强调领导性，实行走动管理，以促进信息沟通。
2. 紧靠顾客。强调顾客第一，为顾客提供优质服务。
3. 鼓励革新，完善失败。
4. 以人促产。优秀的公司总是把普通员工当做提高质量与工作效率的根本源泉，公司尊重员工的表现是：保障员工就业，信任员工，平等地待人，以人为本。
5. 深入现场，以价值观为动力。优秀的公司鼓励管理人员深入一线，深入车间。
6. 不离本行。优秀的公司拒绝从事自己不熟悉的业务，如果从事多种经营，也要紧紧围绕自己的核心技术。
7. 精兵简政。进行组织结构创新，精简人员，提高效率。
8. 松紧结合。优秀的企业既有松散的特征，又有严格的特征，前者如俱乐部式的环境，灵活的组织结构，自愿参加的革新活动等；后者如共有的价值观，注重行动，沟通及时等。

（二）文化类型说

美国学者迪尔和肯尼迪把组织文化整个理论系统概述为5个要素，即环境、价值观、英雄人物、文化仪式和文化网络。价值观是组织成员对某个事件或某种行为好与坏、善与恶、正确与错误的一致认识；英雄人物是组织文化的核心人物或文化的人格化，其作用在于作为一种活的样板，给组织中其他员工提供可供仿效的榜样，对组织文化的形成和强化起着极为重要的作用；文化仪式是指组织内的各种表彰、奖励活动、聚会以及文娱活动等，它可以把发生的某些事情戏剧化和形象化；文化网络是指非正式的信息传递渠道，主要是传播文化信息。

迪尔和肯尼迪把组织文化分为四种类型：即强人文化，拼命干、尽情玩文化，攻坚文化和过程文化。

1. 强人文化。强人文化存在于高风险和迅速变化的世界里，如警察部门、体育运动、电视广播，以及管理、咨询和风险投资等活动。在这种文化中，生存的最好的人是一群想要赌博的人，他们能够做出孤注一掷的冒险，这是个人主义的世界，对他们来说，没有整体的奖励，他们的目标是成为明星。成功的企业尝试减轻个人主义明星们的悲观情绪和高赌注风险的不确定性，当令人窒息的成功以后，就给予他们高额奖励。强人文化注重快速反馈，不愿意进行长期的投资。然而，这种短期行为倾向会带来很多后果，过分强调竞争，忽视合作便是其中之一。
2. 拼命干、尽情玩文化。那些生机勃勃、运转灵活的销售组织是这类文化的典型代表，这种文化中的员工只承担较小的风险，只要员工努力工作，就一定会达到目标。与强人文化不同，拼命干、尽情玩文化中的英雄具有三寸不烂之舌，对人友好，善于交际，他们用数量来衡量工作的价值。如果公司的目标是迅速提高效率，那么这种文化是有效的。但是在这种文化中，为了提高速度，质量常常受到忽视，这会使胜利者变得愚蠢，忘记了今天的成功会导致明天的失败。

3. 攻坚文化。这种文化的特征是风险大，反馈慢，置身于这类文化的公司有冶金企业、石油公司、投资机构等。其投资大，需要几年的时间去开发、研究和实验。这种文化往往导致重大的科学发明和突破，推动国民经济向前发展，但有时也慢得可怕。

4. 过程文化。过程文化存在于那些风险小、反馈相对慢的企业中，这种文化的核心价值是完善的技术，即用科学的方法解决所意识到的风险。换句话说，就是做到过程和具体细节的绝对正确。在这类文化中，员工遵纪守法，注重细节，按程序行事。

（三）企业精神理论

美国组织文化专家劳伦斯·米勒在《美国企业精神——未来企业经营的八大原则》一书中指出，几乎在美国的每个大公司中，都在发生组织文化的变革，老的组织文化在衰变，新的组织文化在产生。美国的企业具有强烈的竞争精神，这种竞争精神可以包括在八种基本价值观之中。

1. 目标原则。成功的企业必定具备有价值的目标，而领导者本身有着崇高的目标，并把目标传达给其他人，以此带动别人，形成"目标驱动"。

2. 共识原则。企业成功与否，要看它能否聚集众人的创意，能否激励员工和管理人员一起从事创造性的工作。另一方面，在现代企业中，员工都受过专门的教育和训练，文化知识素养大幅度提高，他们都有自己的目标，因此要求领导的管理方式从"指挥式"转向"共识式"。如何管理知识工作者已不能沿用老一套办法，对知识工作者的管理，现在倒正是该深刻体会古人所说"士为知己者用"的名言了。

3. 卓越原则。卓越不是指成就，而是一种精神，一种动力，一种工作伦理。最成功的企业都注重培养追求卓越的精神，也就是不断求新、不断变革的精神。

4. 一体原则。把管理人员与员工划分开来，或者把组织员工划分为"脑力劳动者"和"体力劳动者"，已经被认为是一种旧的传统。在现代企业中，已十分注重组织内部的一体感。事实上，在员工具有较高素质的情况下，他们都具有自我管理的能力，因此，可以通过减少不必要的管理层次，尽可能让基层的员工参与管

第十四章 组织文化的建设与传播

理,负有一定责任来强化员工的参与意识,强化组织的一体感。

5. 成效原则。成效是激励的基础。对成效给予金钱奖励是必要的,但金钱绝不是全部,它只能是一个主要的部分,除了金钱之外,还必须给予精神上的激励。在很多情况下,荣誉比奖金更有价值。因此,领导的主要功能首先在于能够给下属以有效的激励。在企业中,指望所有下属都热诚地、满怀信心地为实现企业目标做出贡献是不现实的。通常的情况是,下属中很少有人会以持续的热情和长久的高昂士气去工作。领导的作用就在于通过有效的激励诱导或劝说,使下属以最大的努力自觉地为实现企业目标做出贡献,实施激励的基础在于满足下属各种各样的个人需要。

6. 实证原则。在这里,所谓实证是指在企业的经营决策中,强调科学的态度,善于运用逻辑思考,善于运用基本的统计分析、决策分析的工具。

7. 亲密原则。在组织内部,人与人之间的相处必须真诚、友善、尊重、信任和关切,当这种关系健全时,就会形成亲密感。有了亲密感,才能提高组织成员对组织的信任、牺牲和忠诚的程度。

8. 正直原则。正直就是诚实,前后一致,以负责的态度进行工作。但每个领导者都有跟随者,而跟随是一种信任行为,也就是对领导有信心。但只有当领导者本身正直时,这种信心才能得以产生,才能长期保持。

(四) 7S 理论

麦肯锡咨询公司的研究人员经过长期的精心研究后发现,任何组织的成功都取决于战略、结构、制度、人员、技能、作风和共同的价值观等 7 个要素,其中,前 3 个为硬管理要素,后 4 个为软管理要素。

战略(strategy)是一个组织获取和分配其有限资源的行动计划;结构(structure)是组织的构建方式、责权分配及组织结构图所具有的特征(如分权还是集权、重视直线人员还是职能人员);制度(system)即信念在组织内部是如何运转的,比如是通过正式规划程序还是非正式会议等;人员(staff)是组织内部重要人员构成,如工程师、推销员、操作员等;技能(skill)是主要领导人和组织本身的特长和工作能力;作风(style)是组织的高层领导者在达成目标过程中所表现出来的行为、性格和组织的传统作风;共同价值观(shared values)是组织所形成并灌输给成员的重要的根本指导思想,包括组织成员的精神、目的和价值观等。由于上述 7 项要素开始的英文字母都是 S,故称 7S 理论。

与日本企业相比,美国企业往往重视硬 S,而忽视软 S。两者在软 S 方面的差别如下:在共同的价值观方面:日本企业重视向员工灌输企业的基本价值观,使企业目标与个人目标有机结合，重视集体的价值，认为社会目标高于企业的目标；美国企业一般重视自我的价值，强调独立地开展工作，重视权力，轻视下属，更加重视企业的利润目标等。在人员方面：美国企业认为企业应努力满足员工的经济需要，不重视对员工的训练和指导；而日本企业努力去照顾每个员工的生活，重视对员工的指导和培训工作。在作风方面：美国企业崇尚强硬的管理作风，日本企业崇尚人情化管理等。

（五）Z 理论

美国加利福尼亚大学的威廉·大内从1973年初研究日本公司的成功经验，于80年代初提出了Z理论管理模式，试图把美国模式A与日本模式J结合起来，该理论的主要内容是：

1. 员工承诺。J模式强调终身雇佣制，大企业员工一经聘用，只要不犯大的错误，就可以获得终身雇佣；A模式的特点是短期雇佣，在美国辞职和解雇是经常发生的，据统计体力劳动者在一家企业的平均任期是2年，对于MBA来说，毕业后的前10年平均换3家公司；Z模式主张实行长期雇佣制。雇佣期长，员工能更熟悉企业的情况，也乐于与同事融洽相处，还愿意接受企业的宗旨、作风和传统。方法是，员工想辞职时，向他们提供有挑战性的工作，让他们参与决策；在经济萧条时，让股东少分红利，缩短工作时间，减少工资和津贴等。

2. 评价与晋升。在J模式中，年轻人在参加工作10年后才有可能获得晋升，一般来说晋升速度较慢；在A模式中，因为人员流动性大，员工晋升速度快，甚至认为3年没有晋升就是失败；Z理论主张缓慢的晋升与评估，目的是培养员工的协作观念和长期意识，对于新进公司的年轻人应实行统一的晋升和加薪政策。

3. 事业发展。在J模式中，实行工作轮换制度，事业发展的途径是非专业化的，其好处是：有利于培养熟悉多种专业的通才，培养员工的合作意识，加强部门之间的协调，缺点是很难培养出对某一业务特别精通的专家。在A模式中，事业发展的途径是高度专业化的，优点是员工会成为某一方面的专家，但不利于加强员工之间的合作，片面地强调个人发展。Z模式主张拓展事业发展的道路，有计划地进行横向工作轮换，以提高员工的工作热情、效率和满意感。

4. 控制方式。在J模式中，通过向员工灌输企业的价值观，以含蓄的方式进行控制，即文化控制。在A模式中，通过可以衡量的工作目标，以明确的方式进行控制。在Z模式中，既有明确的控制，也有含蓄的控制，主张在企业内部建设高度一致的组织文化，用自我指挥取代统一指挥，实行彻底的、内在的控制。

5. 责任。在J模式中，强调共同承担责任。而在A模式中，强调个人承担责

第十四章 组织文化的建设与传播

任。Z理论强调强化共同目标，使每个人都能自觉地对群体做出的决策负责，从而避免紧张状态。

6. 人员关心。在J模式中，企业与员工、员工与员工之间是一种整体关系，向员工提供适当的工作，而且努力使员工得到全面的发展。在A模式中，人与人之间的关系是一种局部的关系，人们之间的了解局限于工作范围内。Z理论主张发展整体关系，这种关系是团结和凝聚力的表现，而凝聚力是在共同的工作中涌现出来的。

三、组织文化的建设与传播

（一）影响组织文化形成的因素

1. 组织的创始人。组织创建者的价值观、性格特征、经营哲学等对组织文化的形成与发展起重要作用。

2. 民族文化。组织文化是亚文化，因此受民族文化的影响和制约，不同地区的文化对组织文化有着直接影响。

3. 思想观念的变革。人们思想观念的转变，对组织文化的形成与发展具有重要影响。主要表现在：（1）依赖意识向自强意识的转变。企业内部应该建立起适度竞争机制，端走铁饭碗，激发起员工的自强意识，在政府职能转换的基础上，让企业管理者无法转移竞争的压力，从而真正树立起强烈的竞争意识和进取精神。（2）官本位向企业本位转变。（3）"不求有功，但求无过"的权力观向"无功便是过"的权力观转变。新加坡企业家黄业仁说得好："企业家一次的成功，平均需经历几次的失败，做错事是做对事所不可缺少的一部分。"（4）封闭经营观念向开放经营观念转变。

4. 员工心理机制作用的发挥。人们心理活动规律对组织文化的形成有重要的影响：

（1）从众心理的影响。在组织文化建设过程中，组织领导者应该运用一切舆论工具，宣传组织文化，同时发挥管理者和模范人物的带头作用，形成潮流和声势，利用从众心理，构成群体压力，促使员工认同和接受组织文化。

（2）心理定式的影响。人们的行为受到心理定势的影响，在对新员工的培训上十分突出，给新员工灌输组织文化，会极大地影响其行为。

（3）认同心理的影响。个体对他人、群体、组织的认同，使个体与这些对象融为一体，休戚与共。为了建设优良的组织文化，组织主要负责人应真诚坦率，待人热情，关心员工，善于沟通，具有民主精神。员工对组织主要负责人的认同感一旦产生，就会心甘情愿地把他所倡导的价值观念，当做自己的价值观念和行为规范，从而形成组织负责人所期望的组织文化。组织负责人应充分尊重员工的性格和权益，同时，应尽量使组织目标与个人目标协调一致，使员工正确地认识到这种利益上的一致性。久而久之，员工就会树立"厂兴我荣，厂衰我耻"的观念，形成个人与组织共命运的主人翁责任感。

（4）模仿心理的影响。模仿是形成良好组织文化的一个重要的心理机制，榜样是模仿的前提和根据。组织中的模范人物、英雄人物，是组织文化的人格化代表。全体员工对他们由钦佩、爱戴到模仿，也就是对组织文化的认同和实践的过程。

（5）挫折心理的影响。在组织的各项活动中，上级与下级之间、同事之间总会发生一些矛盾和冲突，管理者和员工总会在工作和生活中遇到各种困难和挫折，这时他们就会产生挫折心理。为了化解员工可能出现的挫折心理，组织领导者、管理者应通过家访、谈心、党团组织生活、职代会会议等环节解决矛盾，化解挫折心理，为组织文化建设创造和谐舒畅的心理环境。

（二）组织文化的形成过程

1. 组织创始人的经营理念形成阶段。组织文化的最初源头是组织的创始人，组织的创始人对组织早期文化的建立具有主要的影响。因为创始人不仅有最初的设想，而且在如何将这些设想付诸实施的问题上他们有自己的偏好。从一定意义上说，组织文化就是创始人的设想和偏好与员工自身经验相互作用的结果。如福特汽车公司的亨利·福特、惠普公司的大卫·帕克特等人都是一些非常明显的例证。在各自组织文化的形成过程中，他们作为个人都施加了无法估量的巨大影响。沃森虽然已于1965年去世，但是他在研究开发、产品创新、员工着装和补偿政策方面的理念至今仍影响着IBM的经营实践。沃尔特·迪斯尼公司的经营重点依然是沃尔特·迪斯尼最初的设想，一个制造幻想和欢乐的王国。

2. 甄选阶段。组织的决策者对候选人是否适合于组织的判断，将显著地影响到谁能被雇佣的最终决定。这种努力确保了员工与组织之间恰当的匹配，不管是有意还是无意，都会保证所聘用的员工的价值观与组织的价值观基本一致，至少与组织价值观的大部分相一致。甄选阶段也给求职者提供了一些组织的信息，候选人对组织有所了解之后，如果发现自己的价值观与组织价值观相冲突，就可以选择退出候选人之列。因此，甄选阶段成了一种双向通道，它允许招聘者和求职者在相互不

第十四章 组织文化的建设与传播

匹配时中止他们之间的联姻。这样，甄选阶段通过筛选掉那些可能会有损于组织核心价值观的人，起到维系组织文化的作用。

如应聘宝洁公司品牌管理工作初级职位的求职者，要经过一系列令人精疲力竭的申请和选拔过程。面试者是被挑选出来的部分公司的精英人物，通过讲座、录像、电影、面试练习、角色扮演等一系列培训，来发现那些能够很好地适应宝洁公司要求的候选人。为了考察候选人是否具备某些素质，需要对候选人进行深入的面谈，这些素质包括：能够"创造出大量出色的业绩"、善于"发现并理解问题"，而且能够"得出推理严密和可以被充分证实的结论并付诸于行动"。宝洁公司很重视理性思维，因而要求员工也具备理性思维能力。大学毕业生首先要在校园里经过两次面试和一次一般知识测验，所有这些都通过之后，再飞往辛辛那提市，接受三次一对一的面试和一次午餐时的群体面试。每次会面时，面试主持人都会尽力去发现在申请人身上是否确实存在着一些优点。

3. 组织高层管理者的言传身教阶段。组织高层管理人员的行为举止对组织文化也有重要的影响。高层管理通过自己的言行举止，把行为准则渗透到组织中去。例如，公司是否鼓励冒险，管理者应给其下属多大的自由，什么是得体的着装，什么样的行为应以提薪、晋升或其他诸如此类的奖赏予以奖励，等等。

4. 社会化阶段。不管组织的人员甄选和录用工作做得有多好，新员工都难以被彻底灌输组织文化。这是由于他们对组织文化不熟悉，容易对组织已有的观念和习惯构成潜在的干扰。因此，组织要帮助新员工适应组织文化，这种适应过程，被称之为社会化。

（三）领导者在组织文化建设中的作用

1. 领导者是组织文化的缔造者和塑造者。由于领导者在组织中所处的特殊地位，对组织承担了更多的责任，相应地，对组织的经营哲学、企业精神、企业价值观等也都能施加较大的影响。组织的创始人追求什么，提倡什么，反对什么，用什么样的价值标准去要求部下，用什么样的理想和信念去引导部下，将会对组织文化的形成发挥关键性的作用，而这一切都是在他个人价值观的指导下发生的。因此，一般情况下，组织的主导价值观（它是组织文化的核心）不过是组织创始人个人价值观的延伸、扩展和最终实现群体化。换句话说，组织文化就其实质来说，不过是组织成员对组织创始人的个人价值观的认同结果。

2. 领导者是组织文化的管理者。组织文化是一种先进的管理理论，对组织文化的管理是组织领导者的主要职能。美国管理学家埃德加·沙因说，"领导者所要做的惟一重要的事情就是创造和管理文化，领导者最重要的才能就是影响文化的能力。"美国著名的坦顿公司，高层经理大约花一半时间管理组织文化，这使它获得了巨大的成功。领导者所塑造或设计的组织文化是组织的目标文化，它源于现实组织文化，又高于现实组织文化。他要使员工明白组织内提倡什么、反对什么，要及时处理推行组织文化过程中产生的矛盾和问题，必要时还要对组织文化进行修正和补充，领导者通过把握组织文化建设的方向、力度和深度，通过对组织文化进行有效的管理，就能够有效地管理整个组织。

3. 领导者是组织文化的倡导者。领导者应该在组织文化的建设中起示范和表率作用，新的组织文化的形成是一个学习的过程，在这一过程中，领导者的一言一行都将被下属有意无意地效仿，这时其言行就不再只是个人的言行，而是具有了示范性、引导性的特征。领导者是以"身教而不是言教"来向员工们直接灌输价值观的，他们坚持不懈地把自己的见解身体力行，化为行动，必须做到众所瞩目、尽人皆知才行，必须躬亲实践他想要培植的那些价值观，持之以恒地献身于这些价值观。领导者要发挥好示范、表率作用，就需要具备优秀的素质，包括先进的价值观、高尚的道德品质、创新精神、管理才能、决策水平、技术业务能力、人际关系协调能力等等，尤其是要有良好的道德品质。

4. 领导者是组织文化的变革者。由于组织的内外环境在不断变化着，组织文化也不是静止的、永恒不变的，在必要的时候，也需要对组织文化进行变革，以适应新的形势。这种变革必须依靠组织领导者自上而下地进行，否则组织文化的发展就势必陷入一种混乱、无序的状态。由于文化具有很强的惯性，领导者对组织文化变革一定要采取慎重的态度，要尽可能维持组织文化的稳定性，而一旦决定变革，就应当冲破层层阻力构筑新的组织文化体系。无论何时，组织都要有明晰的组织文化，切忌使组织陷入混乱状态，在这一点上，领导者的旗帜鲜明、当机立断是至关重要的。

5. 领导者价值观决定了组织文化的基调。领导者的个人价值观对组织文化的影响是举足轻重的，正所谓"差之毫厘，谬以千里"。因此，组织领导者确立什么样的价值观就显得格外重要。从中外成功组织的经验来看，领导者的价值观应该符合客观规律，具有科学性，又要走在时代的前列。

（四）组织文化的传播

组织文化可以通过多种方式进行传播，在此主要介绍以下几种方式：

1. 通过故事传播。美国 Nordstrom 的员工喜欢谈论这样一个故事：在这个零售连锁店建店初期，有一天一个顾客来到店里想退掉一副汽车轮胎，店员不清楚自己应该怎样处理这个问题。就在店员与顾客交谈时，诺司拉姆先生经过这里，听到了

第十四章 组织文化的建设与传播

谈话的内容，他立即走过去，问顾客花多少钱买下了这副轮胎，然后让店员收回这副轮胎，并把钱全数退给顾客。顾客收下钱离开后，这位店员疑惑地看着老板说，"但是，诺司拉姆先生，这副轮胎并不是我们卖的"。"我知道"，诺司拉姆回答说，"但是我们无论如何要让顾客满意。我说过，我们的退货政策是，顾客退货时我们不问任何问题，我这么做就是这个意思。"然后，诺司拉姆打了个电话给他的一位做汽车配件生意的朋友，问他愿意出多少钱拿走那副轮胎。很多组织中都流传着这样的小故事，它们的内容一般都与组织的创始人打破常规处理应急事件有关，这些故事为组织文化的建设与传播发挥着重要作用。

2. 通过各种仪式传播。仪式能够表达并强化组织的核心价值观，哪些目标是最重要的，哪些人是重要的，等等。玫琳·凯化妆品公司的年度颁奖大会，这个大会在一个大型礼堂举行，要持续几天，所有与会者都身着漂亮的晚礼服，整个大会看上去既像是马戏团的表演，又像是美国小姐大选。那些出色地完成了销售指标的销售人员，都会得到一些精美的奖品，如黄金饰针、钻石饰针、毛皮披肩、精美的卡迪拉克等，这种年会通过对突出销售业绩的公开表彰，起到了激励员工的作用。这种仪式突出了玫琳·凯个人的坚强意志和乐观精神，通过这种年会的形式告诉员工们，完成销售指标是重要的，通过努力是能获得成功的。

3. 通过企业形象（CIS）传播。企业形象或企业识别系统是由表层子系统、基层子系统、深层子系统三个部分构成的。表层子系统主要是由企业的外部视觉形象要素构成，如企业的标志、标准字、标准色、名称、图案等视觉符号，以及企业的广告、口号、企业的各种活动、员工的行为等能为外界感知的行为要素。基层子系统是由企业的各种制度、关系、结构、素质、竞争力等要素构成。深层子系统包括企业理念、组织文化、企业价值观等精神要素。从这三个子系统的内在联系来看，深层子系统是最根本的决定性因素。因为从企业个体行为来考察，企业的一切外部表现和行为都是由企业理念和价值观念发动的，都是组织文化的外部形象。而基层子系统和表层子系统则是深层子系统的外化，即企业的观念层次支配着企业的行为，由此形成企业外部形象。

企业形象的塑造是组织文化建设的重要组成部分，也是企业竞争战略的重要组成部分。CIS策划，组织形象塑造，已经引起越来越多的中国企业的重视。通过CIS塑造企业的形象，体现企业的个性，向社会传播组织文化。

企业形象的传播有两种方式：人际传播与大众传播。

（1）人际传播。在人们之间的交往活动中，人们相互之间传递和交换着知识、意见、情感、愿望、观念等信息，这就是人际传播。人际传播的具体形式很多，如与员工的交谈，与客户的交流或电话联络，企业举办的报告会、恳谈会、洽谈会、联欢会、演讲会、座谈会等等。人际传播具有感官参与度高、信息反馈的量大和速度快、信息传播的符号系统多等特点。人际传播可以使用语言和大量的非语言符号，如表情、姿势、语气、语调等等，许多信息都是通过非语言符号获得的。

（2）大众传播。主要功能表现为：第一，大众传播媒介的"权威性"特点，决定了大众传播媒介所传播的信息的可信性。第二，大众传播媒介的及时性特点，决定了信息传播的时效性。由于现代化的通讯手段，大众媒介特别是广播、电视等电子媒介，可以通过卫星等手段使信息立即传遍世界各地。第三，大众传播媒介覆盖广泛的特点，决定了信息传播的有效性。大众传播媒介不仅具有较高的覆盖率，而且还可以大规模地复制信息，使信息对受众的刺激形成规模化和长期性，既可以在短时间内形成信息轰炸，也可以长时间内形成信息的连续不断的传播。

四、加强组织文化建设的途径

一年靠运气，十年靠经营，百年靠文化。现如今，许多曾经充满生机的国有企业、集体企业连同其文化一起衰落下去，许多曾经红遍中国的著名企业、名牌产品、百年老店和老字号已难觅踪影。同时，有许多企业连同其文化一起经过变革兴盛起来了，一批老的著名企业、老的名牌产品重又红遍中国，如青岛啤酒、北京烤鸭、同仁堂等。一批新的著名企业、名牌产品不仅红遍中国，还走向了世界，如海尔、联想、TCL 等。建设良好的、积极的、富有个性和特色的组织文化，是激励员工创造性、积极性的巨大动力，是企业在激烈的市场竞争中立于不败之地的重要保证。

（一）我国组织文化建设的误区

1. 注重有形，忽视无形。我国很多企业在文化建设过程中，只注重了有形的一面，而忽视了无形的一面，许多企业只注重厂容厂貌厂训等有形因素的设计，而忽视了企业精神、价值观念等无形因素的建设。一方面，是企业领导者缺乏对组织文化内涵的充分理解和认识；另一方面，组织文化有形方面的建设在操作上更简单，很容易显示出组织文化建设的绩效水平，也有企业为达到某种目的而做表面文章。

2. 流于形式，忽视执行。组织文化应当以人为本，在管理工作中要遵循尊重人、信任人的基本原则。一方面要重视对人的激励、培养和任用，在员工中树立一种积极向上的精神风貌；另一方面要建立健全各项规章制度，要求职工不折不扣地

第十四章 组织文化的建设与传播

贯彻执行。而很多企业只把组织文化作为一种口号，缺乏必要的制度文化和实施的具体措施，忽视了具体的执行，致使组织文化很难发挥作用。

3. 组织文化千篇一律。如果我们检查优秀企业所推崇的核心价值观，的确可以发现一些共同的东西，比如诚实和正直，尊重创造，尊重个体，讲究合作。但不能因此就得出组织文化大同小异的判断，因为往往每个企业最为人称道的价值观是具有独特的个性的，如海尔的"真诚到永远"，迪斯尼的"把快乐带给大家"。我国很多企业最大的问题是个性不突出，很多企业都有"团结高效求实进取"的企业精神，然而我们记住的又有几个呢？企业应重新审视自己的组织文化，发觉独特的个性，在企业经营实践中张扬这种个性。

4. 组织文化建设是高层领导者的事与别人无关。组织文化的一个主要来源是企业创始人和高层管理者的经营和管理理念。如果组织文化的总结和提炼只是高层管理者的事情，而没有员工的参与，在实施过程中就可能遇到抵触或不合作，那么再完美的组织文化也无法发挥作用。

（二）加强组织文化建设应遵循的原则

1. 以人为本的原则。"以人为本"的组织文化不应该只是一句口号，要体现在具体的细节上。如重视员工培训，让员工与企业同发展；注重内部选聘，搭建员工职业发展平台；开展情感管理，营造以厂为家的氛围；提供家庭援助项目，解决员工实际困难，等等。脱离了"以人为本"的思想，即使设计的组织文化再新颖，那也只是表面文章，缺乏生命力。

2. 诚实守信的原则。即使很小的企业，在他们印制的宣传广告或者公司网站上，也都有"诚信、以人为本、创新"这些诸如此类的核心价值观的话。曾被誉为美国新经济楷模但因诚信丧失，最终轰然倒下的安然公司不也是这样宣传的吗？如果企业只是把"诚实守信"作为宣传手段的话，那么员工的价值取向会发生扭曲。企业制定了"诚信"的核心价值观，就要像宗教信徒一样去信守和维护自己的核心价值观。创立 IBM 的老沃森是一个清教徒，他提倡的"大家庭文化"为每一个 IBM 员工制定了严格的行为标准和道德规范，并极力推行，至今仍是 IBM 的文化核心。

3. 突出个性原则。有一种观点，认为对于同行业的企业，在核心价值观层面应该是一致的。其实并非如此。拿惠普和 IBM 来说，它们同属 IT 制造与服务业，但是文化差别非常大，蓝色巨人 IBM 更强调规范化，员工西装革履，穿着整齐，公司规章制度要求严格；但惠普公司的工作环境就相对轻松，更强调个人的自我管理和控制，甚至可以不按时上班，只要你完成工作就可以。惠普和 IBM 都是非常成功的企业，他们的文化同样优秀，惠普更关注科技与人，而IBM更强调工作要"追求完美"。

4. 绩效导向原则。企业需要生存与发展，就需要业绩，向业绩要利润和发展的空间，是任何企业都没有办法避免的。企业需要业绩，员工更需要业绩来证明自己，没有业绩的员工最终会被淘汰出局，这就是企业的绩效导向的文化。

5. 团队合作原则。一个缺乏团队合作意识的企业也是没有吸引力的。随着企业的发展壮大，团队作用日益重要，合作意识日益强烈，卓越的企业必然倡导团体精神和合作文化。

6. 人际和谐原则。企业员工并非是单纯的"经济人"，而且还是"社会人"，工作满足了他们社会交往、获得友谊和建立密切人际关系的需要。社会强调一种和谐的人际关系，企业同样需要倡导人际关系融洽化，任何破坏人际关系的员工都是企业不允许的。

（三）加强组织文化建设的途径

1. 确定企业的核心价值观。企业的价值观会反映在企业经营的营销、研发、生产、财务、人力资源等各个方面，价值观也可能随着外界环境的变化而改变，比如：企业小的时候讲求"做事"，但是做大了之后就更重视"做人"。那么，到底有没有不变的价值观或者相对稳定的价值观呢？有！那就是核心价值观，它是企业相对不变、始终恪守的价值观念。比如：索尼公司在创立之初就确定了"创新、永为先驱"的核心价值观。企业必须首先树立自己的核心价值观念，而且要成为企业员工都认同的理念。在做品牌推广时，要让客户和顾客也认同企业的这种价值观念。比如：海尔的"真诚到永远"已经由最初的产品和品牌的理念上升为一个企业的理念，成为海尔组织文化的核心。企业的核心价值理念还必须拓展为企业各个层面的管理思想和方法，才能使组织文化理念体系完整起来。

2. 建立学习型组织，转变员工的观念。员工的思想观念对组织文化的形成与发展具有重要影响。在组织文化建设过程中，企业应该运用一切舆论工具，宣传组织文化，同时发挥管理者和模范人物的带头作用，形成潮流和声势，利用从众心理，构成群体压力，促使员工认同和接受组织文化。员工对组织文化的认同感一旦产生，就会心甘情愿地把企业倡导的价值观念，当作自己的价值观念和行为规范。

3. 让理念故事化。优秀的组织文化并不是只让企业的中高层管理者认同，而是要让所有的员工，甚至是临时的员工都认同，这才叫卓越的组织文化。在导入新的组织文化时，首先应该根据自己提炼的理念体系，找出企业内部现在或者过去相

第十四章　组织文化的建设与传播

应的先进人物事迹，进行宣传和表扬，并从组织文化的角度进行重新阐释。张瑞敏"砸冰箱"的故事世人耳熟能详，是理念故事化的典范。

4. 不断创新组织文化。20世纪后期，中国社会天翻地覆的大变革，使中国从计划经济转变为市场经济，社会文化中心从政治文化转变为经济文化。随着逐渐打开国门，中国社会引发一次又一次的文化冲突和文化震荡。引发传统文化与现代文化、东方文化与西方文化，外来文化与本土文化、传统经济文化与新经济文化的大冲突、大碰撞，中国企业开始面临文化生存的危机。大量企业范例表明，衰亡的企业其衰亡历程是从组织文化的衰败开始的，兴盛的企业其兴盛历程是从组织文化的变革复兴开始的。所以，现代企业应吸收传统文化的精华，不断创新发展组织文化。

5. 领导者在组织文化建设中发挥关键作用。组织文化的最初源头是企业的创始人，可以说企业领导者是组织文化的塑造者和变革者。具体地说，领导者在组织文化建设中的作用表现在：企业领导者追求什么，提倡什么，反对什么，用什么样的价值标准去要求部下，用什么样的理想和信念去引导部下，将会对组织文化的形成发挥关键性的作用，而这一切都是在他个人价值观的指导下发生的。

本章小结

无论从宏观还是微观角度来讲，文化因素无疑对组织行为具有重要的影响，它决定组织中全体成员的精神面貌和整个组织的素质、行为和竞争能力。本章主要介绍组织文化的概念、类型和有关理论，以及如何建立与传播组织文化等问题。

组织文化是组织在长期实践过程中形成的并为组织成员普遍认可和遵守的行为准则和价值规范，组织文化由组织的价值观或组织精神、制度文化和物质文化构成。组织文化具有导向作用、规范作用、凝聚作用、激励作用、创新作用和辐射作用。组织文化的类型分学院式文化、俱乐部文化、棒球队文化和堡垒文化，创业文化、使命文化、家族文化和官僚文化，群体文化、发展文化、等级文化与理性文化，主导文化与分支文化，强势文化与弱势文化。

组织文化理论主要有：卓越组织文化论、文化类型说、企业精神理论、7S理论和Z理论等。影响组织文化形成的因素是：组织的创始人、民族文化、思想观念的变革和员工心理机制等。组织文化的形成过程是：组织创始人的经营理念形成阶段、甄选阶段、组织高层管理者的言传身教阶段和社会化阶段，领导者在组织文化建设中发挥关键作用。组织文化可以通过多种方式进行传播，主要是：通过故事传播，通过各种仪式传播，通过企业形象传播。

▶ 思考题

1. 什么是组织文化？其特点是什么？
2. 组织文化的类型有哪些？
3. 组织文化的作用是什么？
4. 简述组织文化理论的主要内容。
5. 谈谈你对 Z 理论的看法。
6. 影响组织文化的因素是什么？组织文化是怎样形成的？
7. 领导者在组织文化建设过程中发挥着什么作用？
8. 组织文化是如何传播的？
9. 联系实际论述加强组织文化建设的途径。

▶ 案例应用

海尔文化点滴

海尔这样定义组织文化：企业发展的灵魂是组织文化，而组织文化最核心的内容应该是价值观。海尔将组织文化分为三个层次，最表层的是物质文化，即表象的发展速度、海尔的产品、服务质量等等；中间层是制度行为文化；最核心的是价值观，即精神文化。

海尔精神是"敬业报国，追求卓越"，讲求个人价值与集体利益、国家命运融为一体，不干则已，要干就干第一流，海尔作风是"迅速反应，马上行动"。海尔价值观的核心是创新。海尔文化以观念创新为先导、以战略创新为基础、以组织创新为保障、以技术创新为手段、以市场创新为目标，伴随着海尔从无到有、从小到大、从大到强，从中国走向世界，海尔文化本身也在不断创新、发展。

"有生于无"与"以柔克刚"。有一次，张瑞敏出访日本一家大公司。该公司董事长一向热衷中国至理名言。在这位董事长介绍该公司经营宗旨和组织文化时，阐述了"真善美"，并引述老子思想，张瑞敏也发表了自己看法：《道德经》中有一句话与"真善美"语义一致，这就是"天下万物生于有，有生于无"。张瑞敏以这句话诠释了海尔文化之重要性。他说，企业管理有两点始终是我铭记在心的：第一点是无形的东西往往比有形的东西更重要。当领导的到下面看重的是有形东西太多，而无形东西太少。一般总是问产量多少、利润多少，没有看到文化观念、氛围更重要。一个企业没有文化，就是没有灵魂。第二点是老子主张的为人做事要

第十四章 组织文化的建设与传播

"以柔克刚"。张瑞敏说:"在过去人们把此话看成是消极的,实际上它主张的弱转强、小转大是个过程。如果你真能认识到自己是弱势,你就会朝目标执著前进,也就会成功。"

"人人是人才,赛马不相马"。你能够翻多大跟头,给你搭建多大舞台。现在缺的不是人才,而是出人才的机制。管理者的责任就是要通过搭建"赛马场"为每个员工营造创新的空间,使每个员工成为自主经营的SBU。赛马机制具体而言,包含三条原则:一是公平竞争,任人唯贤;二是职适其能,人尽其才;三是合理流动,动态管理。在用工制度上,实行一套优秀员工、合格员工、试用员工"三工并存,动态转换"的机制。在干部制度上,海尔对中层干部分类考核,每一位干部的职位都不是固定的,届满轮换。

吃"休克鱼"。吃"休克鱼"是海尔兼并扩张举措的一种形象的比喻。从上个世纪90年代初开始的近10年间,海尔先后兼并了18个企业,并且都扭亏为盈。人们习惯上将企业间的兼并比做"鱼吃鱼",或者是大鱼吃小鱼,或者是小鱼吃大鱼。而海尔吃的是什么鱼呢?海尔人认为:他们吃的不是小鱼,也不是慢鱼,更不是鲨鱼,而是"休克鱼"。海尔的解释是:鱼的肌体没有腐烂,比喻企业硬件很好;而鱼处于休克状态,比喻企业的思想、观念有问题,导致企业停滞不前。这种企业一旦注入新的管理思想,有一套行之有效的管理办法,很快就能够被激活起来。

砸冰箱的故事。1985年,一位用户向海尔反映:工厂生产的电冰箱有质量问题。于是张瑞敏突击检查了仓库,发现仓库中不合格的冰箱还有76台。就在很多员工十分犹豫时,张瑞敏却做出决定:开一个全体员工的现场会,把76台冰箱当众全部砸掉!而且,由生产这些冰箱的员工亲自来砸!结果,就是一柄大锤,伴随着那阵阵巨响,真正砸醒了海尔人的质量意识!从此,在家电行业,海尔人砸毁76台不合格冰箱的故事就传开了!至于那把著名的大锤,海尔人已把它摆在了展览厅里,让每一个新员工参观时都牢牢记住它。

先卖信誉,后卖产品。质量是产品的生命,信誉是企业的根本,产品合格不是标准,用户满意才是目的。营销不是"卖"而是"买",是通过销售产品的环节树立产品美誉度,"买"到用户忠诚的心。

没有规矩,无以成方圆。海尔像一个大家庭,但这并不意味着其中充满安逸与纵容。海尔无所不在、毫不容情的监督机制使每一位工作未到位的员工都痛感"无地自容"。OEC管理方法本身就是一个监督体系,以目标量化分解和责任层层落实为前提,任何一个当事人在问题出现之后都难辞其咎。海尔的管理风格:严、细、实、恒。海尔认为企业和每个员工可以做好一天的工作,而每天都做得好,就是一件难事,"日日清工作法"就是要通过每天的清理和总结,持之以恒地做好企业每天的各项工作，实现天天好的理想目标。海尔的监督体系囊括了所有员工，在海尔任何一家下属公司都可以看到"日清栏"上的表扬和批评。无论是表扬还是批评，都会在下月的工资单上得到相应体现。

表扬文化。《海尔组织文化手册》中明确规定了海尔的奖励制度。为鼓励员工搞技术发明和改革创新，海尔集团颁布了《职工发明奖酬办法》，设立了"海尔奖"、"海尔希望奖"、"合理化建议奖"等奖项，根据干部和员工对企业创造的经济效益和社会效益，分别授奖。

▶ 问题

1. 海尔组织文化的精髓是什么？海尔组织文化在公司经营发展过程中发挥着怎样的作用？
2. 你所在的企业有什么样的文化？应该怎样建设和发展组织文化？

第十五章

领导及领导者素质

❖ 本章学习目标

阅读和学完本章后，你应该能够：
◇ 理解领导的概念
◇ 了解领导者权力的来源与权力的类型
◇ 掌握领导者素质的特点和基本内容，懂得领导者素质的重要性
◇ 重点掌握提高领导者素质，优化领导班子结构的途径与方法

开篇案例

互助保险公司的苏·雷诺兹

苏·雷诺兹22岁，即将获得哈佛大学人力资源管理的本科学位。在过去的两年里，她每年暑假都在康涅狄格互助保险公司打工，填补去度假的员工的工作空缺，因此她在这里做过许多不同类型的工作。目前，她已接受公司的邀请，毕业之后将加入互助保险公司成为保险单更换部的主管。康涅狄格互助保险公司是一家大型保险公司，仅苏所在的总部就有5 000多名员工。公司奉行员工的个人开发，这已成为公司的经营哲学，公司自上而下都对所有员工十分信任。

苏将要承担的工作是直接管理25名职员。他们的工作不需要什么培训而且具有高度的程序化，但员工的责任感十分重要，因为更换通知要先送到原保险单所在处，要列表显示保险费用与标

> 准表格中的任何变化；如果某份保险单因无更换通知的答复而将被取消，还需要通知销售部。
> 　　苏工作的群体成员全部为女性，年龄跨度从 19～62 岁，平均年龄为 25 岁，其中大部分人以前没有工作经验，她们的薪金水平为每月 1 420～2 070 美元。苏将接替梅贝尔·芬彻的职位。梅贝尔为互助保险公司工作了 37 年，并在保险单更换部做了 17 年的主管工作，现在她退休了。苏去年夏天曾在梅贝尔的群体里工作过几周，因此比较熟悉她的工作风格，并认识大多数群体成员。她预计除了丽莲·兰兹之外，其他将成为她下属的成员都不会有什么问题。丽莲今年 50 多岁，在保险单更换部工作了 10 多年，而且她在员工群体中很有分量。苏断定，如果她的工作得不到丽莲·兰兹的支持，将会十分困难。苏决心以正确的步调开始她的职业生涯。因此，她一直在认真思考一名有效的领导者应具备什么样的素质。

一、领导的内涵

（一）领导的概念

领导是指引和影响个人、群体或组织在一定条件下实现目标的行为过程。理解领导的概念需注意以下几点：

1. 领导是一种具有明确导向目标的行为过程。领导是一种行为，而且是一种有明确导向目标的行为。并非所有指向组织目标的行为都是领导行为，具有导向功能的行为主要体现在以下几个方面：（1）制定目标。为组织制定目标是引导组织发展方向的根本性行为，在目标确定后，还要确定完成目标的政策、策略和方针。（2）制定规范。目标仅仅规定了组织的发展方向，要使组织不偏离这一方向，领导者还应规定组织及其成员的行为规范，即在什么情况下应该办，在什么情况下不应该办等。（3）科学用人。任何目标和规范，总要人去执行。如何科学的用人，同样是领导行为。

第十五章 领导及领导者素质

2. "领导"与"领导者"是两个不同的概念。领导是一种行为过程，致力于实现这个领导过程的人是领导者，接受指引和影响的人是被领导者。就是说，领导是领导者通过自己的活动对被领导者施加影响，从而实现某种目标的过程。

3. 领导与管理不同。领导与管理是两个不同的概念，两者既有联系又有区别。领导与管理的区别主要表现在：领导主要体现在对人的行为进行调控，而管理则还包括对物、资金的调控；领导的职责是提出目标，描绘人们要为之奋斗的路线，而管理主要侧重于实现目标的具体方法；领导的方法在很大程度上体现艺术化特征，而管理方法在很大程度上强调严谨的科学性；领导是一种变革的力量，而管理是一种程序化的控制工作；领导具有超前性，管理具有当前性；管理行为注重专业化，领导强调整体利益，实现目标。

（二）领导者的权力结构

1. 权力的来源。领导者的权力通常来自于两个方面：

（1）组织赋予。权力通常是通过正式的授予而获得的，可能是由上而下的授予，也可以是由下而上的授予，即由选举而产生的权力。由组织赋予的权力经常是由职权来体现的，他们要履行所在岗位的职责，就必须被赋予一定的权力，这种权力是他们推行决策、指挥下属的根据和保证。

（2）下属的接受。只有当接受命令的人把这种命令作为具有权威性的命令接受时，那么权力才会存在。下属接受权力的原因可能在于领导者掌握某种资源，如果领导者掌握的资源是重要的、稀缺的、且不可替代的，那么下属对其依赖将会增加，领导者的权力就会越大。下属对权力的接受有两种情况：一种是强迫性地接受，一种是自愿性的接受。拥有某种权力的人，对别人的影响总是带有强迫性和不可抗拒性，在其作用下被影响者的行为主要表现为被动。如果行使权力的人有优秀的品格、卓越的才能、丰富的知识和美好的情感，下级对其权力的接受就可能是自觉自愿的。

可见，权力的运用是受到一定条件限制的，这些限制性因素是：

（1）上级的权力。权力不是绝对的，它要受到高一级权力的限制。

（2）权力交叉问题。如果权力大量交叉存在，虽然不至于取消权力，但在对抗尚未解决以前则可能使权力暂时失效。

（3）下属的服从。大多数权力有可以促使人们服从的奖励和惩罚办法，不服从或拒绝权力绝对不是一个组织成员正常的行为。不服从并不能取消权力，但将使得权力在某种特定情况下无效，直到奖励和惩罚足以强行使人服从。

2. 领导者的权力分类。关于领导者的权力有多种分类方法，在此我们将领导者的权力分为职务权威和个人权威两大类。

（1）职务权威，又称权力性影响力。领导者的职务权威主要由强制权、奖赏权和法定权所构成。强制权是建立在惧怕的基础上的，一个人如果不服从的话就可能产生消极的后果，处于对于这种后果的惧怕，这个人就对强制性权力做出了反应。奖赏权是指人们服从一个人的愿望或命令是因为这种服从能给他们带来利益，因此，那些能给人们带来他们所希望的报酬的人就拥有了权利，这些报偿是人们认为有价值的任何东西。法定权是一个人通过组织中正式层级结构中的职位所获得的权力。

组织行为学认为，要实现有效的领导，关键是领导者在被领导者心目中有崇高的威望，而威望的高低取决于领导者自身具备的影响力的大小。所谓影响力，就是一个人在与他人的交往中，影响和改变他人心理的能力。影响力，人皆有之，但是由于交往的双方各自的知识、经验、能力、地位、权力等特点与条件不同，交往的环境不同，影响力所起的作用大小相同。人们的影响力大小是一个相对量，领导者在与他人的交往中的影响力大小，是由许多因素决定的。例如地位、权力、知识、能力、品格和资历等因素。作为一个有效的领导者，他必须对权力和影响力有正确的认识。

权力性影响力是由社会赋予个人的职务、地位、权力等所构成的影响力。影响权力性影响力的因素主要有传统因素、职位因素、资历因素等三个方面：

①传统因素。自古以来，人们形成一种观念，认为领导者总是不同于一般人，认为领导者有权力，有才能，比普通人强，从而产生了对领导者的服从感，这就使领导者增加了影响力。这种传统观念所产生的影响力普遍存在，只要你成为领导者，这种力量就自然而来，这是一种观念性因素。

②职位因素。具有领导职务的人，社会赋予他一定的权力，而权力使领导者具有强制下属的力量，凭借权力可以左右被领导者的行为、处境、前途以至命运，使被领导者产生敬畏感。领导者的职位越高，权力越大，别人对他的敬畏感也就越强烈。职位因素形成的影响力是以法定为基础的，与领导者本人的素质条件没有直接关系，它是一种社会性因素。

③资历因素。领导者的资格和经历对被领导者产生的心理影响是资历性因素的影响，领导者的资历越深，影响越大，它是一种历史性因素。

由传统因素、职位因素和资历因素所构成的影响力，都不是领导者的现实行为所构成的，而是外界赋予的，它对下级的影响带有强制性和不可抗拒性。这种权力来自于领导者所担任的职务，他有了这个职务，就有了这一职务的法定权力，下属不能随便不接受他的领导。因此，这种权力是一种职位权力或地位权力，它取决于个人在组织中的地位。这种影响力对被领导者的影响主要表现为被动服从，对人的

第十五章 领导及领导者素质

心理和行为的激励作用是有限的。

（2）个人权威，又称非权力性影响力。非权力性影响力既没有正式的规定，也没有组织授予，是一种自然性影响力，是靠领导者自身的威信和以身作则的行为来影响他人的。非权力性影响力产生的基础比权力性影响力产生的基础广泛得多。构成非权力性影响力的因素主要包括品格因素、能力因素、知识因素和情感因素等四个方面：

①品格因素。指领导者的品行、人格、作风等对人的影响，领导者如果品格高尚完美，就会使下属产生敬爱感，并使人们模仿与认同。不论职位有多高，如果领导者品格不好，他就会威信扫地，失去影响力。

②能力因素。是领导者的能力与才能对人的影响，有才能的领导者会给组织带来成功，使人产生敬佩感，能力越强，使人产生的敬佩感也越强。

③知识因素。领导者广博的知识会使人产生信赖感，从而增强其影响力。

④情感因素。领导者平易近人，会使人产生亲切感，会增强其自身的吸引力。因此，进行感情投资，领导者的影响力就会增强，这是一种精神因素。

通常情况下，领导者会具有两种影响力，但对不同的人来说，两种影响力的大小却是各不相同的。对于权力影响力相同的两个领导者来说，其威信高低主要取决于非权力性影响力。要提高领导者的影响力与威信，一方面，要合理用权，职权相称；另一方面，要加强领导者的自身修养，全面提高领导者自身素质，使两种影响力相互促进。一个能够使两种影响力相互促进、综合运用的领导者，才是具有魅力的领导者。

二、领导者素质

（一）领导者素质的特点

1. 时代性。世界上的一切事物都处在不断的发展变化之中，领导者素质也要与时俱进，体现鲜明的时代要求。当今时代，错综复杂，政治的、经济的、军事的、文化的，各种矛盾交织在一起。作为一个领导干部，必须要有敏锐感和时代精神，才能统揽全局。

2. 综合性。孙子讲到："将者，智、信、仁、勇、严也。"领导者与一般管理者和技术人员比较，其素质要求具有综合性的特点，一般讲领导者是"通才"。

3. 层次性。不同层次的领导者，素质要求有所不同。美国学者卡兹将领导者分为高、中、低三个层次,并把领导者的素质分为三类:一是技术素质,指解决具体问题的技术和能力;二是人情素质,指处理和协调人际关系的能力;三是见识素质,指分析判断和决策能力。高层领导者应更多地具备见识素质,其次是人情素质和技术素质;中层领导者应更多地具备人情素质,其次是技术素质和见识素质;低层领导者应更多地具备技术素质,其次是人情素质和见识素质。

(二)领导者素质的内容

1. 思想素质。在领导者所应具有的所有素质中,首要的是思想素质。因为思想素质不仅决定着领导者自身的发展方向,而且也决定着领导活动的性质,是领导素质的根本和核心。思想素质是领导者理论修养、思想作风、思想观念,以及思维方法等各方面的总和,它是领导者素质的基础和灵魂,没有良好的思想素质,就不可能有较好的政治素质,没有良好的思想素质,知识素质再高,也难以在领导过程中取得应有的成就。可以说,思想素质的高低决定其领导水平的高低。思想素质主要体现在以下几个方面:

(1)坚定正确的政治方向。社会主义的领导者是社会主义现代化建设的决策者、组织者和指挥者。只要有了坚定的政治信仰,有了强烈的使命感和责任感,每项工作就有了坚定的立足点。

(2)全心全意为人民服务的思想观念。领导者要坚持同群众保持密切联系,坚持从群众中来,到群众中去,经常深入群众,倾听群众的呼声,关心群众的冷暖,把群众视为自己的衣食父母,而不是高高在上、做官当老爷,应该少说空话,多干实事。毛泽东同志一贯强调为人民服务,他说:"我们一切工作干部,不论职位高低,都是人民的勤务员,我们所做的一切都是为人民服务。"

第十五章 领导及领导者素质

(3) 坚持实事求是的思想路线。实事求是是马克思主义、毛泽东思想和邓小平理论的根本出发点和活的灵魂，是党的思想路线的核心。

(4) 顾全大局，严于律己。不争功诿过，敢担风险，敢负责任，不迁怨他人，不以势压人，必要时不惜忍辱负重，委曲求全。同时，要严格遵纪守法，不以权谋私。要待人真诚，宽宏大量，以谦虚、公正、诚实的态度，广泛听取不同意见，不计较个人恩怨，以大局为重，团结与使用反对过自己的人，使组织中保持正常、和谐的人际关系。

(5) 正确行使手中的权力。作为领导者，必须树立正确的权力观、人生观、价值观，时刻牢记当官为什么、在位时做了些什么、不在位后给人留下什么，时刻保持清醒的头脑，严格要求自己，以身作则，办事公道，自觉地接受群众的监督。

(6) 民主作风。能处理好上下级关系，认真听取和集中下属的意见，不主观武断；善于调查研究，了解真实情况，掌握第一手资料，得出正确结论，做出科学的决策。

(7) 以身作则，言行一致。领导者同时扮演着教育者、示范者的角色，领导者的言行举止对下属会起到潜移默化的影响和作用。因此，领导者的地位和作用要求其能够处处以身作则，为人师表。

2. 知识素质。在20世纪90年代就有人指出，高质量的权力来自知识的应用，知识是用途最广的社会控制力的来源。在以知识决策和知识管理为导向的知识经济时代，谁拥有知识，谁就拥有了领导的可能。当今世界科学技术飞速发展，随着知识经济时代的到来，领导者所面临的工作日益广泛复杂。因此，领导者必须掌握多方面的知识，包括政治理论知识、现代管理科学知识、具体专业知识、实践知识等，力求使自己成为一专多能的"通才"，以适应日趋复杂的综合性的领导工作的需要。

(1) 要有较高的马克思主义的理论素养。就是要熟悉和掌握马克思列宁主义、毛泽东思想、邓小平理论，掌握科学的世界观和方法论，善于运用马克思主义的基本原理和正确的立场、观点、方法，去分析和解决实际工作中的问题，使自己在繁忙的工作中，增强工作的原则性、系统性、预见性和创造性。

(2) 要有丰富的社会科学文化知识。包括语文、数学、外语、计算机、逻辑知识，特别是政治学、法学、心理学、行政学、政治经济学、科学社会主义、心理学、领导学以及现代科技、市场经济等知识，熟练地掌握本行业的法律知识等，只有这样，才能在工作中信手拈来，运用自如。科学技术是第一生产力，是人类社会进步的重要标志，应掌握科学技术知识。

(3) 要掌握必要的现代管理知识。特别是行政管理知识，以及决策科学、领导学、社会学、公共管理等知识，这是由他们的工作性质所决定的。

(4) 要具备一定的专业知识。随着社会的进步，社会分工越来越细，专业特点越来越明显，领导干部也都在不同的岗位从事着不同的工作。因此，要使自己的工作有成效，政绩卓著，就应当成为工作的内行和专家型的领导者。

(5) 要有丰富的实践经验。在整个知识结构中，实践经验是十分重要的内容。对于一个领导者而言，没有这方面的丰富知识，很难从理论与实践的结合上解决问题。为此，必须深入地了解周围事物的历史和现状，熟悉各种各样的社会生活实际，积累自己的直接经验，同时把实际知识向理论知识升华，把零散的知识向系统知识提高。

3. 能力素质。人的能力是多方面的，就领导者而言，最主要的能力是组织、管理行政活动的能力。衡量一个领导者是否称职，主要看他是否具有履行其职责的能力。领导者的能力主要包括：

(1) 决策能力。美国学者研究了 90 位美国最杰出和成功的领导者，发现他们有 4 种共有的能力：令人折服的远见和目标意识；能清晰表达这一目标，使下属明确理解；对这一目标的追求表现出一致性和全身心的投入；了解自己的实力并以此作为资本。成功的领导者能够广泛听取、吸收意见，审时度势，从时间、战略和全局上考虑和分析问题，抓住时机，确立目标。同时，力图将目标明确化，使下属真正理解并建立信心，持久投入，成为组织的信仰和价值观。

领导者要善于发现问题，并能正确地分析问题，抓住问题的本质和要害。能够权衡利弊，正确、及时地做出决策。在领导决策过程中，每做出一种选择，都会与机会、风险、利害、压力、责任等问题相牵连，所以，决策者必须有当机立断的魄力与胆略。本田汽车许多人都不陌生，但使本田公司取得引人注目的成功、扬名天下的却是本田摩托车。本田摩托不仅在日本国内是龙头老大，在世界上也是首屈一指。这一切，首先归功于它的创业者本田宗一郎。本田的发展历史并非一帆风顺，同样存在着目标的选择，决策的风险。以 20 世纪 70 年代初为例，当时本田摩托在美国市场正畅销走红，本田宗一郎却突然提出了"东南亚经营战略"，倡议开发东南亚市场。此时东南亚因经济刚刚起步，生活水平较低，摩托车还是人们敬而远之的高档消费品，许多人对本田宗一郎的倡议迷惑不解。本田拿出一份详尽的调查报告解释说："美国经济即将进入新一轮衰退，摩托车市场的低潮即将来临。假如只盯住美国市场，一有风吹草动便会损失惨重。而东南亚经济已经开始腾飞。只有未雨绸缪，才能处乱不惊。"一年半后，美国经济果然急转直下，许多企业产品滞销，库存剧增，而在东南亚摩托车开始走俏。本田公司因为已提前一年实行创品牌、提高知名度的经营战略，此时便如鱼得水，公司非但未遭损失，还创出了销售额的最高纪录。

(2) 沟通协调能力。组织内部和外部存在着多重关系结构，并且相互作用，

第十五章 领导及领导者素质

构成组织系统。这一系统是随时可能变化的，从稳定到不稳定，从不稳定到稳定，各种变化冲突都是难免的。作为领导者既可能是冲突、变革的直接参与者，也可能是协调员、调停人。不管身处何处，成功的领导者应具有对环境的敏感性，随时关注冲突发生的可能，洞察潜在原因，预测可能发生的结果，控制和减少不良冲突的产生和激化，解决冲突所暴露的问题；同时，力图掌握冲突可能带来的组织不均衡，并利用冲突所激发的创造力，强化正面作用，降低负面损失。

要调节各种矛盾和冲突，平衡各方利益，就需要良好的沟通协调能力。良好的沟通协调能力是影响力的桥梁和翅膀，在准确传达领导者意见、要求、决策的同时，也广泛传播了领导者的影响力。沟通使领导者能够更加准确地了解信息，避免盲目；沟通协调还使领导行为具有良好的合作氛围和渠道，促进领导决策的实施。不仅如此，恰当沟通本身就是影响力的一个很好体现。领导者在与组织成员平等交流、协商，显示合作意愿，共同开创前景的同时，增强了组织成员的参与感和认同感，从而进一步地增加了领导的持续影响力。

(3) 创新能力。创新能力对于一个领导者来说特别重要，这是因为，领导活动在相当大程度上是一种创造性的活动。随着知识经济时代的到来，创新思想显示出无穷魅力，创新是一个民族进步的灵魂，是一个国家兴旺发达的不竭动力，创新同样是21世纪领导者的灵魂。在知识和技术的更新不断加快，各种新情况层出不穷的知识经济时代，领导工作只有全面创新，才能促进社会的发展。领导者的创新素质源于创新意识，是和领导者对所负责任的自觉认识和强烈的成就感联系在一起的。没有对事业的责任感和使命感，就会失去创新的内在动力。领导者的创新又是全方位的，包括思维创新、组织创新、政策创新、用人创新等多方面的内容。同时，领导者在大胆创新，不断开拓进取中，必须求真，尊重实际情况和客观规律，否则，就会走向歧途。领导者的创新能力，具体体现在：

第一，要有敏锐的洞察力。当今时代，错综复杂，政治的、经济的、军事的、文化的，各种矛盾交织在一起。作为一个领导者，必须要有敏锐的洞察力。

第二，要有超前的预见力。这就是要准确地把握事物发展的规律，并对事物发展的趋势做出准确的判断，以争取工作的主动性。以美国通用汽车为例，自从第一次能源危机后，日本汽车就开始在号称汽车王国的美国大展雄风。全世界规模最大、市场占有率最高的通用汽车，营运和获利都大幅下滑。面对一片恐慌之声，通用汽车公司的董事长罗杰·史密斯认为要击倒日本，就必须加入他们的行列。他说："让我们走出这个狭窄的圈子，去发现其他人知道的是什么。和本田的合作，至少可以让通用获得最新汽车技术和管理方法的第一手资料。"他力排众议，和本田开始合作，同时改革内部管理制度，经过努力终于扭转乾坤，再创生机。

第三，要有果断的决断力。要敢于实践、敢于冒险、敢于创新。敢于走前人从未走过的路,要有创造性地开展工作的气魄,去开拓国内外的新市场。当然,这样的开拓和创新,绝不是盲目和冲动的,必须在实事求是地随时把握事物本质及其发展趋势的基础上,按其客观规律去开拓、去创新。

第四,要有积极的推动力。这是指领导者善于激励下级以实现创新意图的能力,它表现为领导者的感染力、吸引力、凝聚力、号召力、影响力,以及领导者的人格魅力。按照系统论的观点,领导行为本身就是领导者和被领导者双方面的互动,优秀的领导者在创造目标和价值的同时,也担负创造公正、公平和支持环境的任务,通过激励员工的积极性,去完成组织目标。

（4）战略思维能力。进入新世纪,日益复杂的环境要求领导者必须超越以往传统观念和经验,具有统揽全局、高瞻远瞩的战略思维能力。回顾历史,被称为"奇异的悲歌"的"康乾盛世"的衰落,正是当时的清政府眼界狭隘,采取了闭关自守的错误战略所致。因此,我们的领导者急需培养战略思维能力,善于立足现实,放眼世界,面向未来。所以,领导者要重视对现实问题的战略思考,审时度势,谋全局,想长远,使自己始终走在时代潮流的前列。

4. 身体素质。健康的身体,旺盛的精力,是一个领导者做好领导工作最基本的条件。正所谓,身体是寓思想之舍,是载知识之车。身体是革命的本钱,在繁重的领导工作中,领导者常常是日理万机,遇到特殊情况还要夜以继日。因此作为一个优秀的领导者,必须有一个良好的身体素质。

5. 心理素质。一个领导者应具备健康的心理素质。《孙子》中讲到:"将军之事,静以幽,正以治。"也就是说,要沉着老练,要善于与不同意见的人接触,要冷静客观,不计较个人恩怨,做到临危不惧,处变不惊。具体地说,有以下几点:

（1）要有主见,但不武断。领导者应具有较强的自信心,减少决策中的优柔寡断,但是应虚心地倾听不同意见,尤其是在信息不完全的情况下,更应如此。

（2）要有勇气,不要蛮干。遇事不乱,临危不惊,工作上能独立自主,独当一面,不怨天尤人,勇于承担责任,善于吸取教训。

（3）要有毅力。应有坚忍不拔、百折不挠的意志。任何事物的发展都不是一帆风顺的,曲折是难免的,失败是成功之母。

（4）有豁达的心胸。能控制自己的情绪,工作受挫时不气馁、不灰心,工作顺利时不自满,善于总结经验,百尺竿头,更进一步。

（三）领导者素质的模型

领导者素质模型（3Q 模型）的基本结构:智商、情商、政商,基础性素质——智商（IQ）,平台性素质——情商（EQ）,核心性素质——政商（LQ）。

第十五章　领导及领导者素质

1. 智商是领导者应具备的基础性素质。智商是智力商数的简称，智力通常叫智慧，也叫智能。是人们认识客观事物并运用知识解决实际问题的能力。智力包括多个方面，如观察力、记忆力、想像力、分析判断能力、思维能力、应变能力等。智商表示了人的智力水平高低，智商越高，表示越聪明。

从领导素质的角度来说，才智是一种工具性的领导素质。因为，领导者每天都要处理所面临的大量事务，其中不乏新情况新问题乃至非常棘手的问题，没有良好的智慧素质就无法予以较好的处理，只能依靠智慧素质才能创造性地解决问题。这即是说，领导者必须具备优良的智慧素质，才能真正胜任领导工作，才能适应富有挑战性和最有压力的现代领导工作。领导者智慧素质主要包括天赋、灵感、悟性、感应、机敏、犀利、深刻、幽默、预测、评判、逻辑、构思、应对、创造等科学的思维方式和行为艺术。

2. 情商是领导者应具备的平台性素质。1995年，美国哈佛大学心理学教授丹尼尔·戈尔曼提出了"情商"EQ的概念，认为"情商"是个体的重要生存能力，是一种发掘情感潜能、运用情感能力影响生活各个层面和人生未来的关键的品质因素。戈尔曼甚至认为，在人的成功要素中，智力因素是重要的，但更为重要的是情感因素，"情商"大致可以概括为五方面内容：情绪控制力；自我认识能力，即对自己的感知力；自我激励、自我发展的能力；认知他人的能力；人际交往的能力。

对领导者而言，IQ可以帮助他们掌握所需的技术和工具，处理工作的各个方面。然而，领导者成功的一个重大的决定性因素是情商。EQ是决定领导者是否成功的一种很重要的平台性因素和决定性因素，而且可喜的是，这些不是天生的，而是可以通过学习获得的。因此任何人都有提高领导技能的潜力。

领导者EQ有4个主要组成部分：自我意识、自我管理、社会意识和关系管理。每一组成部分又由一些子部分组成。

（1）自我意识。

情感自我意识：具有高度情感自我意识的领导者拥有协调的内心情感，并且知道他们的情感如何影响自己的工作业绩。

精确的自我评估：领导者需要了解自己的强项与局限。

（2）自我管理。

自我控制：具有自我情感控制的领导者能管理好自己受干扰的情感，或以一种有用的方式去引导它们。例如，当领导者处于危机或高压的状态时，他们能够保持镇定和清醒的头脑。

适应性：这些领导能够迎合来自各方面的需求，或者说能够"逆来顺受"。

关注成就：他们不断地学习，尽最大可能把事情做得更好。

主动性：有这方面素质的人做事不用别人说。

乐观：他们看到的是"半满"的水杯，而不是"半空"的水杯。

（3）社会意识。

移情作用：能够感知个人或团队的各种情感信号，能够和多种文化背景的人和谐相处，并让人们知道，他是理解他们的。

服务：具有这种能力的人有一种服务心态，并能监控客户的满意程度，确保客户得到他们所需要的东西。

（4）关系管理。

激励：能够用愿景激励人的领导者通常会"说到做到"，他们会在日复一日的工作之外提供一种共同的目标，并能使工作变得振奋人心。

影响力：当具有影响力的领导者向人们做演讲时，他们具有很强的说服力和迷人的魅力。他们也能够发现听众的需求所在，并支持听众的主动性。

发展别人：他们能帮助别人，理解别人的目标。

变革分析师：领导者能识别什么时候需要变革，他们勇于挑战现状并作为新秩序的拥护者。

团队合作与协同：他们愿意花时间去发展并加强单纯工作义务之外的密切关系。

3."政商"是领导者应具备的核心性素质。领导的资质不仅有知识、智慧、经验、技能，更重要的是行为和态度，以及领导者特有的素质——政商。"政商"基本含义就是指领导者有效地实施领导、完成组织目标所必须具备的知识、才能、条件的综合。它是整个领导素质体系中适合领导职业需要的专门性素质，或者说核心素质。

"政商"以领导者的学习力为变量因素，对领导者的领导力产生乘数效应。也即是说，政商是领导者最主要、最具体的内在条件，缺此则绝对不能胜任领导工作，领导者必须具备全面、优良的政商条件。其内容极其广泛丰富，它实际上是一个巨大的素质群，从不同的角度可以确定不同的基本素质。主要体现在三个方面：

（1）政治素质。政治素质是其中首先的和最重要的要素。主要表现为：运用和发展思想政治理论及坚持政治原则的能力；维护、遵循和运用宪法、法律的能力；理解掌握和贯彻执行路线、方针、政策的能力；执行政治纪律和规章制度的能力；承担和履行政治责任的能力；维护政治稳定和大局的能力；大是大非的政治鉴别能力；政治敏感力和政治洞察力；政治问题的分析能力和处理能力；娴熟的政治角色把握能力与充任能力；政治环境适应能力；善于团结群众和凝聚人心的能力；依法领导和行政的能力。

第十五章　领导及领导者素质

（2）专业素质。专业素质指领导者适应某一具体行业和单位、从事其中的某一具体专业工作所应具备的专门素质，其实质就是领导者的特殊能力或业务能力。主要包括：纯业务能力；管理能力；权威性能力；过程性能力（决策能力、执行能力、组织能力、协调能力等）；内务性能力（创建和发展组织文化的能力、制定和执行规范的能力、内部结构调整和改善的能力、人才鉴别能力等）。

（3）能力素质。能力素质是一种综合性能力，是做好领导工作的必备条件之一，主要包括：形势把握能力；快速反应能力；预测能力；变革能力；挑战能力；开拓能力；创新能力；建设能力；发展能力；资源掌握和使用能力；平衡能力；利益处理能力；外事能力等。

（四）提高领导者素质

提高领导者素质的基本途径是学习和积极参与社会实践，尤其是积极参与领导活动实践。在此，主要介绍以下几点：

1. 自学能力的培养。

（1）提高认识，持之以恒。领导者的学习，主要靠工作之余的自我学习。不管工作多忙，坚持每天都挤出至少一个小时的学习时间，积累起来，就会有很大的收获。

（2）制定学习规划。要根据工作需要和自己的实际情况，制定学习规划，包括学习的内容、进度、方法等。规划制定好后，要坚持不懈地贯彻执行。

（3）在学好一两本书的基础上博采众长。

（4）做到理论与实际相结合。书本知识是前人实践经验的总结，要继承前人成果把它变为自己的东西，就要在消化吸收上下工夫。关键是在学习过程中联系实际进行思考。古人云："学而不思则罔，思而不学则殆。"只有理论与实际结合，才能真有收获，才能把知识转化为能力的基础。

2. 创新能力的培养。

（1）创新活动所需要的品质。创新活动应按照一定的规律，具备下列一些品质：

好奇心：有旺盛的求知欲，有广泛的兴趣，积极进取，永不满足。

洞察力：对周围的人和事有敏锐的观察能力。

变通性：善于举一反三，能从多种角度分析问题，提出解决问题的办法。

疑问性：不随声附和，不受传统观念束缚，敢于提出新的观念和设想。

独立性：不因循守旧，墨守成规，勇于开拓进取，弃旧图新。

自信心：相信自己所做的事情是有价值的，相信要做的事情一定能够成功。

坚持力：具有坚持不懈的意志，不达目的，绝不罢休。

想像力：善于联想，喜欢幻想，常常能从中得出非推理性的新观点和新办法。

（2）限制创新能力发挥的因素。从事创新活动，需要克服以下阻碍创新能力发挥的因素的影响：习惯性思维、畏难情绪、惰性心理、片面观点、从众心理、本本主义等等。

3. 良好心理素质的培养。在激烈的竞争中，良好的心理素质十分重要。那么，怎样才能保持健康的心理呢？

（1）培养良好的个性。个性一旦形成具有相对稳定性，但并非一成不变。尽管纠正不良个性难度大，时间长，但只要认识充分，下定决心，最终可以改变，纠正了不良个性就等于排除了心理障碍。

（2）正确地对待挫折。正确地分析挫折产生的原因，接受现实，以豁达的心胸面对挫折。

（3）贵有自知之明。要正确地评价自己，既不要过于自信，只看到自己的优点，忽视自己的缺点，从而产生自负的骄傲心理；也不要低估自己，只看到短处，而忽视长处，从而产生自卑心理。领导者要有适当的抱负，即根据自己的实际情况确定一个"跳一跳，够得着"的目标。不切实际的过高目标，会因实现不了而产生心理挫折；过低的目标则会因不费劲就可以达到而形成懒惰心理。

（4）注重心理的自我调节。具体方法有很多，如发泄疗法，即通过大喊大叫、找朋友谈心等方法把心中的紧张情绪释放出来；精神转移法，即通过转移注意力（看电视、听音乐、外出旅行等），调节自己的心理状态。

三、优化领导班子结构

（一）领导班子的合理结构

领导效率不仅取决于单个领导者的素质，还取决于领导班子的结构是否合理。领导集体的素质，首先，取决于领导集体中个体的素质，只有每个领导者都具备了较高的素质，集体素质才有坚实的基础。其次，集体素质取决于群体的结构，即内部成员的构成。系统论原理告诉我们，系统中每个要素的功能强大，并不一定必然导致系统整体功能强大，而只有各构成要素的结构合理时系统的整体功能才强大。领导班子也是一个系统，作为其构成要素的各成员结构之合理与否是影响领导班子效能的重要因素。同时，各成员之间的动态协调能力，也制约着领导班子的效率。

第十五章 领导及领导者素质

合理领导班子的构成包括下述几个方面的内容：

1. 年龄结构。不同年龄的人才有不同的智力，各自拥有的优势和劣势也不相同。一般来说，老年人有丰富的阅历和深刻的观察力，他们经验丰富、视野广阔、思维周密、处事稳健；中年人年富力强、精力充沛、勇于开拓、锐意进取，可以充分发挥其核心和中坚作用；青年人朝气蓬勃、风华正茂、反应敏捷、想像丰富，可以充分发挥其攻坚突击、冲锋陷阵的作用。根据实际需要把老中青三代配置在一起，有利于充分发挥各自的优势，达到优势互补、扬长避短的目的，实现领导群体结构的优化。

有人认为，领导群体结构中以中青年层次最佳，理由是中青年处于成就事业的最佳年龄段。研究表明，智力与年龄有一种定量关系。人的某些智力，如记忆能力，过40岁便逐渐衰退；有的智力，如判断力、逻辑思维能力在40岁以后更加成熟。所以不能笼统地说年龄增长必定智力衰退。从以上分析看，领导集体的年龄结构，以由老中青结合的梯形结构为好。老中青结构的优点在于：

（1）不同年龄的人具备各自的优势。老年人可以起到舵手的作用；中年人是集体的中流砥柱，发挥核心作用；青年人发挥突击队的作用。这样的组合，彼此取长补短，发挥各自的特长，可以实现领导结构的最优效能。

（2）新老结合，中青年在领导班子中占优势，领导集体富有生机与活力，能担当艰巨繁重的领导任务。

（3）老中青结合，可以保持领导的连续性和继承性。

2. 知识结构。知识结构是指一个领导班子中各种不同知识水平的成员的组合比例。人的知识有多有少，知识水平有高有低，要求所有领导成员都有同样的知识水平是不可能的，即使这些成员的知识水平都相近，这种平面的知识结构，也不是一个优化的结构。合理的知识结构，必须是立体形式的，由不同知识水平的人按照一定的比例组合而成，并随着经济、科技和社会的发展不断地予以调整，使具有不同知识水平的人相互配合，构成一个优化的有机整体。一般而言，职能部门的领导者和中层基层领导者要涉及大量的业务，因而应有较多的专业知识；高层领导者主要从事决策、协调工作，因而应有较多的管理知识和经验。

3. 能力结构。领导者应当具备较强的思维能力、决策能力、组织指挥能力、人际关系能力、用人能力和创新能力。这些能力都是履行领导职能所必须的。但是，在这些方面都很强的"全才"型领导，实际生活中是很少的。大部分都在一、两个方面比较突出，而其他方面则较差。在组建领导班子时，要按照能力互补的原则，把具有各种能力特长的人才结合在一起，组织成领导能力齐备的领导班子。所谓能力结构，就是整个领导班子拥有的各种能力的人的组合比例。领导者大致有以下几种类型。

（1）"思想型"。这类领导的思维能力和决策能力比较突出，他们善于观察、推理，有很强的分析、综合和判断能力，长于发现问题，提出问题，善于从全局出发综合各种意见和因素，做出决策和判断。

（2）"实干型"。这类领导组织指挥能力比较突出，工作踏实，意志坚定，实践能力和实施能力很强，能很快地理解领导集团的意图和当前的实际情况，执行领导班子做出的决策和计划。

（3）"智囊型"。他们见多识广，足智多谋，富有探索精神和想像力，善于出主意，想办法，提方案。

（4）"组织型"。他们人际沟通能力和用人能力比较突出，善于处理各种矛盾，保持班子的团结，默默无闻地为其他人创造良好的工作条件。

将上述各类领导合理地搭配起来，会使领导班子具有良好的能力结构。"实干型"和"智囊型"干部就是"将才"，而领导"将才"、统帅全局的"思想型"和"组织型"干部就是所谓的"帅才"。在一个领导班子中，"将才"应该多一些，但也必须有"帅才"来掌舵。

4. 专业结构。任何组织或团队，都有其社会功能，要实现其功能，其组织成员必须具有一定的科学文化知识。任何社会活动，都不能仅靠掌握一种专业的人去单独完成，必须进行精心的分工与高度的综合，也就是说，任何组织或团队都有一个专业结构问题。领导班子的专业结构，不仅是指自然科学方面各类学科知识和技能，还包括社会科学方面的专业知识。领导者专业化，不是"硬"的专家化，而是"软"的专家化。从一定意义上说，出色的领导者比出色的专家更为严重，那种拘泥于高科技专家或本专业科学家的领导群体，其专业结构并不一定是最佳的。

此外，组建合理的领导班子，还应注意领导者性格、气质等人格特征的有机搭配。不同人格类型的人观察和思考问题的角度往往不同，在工作、生活和为人处事等方面也会表现出不同的特点。领导班子只有由不同人格类型的成员组成，才能性格相容、刚柔相济，有利于协调一致，合作共事，发挥出较高的效能。

（二）领导班子内部关系

1. 正确处理领导班子内部关系的重要性。领导班子是由不同经历、不同知识结构、不同性格、不同年龄的领导个体组成，他们之间有共同点，也有差异；工作中有分工，更有合作；思想认识上有一致，也有矛盾；感情上有交流的需要，也有疏远的可能。所有这些都反映在领导成员之间的相互关系上，正确处理这些关系，

第十五章 领导及领导者素质

至关重要。

(1) 保证领导班子的团结。团结是顺利开展领导工作的基础。领导班子怎样才能团结统一呢？在领导活动中，如果领导群体中的各个成员，都本着"我们都来自五湖四海，为了一个共同的目标，走到一起来了"的原则，求大同，存小异，多信任，少猜疑，多负责，少推诿，多关心，少冷漠，多理解，少误解，那么，班子内部就能减少相互之间的摩擦。这个领导群体必定是一个步调一致、团结战斗、统一和谐的有机整体。反之，如果在领导活动中，领导群体中的各成员之间的关系处理不好，或者面和心不和，那么，势必内耗丛生，矛盾不断，团结效果差，甚至遭到破坏。

(2) 提高领导班子的整体效能。领导班子的整体效能作为班子内部关系的最终体现，在很大程度上依赖于领导班子内部关系处理得正确与否。班子内部各种关系处理得妥当、正确，班子成员之间互相信任，感情融洽，互相支持，就能够充分发挥各自的优势，调动各个方面的积极性、主动性和创造性，加快工作的节奏，提高办事效率，最大限度地增强领导班子的整体效能。反之，如果不能正确处理诸种关系，就不会形成整体合力。

(3) 树立领导班子的良好形象。塑造良好的领导班子形象，首先取决于一班人的团结与合作，形成合力，发挥出高效的整体功能。在深化改革开放，发展社会主义市场经济的情况下，实际工作中领导班子内部各种思想认识的摩擦更趋激烈，矛盾也会更多、更复杂，面对这些矛盾和问题，领导班子成员能否正确处理，处理得是否妥善，直接影响着领导班子整体效能的发挥，进而影响着领导班子整体形象。实践证明，领导班子成员能够从大局着眼，讲原则，守纪律，按制度办事，互相信任，互相支持，领导班子好的形象就能够树立，就能得到群众的信任和拥护。

2. 正确处理领导班子内部关系的原则。

(1) 大局原则。邓小平指出："考虑任何问题都要着眼于长远，着眼于大局。"现实中常常会发生个人利益和集体利益、局部利益与全局利益、暂时利益与长远利益的冲突和矛盾，有些事从局部看可行，从大局看不行；有些事从局部看不可行，从大局看可行。这就要求领导班子着眼于大局，以大局为行动准则，而不应以个人得失利害为准则。

(2) 尊重原则。领导班子成员之间相互尊重，是正确处理成员之间关系的重要原则。一要尊重他人的人格。班子成员来自四面八方，为了一个共同的目标，只有分工的不同，没有人格高低贵贱之分。因此，彼此要相互尊重人格，即使相互有矛盾，也要保护冷静，尊重他人的个人习惯、个人性格偏好，甚至一些个人隐私。二要尊重他人意见。工作中，对他人的正确意见要表示肯定，并尽量采纳；瑕瑜参半时，要充分肯定其正确部分；他人意见不对时，要平心静气地说明道理。三要尊重他人的权限。班子内部都有明确分工，成员之间各司其职，各尽其责。虽然在重大问题上要由集体讨论决定，但在日常工作中，每个成员都有自己的职责范围，他人一般不要越权干涉。

（3）信任原则。领导成员之间的相互信任，可以减少许多因猜疑所浪费的时间和精力。一个人只有自己行得端，立得正，才能得到别人的信任。同时还要信任别人，正确地看待别人对自己的忠言和直言。正是因为别人信任你，才敢于同你讲真话，敢于同你倾诉肺腑之言。信任别人和被人信任，既是领导者高贵品质的表现，也是正确处理领导班子内部关系的必要前提。

（4）协调原则。要求领导班子成员把思想统一在共同目标上，并为此团结奋斗；要求班子成员统一行动听指挥，严格按照规章制度办事；要求班子成员之间经常进行思想交流，相互之间多沟通。

（5）团结原则。就是要求领导班子成员在处理班子内部关系时，始终本着能够增进班子内部团结的宗旨来进行。比如，在批评与自我批评时，本着团结的愿望和目的，班子成员就能够敞开思想，把不同意见摆在桌面上，坦诚相待，相互帮助，使不健康的思想认识、不科学的思维方式得到及时纠正，正确的得到坚持，从而达到统一基础上的新的团结。

本章小结

领导是指引和影响个人、群体或组织在一定条件下实现目标的行为过程。领导者的权力来源于组织赋予和下属的接受两个方面，领导者的权力分为职务权威和个人权威两大类。

领导者素质具有时代性、综合性、层次性的特点，领导者素质的内容包括思想素质、知识素质、能力素质、身体素质和心理素质。领导者素质模型的基本结构：智商、情商、政商，基础性素质——智商（IQ），平台性素质——情商（EQ），核心性素质——政商（LQ）。

提高领导者素质的基本途径是学习和积极参与社会实践，尤其是积极参与领导活动实践。领导效率不仅取决于单个领导者的素质，还取决于领导班子的结构是否合理。年龄结构、能力结构、知识结构、专业结构等，是优化领导班子结构所必须考虑的内容。要遵循大局原则、尊重原则、信任原则、协调原则、团结原则，处理领导班子内部关系，正确处理领导班子内部关系十分重要。

第十五章 领导及领导者素质

▶ **思考题**

1. 如何理解领导的概念？
2. 领导者的权力由哪些方面构成？其影响因素是什么？
3. 简述领导者素质的主要内容。如何提高领导者素质？
4. 谈谈你对领导者素质重要性的认识。
5. 怎样的领导班子结构是合理的？谈谈你对优化领导班子结构的看法。

▶ **案例应用**

秦厂长的三板斧

"喂！省机械厅吗？王厅长在吗？"

"我就是，有什么事？"

"我是都城光学仪器厂秦宪明啊。王厅长，我觉得我的能力有限，机械厅能不能另委任一人当厂长，我不干了。我们有三位副厂长，还有总工程师、总经济师，他们都比我强。"

"老秦啊！我们当时之所以批准你当厂长，主要有三个原因：第一，你比较年轻，其他人年纪都大了。第二，你的知识结构比较全面，既懂技术又懂管理。第三，你在基层工作多年，有工作经验。我们了解你，现在的困难我们都知道，大胆干吧，我们会支持你的。"

"我还是请求领导再考虑一下，我做厂长不合适啊！"秦厂长有点着急了。

"老秦啊，放手大胆干，没问题，刚上任不久，出点儿小毛病也是自然的。你有什么困难可以提出来，我们一起来解决，好不好？就这样吧，再见！"

秦厂长觉得手中的耳机非常沉重，放下耳机时手都在颤抖。

都城光学仪器厂是我国某中心城市一家有名的工厂，主要生产照相机、测量仪器等，该厂始建于某省山区中，生产与生活条件都十分艰苦。后经过努力，工厂搬到城市来，全厂职工心情舒畅，群情振奋，决心要为国家多做贡献。正在此时，老厂长因年老体弱，提出辞职。经民意测验，90%以上推荐秦宪明担任厂长，经省机械厅批准，秦走马上任了。

新官上任三把火。秦厂长认为都城光学仪器厂要走上兴旺发达之路，主要抓三个关键问题，即调整组织结构，加强新产品开发及产品质量管理。自上任以来，尽管他没有休息过一个礼拜天，每天工作到深夜，但工作半年来，局面并未打开。秦厂长感慨地说："我上任以来砍了三板斧，却碰了三个大钉子。"

上任后碰到的第一个问题是组织结构调整问题。都城光学仪器厂全厂职工2 400人，有56个科室，如管生产的就有生产科、生产准备科、生产计划科、生产调度科等科室。全厂科室干部就有800多人，科室推诿扯皮现象十分严重。秦厂长决定把科室合并成22个科室，精简出来300~400人，充实到一线中去。这一意见在厂务会上没有人表示反对，很快就通过了。但要具体落实这一方案时，如同捅了马蜂窝，凡是需要精简的干部都阴沉着脸，满腹牢骚，在秦厂长办公室和他家里都堆满了找他谈话的人，秦厂长连吃饭的时间都在与人谈话。调整组织结构的工作没法进行下去。

第二个问题是选用新产品开发负责人。杨总工程师业务上造诣很深，但是组织能力相对较差。周副总工程师业务比不上杨总工程师，但组织领导能力较强，在一次厂务会上，秦厂长说："为进一步发挥杨总的业务专长，发挥技术总负责人的作用，我和杨总商量过，是否请周副总工程师具体负责我厂新产品开发的领导工作？你们觉得如何？"

杨总忽地站了起来，指着秦厂长的鼻子说："你根本没有和我商量！这是你的有意安排，要我只抓技术，那好我没有必要参加厂务会了！"说完，甩手走出了办公室，"砰"的一声，门被重重地关上。与此同时，周副总工程师也没有真正把组织领导工作抓起来。周副总说："我处在这个位置上很不好办，不抓得罪了秦厂长，可要是抓了，又怎么对得起杨总啊！我干脆提出辞去副总工程师职务，去干我的具体业务工作。"由于这个问题没有解决，新产品开发速度更加缓慢了。

第三个问题是确定质量管理科科长。厂技术开发部技术员小金，技术水平较高，工作认真。秦厂长认为可以提拔为质量管理科副科长，和三位副厂长一商议，就在一次干部会上宣布了。会后，厂党委书记提出了意见。书记说："任命一名中层干部是厂长职权范围内的事情，这个人虽然在政治上没有问题，可是平时爱发牢骚，不知你了解了没有啊？以后有些事情是否应该在党政联席会议上多研究研究，比较好啊？"

秦厂长说："任命一名中层干部，还是个副职，我觉得没有必要在党政联席会议上研究。工作需要，时间紧迫，会开个没完，还干不干事了？"

书记说："按理说党管干部是我们党的光荣传统。任命中层干部应该和党委打招呼，党委有干部科，可以帮助领导在政治上对干部进行审查，这样不是更好吗？"

秦厂长说："党委在确定党的系统干部时，我绝不干涉，现在这个小金，我与他又没有私人关系，思想上有点小毛病，又有什么不可以的呢？"

书记说："好了，好了，我不和你争。我只是提醒你，以后注意点儿啊，尽量

第十五章 领导及领导者素质

做到决策科学化民主化。"

秦厂长说:"你说的明白点啊,我哪儿不科学?哪里不民主啊?"

书记说:"我们以后再谈吧,今天谈话的条件还不成熟,以后再谈好吧?"说着,把秦厂长请出了他的办公室。

▶ **问题**

1. 秦厂长的三板斧为什么不成功啊?你认为该如何解决都城光学仪器厂的改革问题?
2. 一个领导者应该具备什么样的素质?这个案例对你有何启发。

第十六章

领导理论的新思维

❖ 本章学习目标

阅读和学完本章后,你应该能够:
◇ 掌握领导行为理论的主要内容,重点掌握方格图理论、领导连续带理论的主要内容
◇ 掌握领导权变理论的主要内容,重点掌握生命周期理论、认知资源理论和领导参与理论的主要内容
◇ 掌握领导理论新发展的主要内容,比较交易型领导与变革型领导的不同

开篇案例

Campbell Soup 公司的领导者

在20世纪80年代后期,美国 Campbell Soup 公司被收入降低、营销能力差和领导不力所困扰。自约翰逊接任公司高级主管以来,收入以每年18%的速度递增,约翰逊的领导风格是非正式的,他经常与雇员共餐,与他们谈论他们希望生产的新产品和他们在工作中遇到的困难,当一名雇员提出一项新想法时,他就让那个人负责开发新产品,并共同庆祝他所取得的成就。他为自己和公司制定了一项日程计划,其中包括关于公司能够和应该做些什么的新蓝图;他激励雇员购买股票;致力于将决策权授予项目小组,公司取得成功后,他和员工一起庆祝。由此可见,约翰逊是一位有效的领导者。

第十六章 领导理论的新思维

一、领导理论发展演进

对领导理论的系统研究，源自国外，在 20 世纪初，国外已经有人开始对领导理论进行研究。自 20 世纪 40、50 年代以来，在管理科学日臻成熟完善的基础上，领导理论的研究也获得了重大发展。领导理论的发展可以大致分为三个阶段，即特质理论阶段、行为理论阶段和权变理论阶段。

（一）领导特质理论阶段

自 20 世纪初到 30 年代，在领导理论开始形成、创立、发展的很长一个时期内，西方对领导理论的研究主要集中于什么样的人才能成为一位有效的领导者，有效的领导者一般应具有什么样的领导水平，理论界普遍存在着这样一种观点：即任何单位中有效的领导者都可以通过对该领导人所具有的性格特性的分析来识别。一般来说，有效的领导者都必然具有一些共性的性格特征。这一阶段就是领导特质理论，也可称为领导性格理论。

在特质理论阶段，很多学者对这些领导特质或性格做出了多种多样的归纳总结，其中吉赛利的性格理论最为典型。著名心理学家吉赛利经过长期的研究探索，在其著作《管理才能探索》中，将有效的领导者的共性特性归纳为以下几个方面：（1）才智，即领导者在语言和文学方面的才能，有效的领导者往往都是口才极佳，文笔优美。（2）创新精神，即开拓创新的愿望和能力。只有具有极强的创新精神，对任何事物都保持着极强的创新的欲望，并且有能力进行这种创新的人才有可能成为有效的领导者。（3）督察能力，即指导监督别人的能力，领导者的重要工作之一就是对下属进行指导，进行监督，没有这方面的能力，根本不可能成为一名有效的领导者。（4）自信心，有效的领导大都自我评价很高，自我感觉良好。（5）适应性，有效的领导者具有很强的亲和力和适应性，善于与下属沟通讯息、交流感情。（6）判断能力，有效的领导者大都处事果断，对突然变化的情况能做出迅速、正确的反应。（7）性别，对于领导能力，男性和女性有一定的区别，一般来说，男性领导者比女性领导者更有效。（8）成熟度，有效的领导者一般都具有较为丰富的经验和工作阅历。

（二）领导行为理论阶段

自20世纪40年代开始，随着行为科学研究的深入，领导理论的研究领域也随之出现了大量有关研究领导行为的著作和理论，我们将领导理论发展史上的这一阶段称之为行为理论阶段。这个时期，大量学者纷纷著书发表自己对领导理论的见解，批驳了领导特性理论，提出了不同于领导特性理论的看法。判断一名领导者是否成功的标准，最重要的往往并不在于该领导者个人的性格特征，而在于这位领导者采用了什么样的领导方式，其领导作风如何，即领导者在具体工作中如何做。

（三）领导权变理论阶段

20世纪60年代后，随着对领导理论研究的进一步深入，西方出现了一种全新的理论，即权变理论。权变理论认为在领导实践中根本不存在一种"普遍适用"的领导方式，因为领导工作会受到领导者所处的客观环境的明显影响，一种领导方式是否有效，必须与特定的领导环境相适应。

二、领导行为理论的视角

（一）四分图理论

1945年美国俄亥俄州立大学的研究人员在沙特尔和多基尔的领导下研究设计了领导行为四分图。他们开展了一项内容广泛的关于领导问题的调查，列举了1 000多种领导行为的特征，通过逐步概括，最后归纳为"关心工作"和"关心人"两大类。

"关心工作"是以工作为中心，主要包括组织机构的设计、明确职责和相互关系、明确工作目标和工作程序等。"关心人"是以人际关系为中心，主要包括建立相互信任的气氛、尊重下属的意见、注意下属的感情等。这样，他们把影响领导行为的因素归纳为工作和关系两部分，根据领导者对工作和关系的所持态度的不同，可以形成四种不同的领导行为（图16-1）：

第十六章 领导理论的新思维

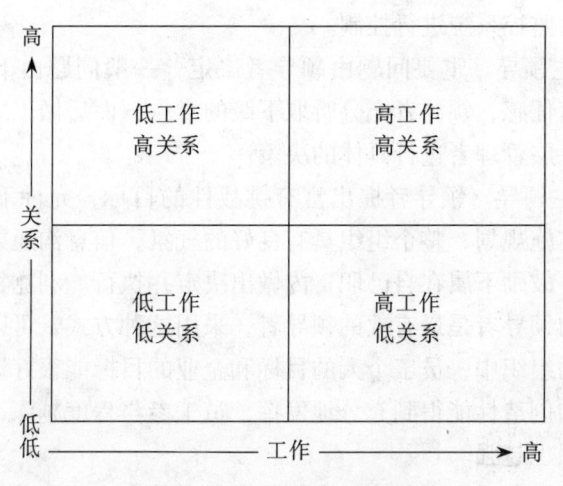

图 16-1 四分图理论

1. 低工作高关系型。这种领导者关心员工，与员工关系融洽，重视关系大于工作，但这同时也有可能致工作不佳。

2. 高工作低关系型。与第一种领导者恰恰相反，这种领导者重视工作甚于重视与员工之间的关系，较为严厉，重视建立良好的工作秩序和各种责任制，强调对员工的控制，与下属关系不是十分融洽。

3. 高工作高关系型。这种类型的领导对工作和关系同样重视，既重视维持良好的工作秩序，又注意调动员工的积极性，与他们融洽相处，给员工以可敬可亲的感觉，这是最成功的领导者。

4. 低工作低关系型。四分图理论认为这种领导者是最不合格的领导者，因为他们既不能与下属维持良好的关系，又不能控制员工的工作，效率低下。

（二）利克特的领导系统理论

利克特的理论以美国密执安大学社会研究所自 1947 年以来进行的数十项研究成果为依据，总结了美国部分成绩出众的组织的管理特点，于 1967 年提出了领导的系统模型，把领导方式分为四类：

1. 专制型集权领导。权力高度集中，下属无任何发言权，上级发号施令，领导者做出决策，发布指示，并要求下属无条件执行，当员工表现出色时很少采用奖励手段，领导者习惯于采用惩罚的手段，信息流通一般是单向的。

2. 温和型集权领导。权力集中在高层，在一定范围内下属可以发表意见，领导者主要采用奖罚手段调控员工，在一定程度上听取下级意见，对下级进行适当授权,并利用强大的监控系统进行控制。

3. 协商式民主领导。重要问题由领导者决定,一般问题由下级处理,领导者对下属有一定的信任感,领导者充分听取下级的意见,而后做出决策,上层领导者做出重大决策,下层管理者进行具体的决策。

4. 参与式民主领导。领导者提出富有挑战性的目标,允许下级根据这一目标做出决策,制定实施规划,整个组织具有良好的气氛,信息沟通渠道畅通,领导者对下属高度信任,鼓励下属在自己职责内做出决定并执行。利克特认为,采用参与式民主领导方式的领导者是最有效的领导者,采用这种方式,可以有效地制定并实现目标。在这样的组织中,员工个人的目标和企业的目标能很好地融合在一起,员工的工作积极性和创造性能得到充分地发挥,员工参与程度越深,对员工积极性和创造性的调动作用也越强。

利克特建议领导者采用参与式民主领导方式,以实现更有效的领导。这种方式具有以下特征:

(1) 组织成员对待工作,对待组织的目标,对待上级采取积极和合作的态度;他们互相信任,与组织融于一体。

(2) 组织的领导者采用各种物质和精神鼓励的办法调动员工的积极性。首先是让员工认识到自我的重要性和价值,例如鼓励组织成员不断进步,取得成就,承担更大责任和权力,争取受表扬和自我实现,同时也要让员工有安全感,发挥自己的探索和创新精神。

(3) 组织中存在一个紧密而有效的社会系统,这个系统由互相联结的许多工作集体组成,系统内充满协作、参与、沟通、信任、互相照顾的气氛和群体意识,信息畅通,运转灵活。

(4) 对工作集体的成绩进行考核主要是用于自我导向,不是用于实施监督控制的工具。

(三) 勒温的领导风格理论

美国著名心理学家勒温和他的同事们从 30 年代起就进行了关于团体气氛和领导风格的研究。勒温等人发现,团体的领导并不是以同样的方式表现他们的领导角色,领导者通常使用不同的领导风格,这些不同的领导风格对团体成员的工作绩效和工作满意度有着不同的影响。

1. 领导风格的类型。勒温把领导行为或领导风格分为专制型、民主型和放任型三类:

(1) 专制型。领导者只注重工作的目标,仅仅关心工作任务和工作效率。他

第十六章 领导理论的新思维

们对团队的成员不够关心,被领导者与领导者之间的社会心理距离比较大,领导者对被领导者缺乏敏感性,被领导者对领导者存有戒心和敌意,容易使群体成员产生挫折感和机械化的行为倾向。

(2) 民主型。领导者注重对团体成员的工作加以鼓励和协助,关心并满足团体成员的需要,营造一种民主与平等的氛围,领导者与被领导者之间的社会心理距离比较近。在民主型的领导风格下,团体成员有较强的工作动机,责任心也比较强,团体成员自己决定工作的方式和进度,工作效率比较高。

(3) 放任型。领导者采取的是无政府主义的领导方式,对工作和团体成员的需要都不重视、无规章、无要求、无评估,工作效率低,人际关系淡薄。

2. 领导效率的比较。他们分别将不同的成年人训练成为具有不同领导风格的领导者,然后将这些人充当青少年课外兴趣活动小组的领导,让他们主管不同的青少年群体。进行实验的青少年群体在年龄、人格特征、智商、生理条件和家庭社会经济地位等方面进行了匹配,也就是说,几个不同的实验组仅仅在领导者的领导风格上有所区别。这些青少年兴趣小组进行的是手工制作的活动,主要是制作面具。结果发现,放任型领导者所领导的群体的绩效低于专制型和民主型领导者所领导的群体;专制型领导者所领导的群体与民主型领导者所领导的群体工作数量大体相当;民主型领导者所领导的群体的工作质量与工作满意度更高。

(四) 领导连续带理论模型

坦南鲍姆 (R. Tannenbaum) 和施米特 (W. H. Schmidt) 于 1958 年提出了领导行为连续带理论,他们认为,经理们在决定何种领导行为最适合处理某一问题时常常产生困难,他们不知道是应该自己做出决定还是授权给下属做决策。为了使人们从决策的角度深刻认识领导作风的意义,他们提出了领导的连续带模型(图 16-2)。

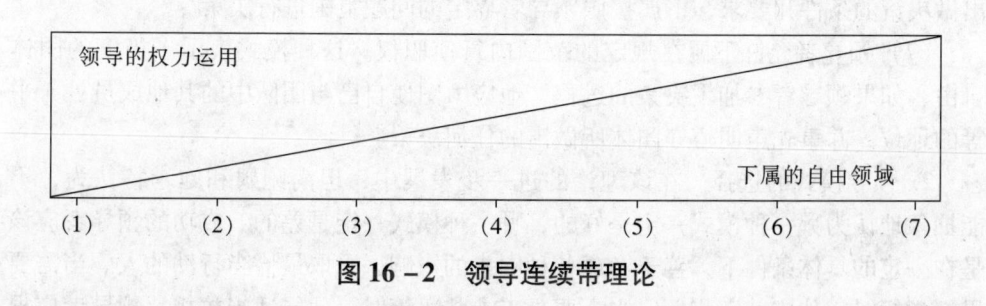

图 16-2 领导连续带理论

1. 领导模式的类型。领导风格与领导者运用权威的程度和下属在做决策时享有的自由度有关，在连续体的左端，表示的领导行为是专制的领导；在连续体的右端，表示的是将决策权授予下属的民主型的领导方式。在领导工作中，领导者使用的权威和下属拥有的自由度之间是一方扩大另一方缩小的关系，在高度专制和高度民主的领导风格之间，坦南鲍姆和施米特划分出7种主要的领导模式：

（1）领导者做出决策并宣布实施。在这种模式中，领导者确定一个问题，并考虑各种可供选择的方案，从中选择一种，然后向下属宣布执行，不给下属参与决策的机会。

（2）领导者说服下属执行决策。在这种模式中，同前一种模式一样，领导者承担确认问题和做出决策的责任。但他不是简单地宣布实施这个决策，而是认识到下属中可能会存在反对意见，于是试图通过阐明这个决策可能给下属带来的利益来说服下属接受这个决策，消除下属的反对。

（3）领导者提出计划并征求下属的意见。在这种模式中，领导者提出了一个决策问题，并希望下属接受这个决策，他向下属提出一个有关自己的计划的详细说明，并允许下属提出意见。这样，下属就能更好地理解领导者的计划和意图，领导者和下属能够共同讨论决策的意义和作用。

（4）领导者提出可修改的计划。在这种模式中，下属可以对决策发挥某些影响作用，但确认和分析问题的主动权仍在领导者手中。领导者先对问题进行思考，提出一个暂时的可修改的计划，并把这个暂定的计划交给有关人员进行征求意见。

（5）领导者提出问题，征求意见做决策。在以上几种模式中，领导者在征求下属意见之前就提出了自己的解决方案，而在这个模式中，下属有机会在决策做出以前就提出自己的建议。领导者的主动作用体现在确定问题，下属的作用在于提出各种解决的方案，最后，领导者从他们自己和下属所提出的解决方案中选择一种他认为最好的解决方案。

（6）领导者界定问题的范围，下属集体做出决策。在这种模式中，领导者已经将决策权交给了下属的群体，领导者的工作是弄清所要解决的问题，并为下属提出做决策的条件和要求，下属按照领导者界定的问题范围进行决策。

（7）领导者允许下属在规定的范围内行使职权。这种模式表示了极度的团体自由，如果领导者参加了决策的过程，他应力图使自己与团队中的其他成员处于平等的地位，并事先声明遵守团体所做出的任何决策。

2. 领导模式的选择。在该理论的进一步发展中，坦南鲍姆和施米特认为，不能抽象地认为哪一种模式一定是好的，哪一种模式一定是差的。成功的领导者应该是在一定的具体条件下，善于考虑各种因素的影响，采取最恰当行动的人。当需要果断指挥时，他应善于指挥，当需要员工参与决策时，他能适当放权。领导者应根据具体的情况，如领导者自身的能力，下属及环境状况、工作性质、工作时间等，

第十六章 领导理论的新思维

适当选择连续带中的某种领导风格,才能达到领导行为的有效性。通常,领导者在决定采用哪种领导模式时要考虑以下几方面的因素:

(1) 领导者的特征。包括领导者的背景、教育、知识、经验、价值观、目标和期望等。

(2) 员工的特征。包括员工的背景、教育、知识、经验、价值观、目标和期望等。

(3) 环境的要求。环境的大小、复杂程度、目标、结构和组织氛围、技术、时间压力和工作的本质等。

根据以上这些因素,如果下属有独立做出决定并承担责任的愿望和要求,并且他们已经做好了这样的准备,能理解所规定的目标和任务,并有能力承担这些任务,领导者就应给下级较大的自主权力;如果这些条件不具备,领导者就不会把权力授予下级。坦南鲍姆和施米特的领导行为连续带理论的启示在于:首先,一个成功的领导者必须能够敏锐地认识到某一个特定时刻影响他们行动的种种因素,准确地理解他自己,理解他所领导的群体中的成员,理解他所处在的组织环境和社会环境。其次,一个成功的领导者必须能够认识和确定自己的行为方式,即如果需要发号施令,他便能发号施令;如果需要员工参与和行使自主权,他就能为员工提供这样的机会。该理论也存在一定的不足,这就是他们将影响领导方式的因素即领导者、下属和环境看成是既定的和不变的,而实际上这些因素是相互影响相互作用的,他们对影响因素的动力特征没有足够的重视,同时在考虑环境因素时主要考虑的是组织内部的环境,而对组织外部的环境以及组织与社会环境的关系缺乏重视。

三、领导权变理论的有效性

(一) 费德勒的权变模型

费德勒是美国著名心理学和管理专家,他从1951年起由管理心理学和实证环境分析两方面研究领导理论,提出了"权变领导理论",开创了西方领导理论的一个新阶段,使以往盛行的领导行为理论研究转向了领导权变理论研究,对以后的管理思想发展产生了重要影响。在许多研究者仍然争论究竟哪一种领导风格更为有效时,费德勒在大量研究的基础上提出了有效领导的权变模型,他认为有两种主要的领导方式,即关心人和关心工作。任何领导方式均可能有效,其有效性完全取决于所处的环境是否适合。

1. 领导环境因素。费德勒认为影响领导方式有效性的环境因素是:

（1）领导者与被领导者的关系。即领导者是否受到下级的喜爱、尊敬和信任，是否能吸引并使下级愿意追随他。

（2）职位权力。即领导者所处的职位能提供的权力和权威是否明确充分，在上级和整个组织中所得到的支持是否有力，对雇佣、解雇、纪律、晋升和增加工资的影响程度大小等。

（3）任务结构。指工作团体要完成的任务是否明确，有无含糊不清之处，其规范和程序化程度如何。

费德勒模型利用上面三个变量来评估情境，领导者与被领导者关系好或差，任务结构高或低，职位权力强或弱，三项变量总和起来，便得到不同的情境或类型，每个领导者都可以从中找到自己的位置。费德勒相信影响领导成功的关键因素之一是个体的基本领导风格，因此他为发现这种基本风格而设计了最不喜欢同事的LPC调查问卷，问卷由16组对应形容词构成。作答者要先回想一下自己共过事的所有同事，并找出一个最不喜欢的同事，在16组形容词中按1～8等级对他进行评估。如果以相对积极的词汇描述最不喜欢同事，则作答者很乐于与同事形成良好的人际关系，就是关系取向型。相反，如果对最不喜欢同事看法很消极，则说明作答者可能更关注生产，就称为任务取向型。

2. 领导方式的选择（图16-3）。费德勒认为任务取向（关心工作为主）的领导者在非常有利的情境和非常不利的情境下更好，而关系取向（关心人为主）的领导者则在一般的情境下更为有效。提高领导者的有效性有两条途径：

领导者与被领导者关系	好	好	好	好	差	差	差	差
任务结构	明确	明确	不明确	不明确	明确	明确	不明确	不明确
职位权力	强	弱	强	弱	强	弱	强	弱
领导方式	任务型	任务型	任务型	关系型	关系型	无资料	未发现	任务型

有利环境　　　　　　一般环境　　　　　　不利环境

图16-3　费德勒的权变模型

（1）可以替换领导者以适应环境。比如，如果群体所处的情境被评估为十分不利，而目前又是一个关系取向的管理者进行领导，那么替换一个任务取向的管理者则能提高群体绩效。

（2）改变情境以适应领导者。费德勒提出了一些改善领导者与被领导者关系、职位权力和任务结构的建议，领导者与下属之间的关系可以通过改组下属组成加以改善，使下属的经历、技术专长和文化水平更为合适；任务结构可以通过详细布置工作内容而使其更加定型化，也可以对工作只做一般性指示而使其非程序化，领导

第十六章 领导理论的新思维

的职位权力可以通过变更职位充分授权,或明确宣布职权而增加其权威性。

3. 费德勒的权变理论的发展。费德勒于 80 年代中期进一步提出了认知资源理论,丰富了其理论内容。该理论从人格特征和情景控制两个方面来预测领导者的行为,指出在没有压力的情况下,领导者把自己的认知资源用于提高群体绩效。如果领导者处于压力之下或表现出非指导行为,领导者的经验和群体成员的能力将决定群体绩效。该理论的内容是:

假说一:有才能的领导者比缺乏才能的领导者更加有效。

假说二:领导者通过指导行为沟通他们制定的计划、决策与行为策略,说明计划、决策与行为策略的质量影响着指导水平的高低。

假设一:领导者的智力只有在领导者未处于压力之下才与群体绩效相关。这是因为在压力之下,领导者往往集中精力处理压力而不能专注于工作(图 16-4)。

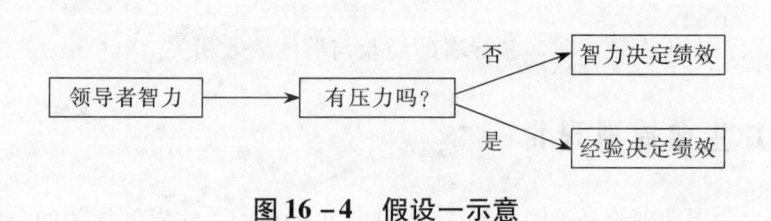

图 16-4 假设一示意

假设二:在压力较小的条件下,指导型领导者的智力与群体绩效的相关高于非指导型领导者(图 16-5),因为计划需要经过沟通才能影响群体绩效。

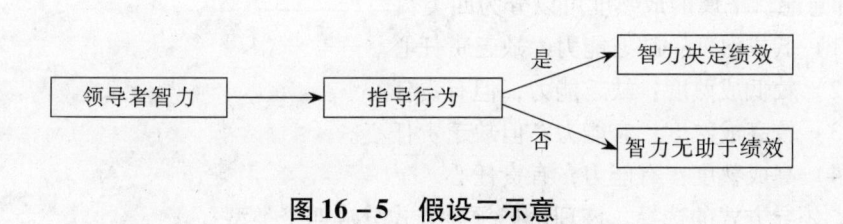

图 16-5 假设二示意

假设三:当群体支持领导者时,指导性领导者的智力与绩效的相关要高于群体不支持的情况(图 16-6)。

假设四:如果领导者的行为是非指导性的,群体支持领导者,则群体成员的智力与绩效相关(图 16-7)。

假设五:领导者智力对群体绩效的贡献取决于任务的能力要求,如果群体完成工作任务不需要具体的指导,就不要求具体的指导行为。

图 16-6　假设三示意

图 16-7　假设四示意

假设六：在压力较大时，领导者的经验与群体绩效相关。

（二）生命周期理论

领导生命周期理论是美国的科曼于1966年提出的，它以领导的四分图理论为基础，将被领导者的成熟度考虑进来，认为领导者采取何种方式与被领导者的成熟度有关。

1. 领导环境。领导环境即是被领导者的成熟度，所谓成熟度是指被领导者的能力和意愿。下属的成熟度可以分为四类：

（1）低成熟度：缺乏能力，缺乏责任心。

（2）较低成熟度：缺乏能力，但有责任心。

（3）较高成熟度：有能力，但缺乏责任心。

（4）高成熟度：有能力，有责任心。

2. 领导方式的选择。该理论把领导方式分成四个类型：

（1）命令式。当被领导者的成熟度低时，应该采取命令式的高任务、低关系的领导方式。领导工作要强调有计划、有布置、有监督、有检查；否则，被领导者将感到领导不力，不知所措，无所适从。这对于新职工、知识水平较低、业务能力较差的职工和基层员工尤为重要，领导者应多提供指导性行为，少提供支持性行为。

（2）说服式。当被领导者成熟度进入初步成熟时，采取任务行为、关系行为并重的说服式领导形态较为适宜。这时，布置工作不仅要说明干什么，还要说明为什么这样干，以理服人，不搞盲从，应同时提供支持性行为与指导性行为。

第十六章 领导理论的新思维

(3) 参与式。当被领导者更趋成熟时，领导者的任务行为要减少、放松，关系行为要加强，采取参与式。领导者要向被领导者沟通讯息，交流感情，吸收下级参与决策，提供情况和建议，改善关系，增强信任感，多提供支持性行为，少提供指导性行为。

(4) 授权式。当被领导者成熟度很高，水平很高，工作熟悉，技术熟练时，领导者应采取低任务、低关系的授权式领导方式，提出任务后，放手让下级去干，充分发挥下级的主观能动性；在下级需要时，可以帮助支持。否则，过多的关心和支持反而会引起下级的反感，认为上级不放手、不信任，从而挫伤积极性，造成猜疑，影响工作成效（图16-8）。

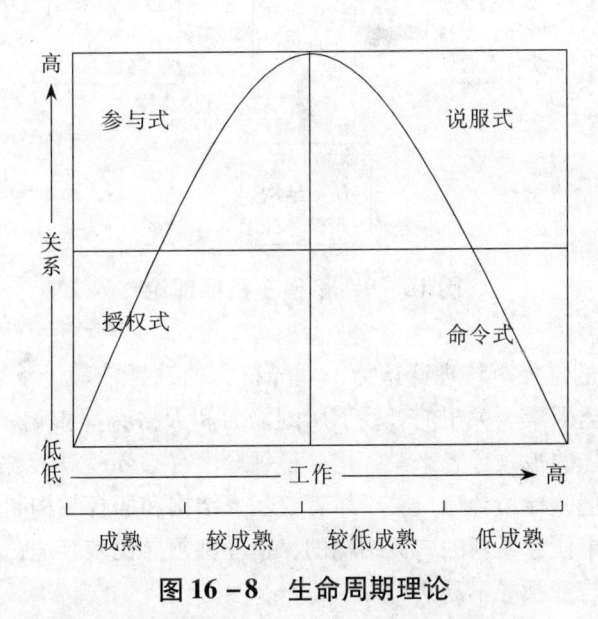

图 16-8 生命周期理论

（三）途径—目标理论

该理论认为领导的作用在于促进努力与绩效、绩效与报酬之间的联系，进而达到满足员工需求、增加工作满意、提高工作绩效的目的。领导者的具体任务是：(1) 识别每位下属的个人目标；(2) 建立报酬体系；(3) 通过帮助、支持、指导等方式扫清员工前进道路上的各种困难，使员工达到满意的绩效水平。

1. 领导行为类型。该理论认为有四种领导方式：

(1) 指导型。让下属明白领导者期望他们做什么，对下属完成任务进行具体指导，详细制定工作日程表，明确绩效标准。

(2) 支持型。关心下属的需要，同下属建立友好信任的关系。

(3) 参与型。遇到问题征求下属的意见，鼓励下属参与决策。

(4) 成就导向型。为下属设立挑战性目标，期望并相信下属会尽力完成这些目标，从而大幅度提高绩效水平（图 16-9）。

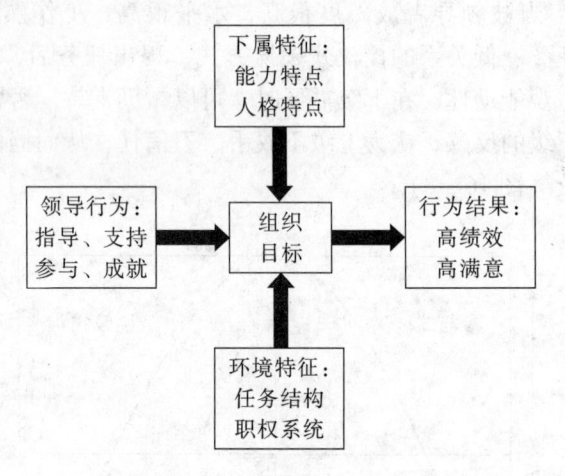

图 16-9 途径—目标理论

2. 领导行为的选择。该理论认为，领导行为的选择依赖于下属的特征和工作环境特征这两大类因素。关于前者，下属的能力和人格特征影响领导行为的运用。例如，对于能力强的被领导者来说，指导型领导没有必要；对于成就动机强的下属来说，成就导向型领导最合适。关于后者，任务结构和职权结构制约着领导行为的运用。例如，如果任务是新的、无结构的，指导型领导比较合适；如果正式职权结构是集权的，参与型领导不易实行。

尽管一些验证性研究的结果存在矛盾，但该理论还是让人明白了领导者的主要作用是为被领导者提供支持与指导，以便扫清组织目标完成过程中的障碍，为提高领导的有效性提供了有益的启示。

（四）领导参与理论

领导参与理论又称标准决策理论，是弗鲁姆和耶顿于 20 世纪 70 年代提出的一种较新的领导权变理论。该理论认为，领导者可以通过改变下属参与决策的程度来体现自己的领导风格。其基本特点是将领导方式同员工参与决策的方式联系起来，根据员工参与决策程度的不同，把领导风格进行分类，研究各种领导风格在不同情况下的有效性。

第十六章 领导理论的新思维

1. 决策方式。决策方式分为三大类五种：

（1）专制型。第一种是领导者利用自己现成的资料，解决问题，做出决策。

第二种是领导者向下级索取必要的资料，然后自己决策；下级仅提供必要的资料，并不提供或评价解决问题的方案。

（2）协商型。第一种是领导者采用个别接触的方式让下级知道情况，并听取他们的意见，然后自行取舍，做出决策。

第二种是领导者让集体知道有关情况，并提出意见，然后集思广益，做出决策。

（3）共同决策。领导者与下级集体研究问题，一起提出和评价可供选择的方案，取得解决问题的一致意见。

2. 决策方式的选择。有效的领导者应该根据不同的环境来选择最为合适的领导风格或决策方式。

（1）决策质量。如果说决策的问题很重要，决策在某种程度上关系到组织目标的实现，这一决策问题就具有质量要求。如果决策问题只是日常琐事或各种选择无关紧要，这样的决策没有质量要求。决策质量越低，花在决策上的时间或努力就越少。

（2）决策的接受。任何决策都要通过下属去执行，所以决策能否被下属接受很重要。

（3）时间要求。是指决策问题的紧迫程度。

（4）信息的完整程度。如果领导者掌握充分的信息，可以自己决策，反之，就要共同决策或协商决策。

（5）下属发展。

为了有效地选择决策方式，该理论对决策环境的描述用七个问题逐个做出是或否的回答，用"决策树"的方法，按照选择法则的逻辑程序，筛选出一个或若干个可行的决策方式。在该理论以后的进一步发展中，又加上了"下属发展"因素，把 7 个问题扩展为 12 个问题，利用计算机辅助系统来选择决策方式，进一步提高了该理论的应用价值。

四、领导理论的新发展

（一）LMX 模型

20 世纪 80 年代以来，很多学者从不同角度研究领导问题，提出了许多有价值的新理论。

格雷恩等人从领导者与下属的人际关系出发研究领导，提出了领导者与成员交换模型即 LMX 模型。该模型认为，领导者与不同下属的人际关系有差异，那些与领导者关系密切的下属称为圈内人员，其他人是圈外人员。圈内下属比圈外下属会得到更多的信任、支持和晋升机会，作为交换，圈内下属对领导者忠心耿耿，工作卖力，因而绩效和满意度较高。相反，领导者与其他下属的关系是正式的工作关系，沟通较少，领导者可能认为圈外下属的能力较差。

该理论认为领导者与下属关系的建立经过陌生阶段、熟悉阶段和伙伴阶段，开发与每一位下属的关系将有利于组织绩效的提高，应努力让所有下属都觉得自己是圈内人员。对圈内下属的管理应做到：根据才能和贡献选择圈内人员；定期审查区分圈内、圈外的标准；把任务分给能力强的人，不论是圈内还是圈外；为圈内人员提供工作指南；对圈内和圈外成员，应避免差别过大。

（二）领导归因理论

归因是个体对他人或自己的行为的原因进行理解的过程。人们将根据三方面的信息进行归因：（1）区别性，个体是否对其他同类刺激做相同的反应；（2）一贯性，个体是否在任何情景下对同一刺激都做相同的反应；（3）一致性，其他人对同一刺激的反应是否与行动者相一致。

人们把成功与失败的原因归结为能力、努力、任务难度和运气四种因素的影响，这四种因素有内因与外因、稳定与不稳定之分，不同的归因影响到人们的努力程度。

米切尔的领导归因理论认为，领导者对下属的归因常犯基本归因错误，个人在对其他人的行为归因时，倾向于低估外在因素的影响，高估内因影响；对于地位高的员工来说，领导者更可能把绩效归结为内因，而对地位低的员工更可能把绩效低归结为内因。

（三）变革型领导理论

巴斯（Bernard Bass）提出变革型领导理论，认为领导者有两种类型，即交易型领导和变革型领导。

1. 交易型领导。交易型领导是以下属所需要的报酬来换取自己所期望的下属的努力与绩效。交易型领导行为理论的基本假设是：领导与下属间的关系是以一系列的交换和隐含的契约为基础的，当下属完成特定的任务后，便给予承诺的奖赏，整个过程就像一项交易。其主要特征为：（1）领导者明确角色和任务要求；（2）完

第十六章 领导理论的新思维

全依赖组织的奖惩来影响员工的绩效。

交易型领导行为分为权变奖励（Contingent reward）和例外管理（management by exception）两种。

权变奖励是指领导和下属间的一种主动、积极的交换，领导认可员工完成了预期的任务，员工也得到了奖励。

例外管理指领导者只在下属发生失误时才进行干预，并按领导者介入时间的不同分为主动和被动两种类型。主动型的例外管理领导者，一般在问题发生前，持续监督员工的工作，以防止问题的发生，一旦发生问题，立即采取必要的纠正措施。被动型的例外管理领导者，则往往在问题已经发生或没有达到规定的标准时，以批评和责备的方式介入。

通常认为，交易型领导行为可使下属达到双方协商的绩效水平，只要领导和下属发现这种交换是互利的，那么这种关系就将持续下去，员工也将达到预期的目标绩效。研究显示，以权变奖励为基础的交易型领导对下属的绩效和满意感产生积极的影响，然而在某种情境中，这种作用也可能是负面的。

2. 变革型领导。变革型领导是通过改变下属的动机和价值观来提高组织效率，特点是：领袖魅力、鼓舞动机、个别体贴和智力刺激。

（1）领袖魅力指能使员工产生崇拜、尊重和信任的一些行为，包括领导者承担风险、考虑员工的需求以及良好的道德品质等，领导者魅力体现为：高度自信、远见卓识、变革代表等。

（2）鼓舞动机指向员工提供富有意义和挑战性的工作行为，包含明确预期目标，通过积极乐观的态度唤起团队精神。

（3）个别体贴指领导者仔细倾听并关注员工的需求。

（4）智力激励指领导者启发员工发表新见解和从新的角度或视野寻找解决问题的方法与途径，鼓励员工采用崭新的方式完成任务。

变革型领导行为通过向下属灌输共同的价值观，可以帮助下属达到最大的绩效水平。存在变革倾向的组织中，容易接受变革型领导者；相反，受传统习惯、规章和法令所约束的组织中，不适合变革型领导者。

本章小结

对领导理论的系统研究，源自国外，自20世纪40、50年代以来，在管理科学日臻成熟完善的基础上，领导理论的研究也获得了重大发展。领导理论的发展可以大致分为三个阶段，即特质理论阶段、行为理论阶段和权变理论阶段。行为理论阶段主要有四分图理论、利克特的领导系统理论、勒温的领导风格理论等。领导权变理论阶段主要有费德勒的权变模型、生命周期理论、领导参与理论、途径—目标理论等。

20世纪80年代以来，很多学者从不同角度研究领导问题，提出了许多有价值的新理论，其中主要有LMX模型、领导归因理论、变革型领导理论等。

▶思考题

1. 领导行为理论阶段主要有哪几种理论？
2. 生命周期理论的主要内容是什么？意义是什么？
3. 谈谈你对领导参与理论的看法。
4. 领导理论有哪些新的发展？
5. 交易型领导与变革型领导有什么不同？对下属的影响是什么？

▶案例应用

领导方式的有效性

某汽车配件公司最近对该公司的三个重要部门经理进行了一次有关领导方式的调查。

一、安西尔

安西尔对他本部门的产出感到自豪。他总是强调对生产过程、出产量控制的必要性，坚持下属人员必须很好地理解生产指令以得到迅速、完整、准确的反馈。安西尔当遇到小问题时，会放手交给下级去处理，当问题很严重时，他则委派几个有能力的下属去解决问题。通常情况下，他只是大致规定下属人员的工作方针、完成怎样的报告及完成期限。安西尔认为只有这样才能导致更好的合作，避免重复工作。

安西尔认为对下属人员采取敬而远之的态度对一个经理来说是最好的行为方式，所谓的"亲密无间"会松懈纪律。他不主张公开谴责或表扬某个员工，相信他的每一个下属都有自知之明。安西尔说，在管理中的最大问题是下级不愿意接受责任。他讲到，他的下属人员可以有机会做许多事情，但他们并不是很努力地去做。他表示不能理解在以前他的下属如何能与一个毫无能力的前任经理相处，他说，他的上司对他们现在的工作运转情况非常满意。

二、鲍勃

鲍勃认为每个员工都有人权，他偏重于管理者有义务和责任去满足员工需要的

第十六章 领导理论的新思维

学说，他说，他常为他的员工做一些小事，如给员工两张下月在伽利略城举行的艺术展览的入场券。他认为，每张门票才15美元，但对员工和他的妻子来说却远远超过15美元。通过这种方式，也是对员工过去几个月工作的肯定。

鲍勃说，他每天都要到工厂一趟，与至少25%的员工交谈。鲍勃不愿意为难别人，鲍勃说，他已经意识到在管理中有不利因素，但大都是由于生产压力造成的。他的想法是以一个友好、粗线条的管理方式对待员工。他承认尽管在生产率上不如其他单位，但他相信他的雇员有高度的忠诚与士气，并坚信他们会因他的开明领导而努力工作。

三、查理

查理说他面临的基本问题是与其他部门的职责分工不清。他认为不论是否属于他们的任务都安排在他的部门，似乎上级并不清楚这些工作应该谁做。

查理承认他没有提出异议，他说这样做会使其他部门的经理产生反感。他们把查理看成是朋友，而查理却不这样认为。查理说过去在不平等的分工会议上，他感到很窘迫，但现在适应了，其他部门的领导也不以为然了。

查理认为纪律就是使每个员工不停地工作，预测各种问题的发生。他认为作为一个好的管理者，没有时间像鲍勃那样握紧每一个员工的手，告诉他们正在从事一项伟大的工作。他相信如果一个经理声称为了决定将来的提薪与晋职而对员工的工作进行考核，那么，员工则会更多地考虑他们自己，由此而产生很多问题。

他主张，一旦给一个员工分配了工作，就让他以自己的方式去做，取消工作检查。他相信大多数员工知道自己把工作做得怎么样。如果说存在问题，那就是他的工作范围和职责在生产过程中发生的混淆。查理的确想过，希望公司领导叫他到办公室听听他对某些工作的意见。然而，他并不能保证这样做不会引起风波而使情况有所改变。他说他正在考虑这些问题。

▶ 问题

1. 你认为这三个部门经理各采取什么领导方式？这些模式都是建立在什么假设的基础上的？这些模式各将产生什么结果？
2. 是否每一种领导方式在特定的环境下都有效？为什么？

参 考 文 献

1. 徐联仓主编：《组织行为学》，中央广播电视大学出版社1993年版。
2. ［美］斯蒂芬·P. 罗宾斯：《组织行为学》，中国人民大学出版社1997年版。
3. 秦永良编著：《组织行为学》，石油工业出版社2001年版。
4. 俞文钊著：《管理心理学》，东北财经大学出版社2000年版。
5. ［美］唐·赫尔雷格尔：《组织行为学》，中国社会科学出版社1988年版。
6. 高贤峰等主编：《现代组织行为学》，中国财政经济出版社1997年版。
7. 胡宇辰等编著：《组织行为学》，经济管理出版社2002年版。
8. 胡爱本编著：《新编组织行为学教程》，复旦大学出版社2002年版。
9. 关培兰编著：《组织行为学》，中国人民大学出版社2003年版。
10. ［美］哈罗德·J. 利维特著：《管理心理学》，中国人民大学出版社1989年版。
11. 高玉祥著：《个性心理学》，北京师范大学出版社1989年版。
12. 喻新安等主编：《管理心理学》，中共中央党校出版社1994年版。
13. 吴培良主编：《企业领导方法与艺术》，中国经济出版社1997年版。
14. ［美］斯蒂芬·P. 罗宾斯：《管理学》，中国人民大学出版社1997年版。
15. 黑尔里格尔等著，岳进等译：《组织行为学》，中国社会科学出版社2001年版。
16. 李剑锋著：《组织行为管理》，中国人民大学出版社2000年版。
17. Don Hellriegel著，胡英坤等译：《组织行为学》，东北财经大学出版社2001年版。
18. 郑晓明著：《组织行为学》，经济科学出版社2002年版。
19. Richard L. Daft著，李维安等译：《组织理论与设计精要》，机械工业出版社2003年版。
20. 于显洋著：《组织社会学》，中国人民大学出版社2001年版。
21. W. Richard Scott著，黄洋等译：《组织理论》，华夏出版社2002年版。

参考文献

22. 高德建著：《领导科学》，知识产权出版社2001年版。
23. 刘建军著：《领导学原理——科学与艺术》，复旦大学出版社2001年版。
24. 周三多著：《管理学原理与方法》，复旦大学出版社1998年版。
25. 陈维政等：《组织行为学高级教程》，高等教育出版社2004年版。
26. 窦胜功等：《组织行为学教程》，清华大学出版社2005年版。

后 记

作为管理学理论中非常重要的分支，组织行为学已越来越为学术界和企业界所重视。在美国管理学会下设的22个学科组中，组织行为学是其中最重要的五个学科组之一。对于各行各业的管理工作者，尤其是企业管理者来说，学习组织行为学知识，理解其原理，掌握相应的管理技能十分必要。

本书作为中小企业管理者的学习教科书和参考书，在编写过程中突出了以下两个特点：

第一是系统完整性：注意吸收国内外现有的研究成果，以个体行为、群体行为、组织行为和领导行为为基本理论框架，深入浅出地阐述组织行为学的原理，使学员能够在较短的时间内比较全面系统地掌握组织行为学的理论知识。

第二是实践应用性：组织行为学广泛地运用管理学、心理学、社会学的相关知识，具有很强的实践性和应用性特点。为了更好地突出该特点，在每章都安排了与本章理论内容密切相关的引导案例和应用案例，通过学习讨论案例，帮助学员更好地理解理论知识，提高分析问题解决问题的能力。

本书由张红旗、葛培波、孙立莉三人编著。各章节编写的具体分工是：张红旗（第一、第二、第三、第四章）、葛培波（第十二、第十三、第十四、第十五、第十六章）、孙立莉（第七、第八、第九、第十、第十一章）、张理（第五、第六章）。最后，由三位编著者负责统稿和定稿。

本书的出版得到了山东经济学院副校长王乃静教授和山东省职教办领导们的大力支持和热情帮助，在此表示由衷的感谢。山东财政学院的李秀荣教授在百忙之中审阅了全部书稿，并提出了许多宝贵的意见，在此表示由衷的感谢。本书在编写过程中，参阅了大量国内外学者的专著、论文和文章，在此深表感谢。

由于编著者学识水平有限，本书在编写过程中难免有不妥之处，敬请各界朋友批评指正。

编著者

2006年12月于济南